ACCESO GRATIS ***a la Lectura en la Nube***

Para visualizar el libro electrónico en la nube de lectura envíe junto a su nombre y apellidos una fotografía del código de barras situado en la contraportada del libro y otra del ticket de compra a la dirección:

ebooktirant@tirant.com

En un máximo de 72 horas laborales le enviaremos el código de acceso con sus instrucciones.

La visualización del libro en **NUBE DE LECTURA** excluye los usos bibliotecarios y públicos que puedan poner el archivo electrónico a disposición de una comunidad de lectores. Se permite tan solo un uso individual y privado

LECCIONES DE SOCIEDADES COMERCIALES

SEGUNDA EDICIÓN

Procedimiento de selección de originales, ver página web:
www.tirant.net/index.php/editorial/procedimiento-de-seleccion-de-originales

LECCIONES DE SOCIEDADES COMERCIALES

SEGUNDA EDICIÓN

Gustavo Beltrán Valencia

tirant lo blanch
Bogotá, 2024

Beltrán Valencia, Gustavo, autor.
Lecciones de sociedades comerciales / Gustavo Beltrán Valencia. – Segunda edición. – Bogotá: Tirant lo Blanch, 2024.

257 páginas.
Incluye referencias bibliográficas: páginas 247-257.
ISBN: 978-84-1071-735-0

1. Derecho de sociedades – Colombia. I. Título.

LC: KHH1295
CDD: 346.861066 ed. 23

Catalogación en publicación de la Biblioteca Carlos Gaviria Díaz

© TIRANT LO BLANCH
EDITA: TIRANT LO BLANCH
Calle 11 # 2-16 (Bogotá D.C.)
Telf.: 4660171
Email: tlb@tirant.com
Librería virtual: www.tirant.com/co/
ISBN: 978-84-1071-735-0
Si tiene alguna queja o sugerencia, envíenos un mail a: *atencioncliente@tirant.com*. En caso de no ser atendida su sugerencia, por favor, lea en *www.tirant.net/index.php/empresa/politicas-de-empresa* nuestro procedimiento de quejas.

Responsabilidad Social Corporativa: http://www.tirant.net/Docs/RSCTirant.pdf

Índice

1. LA ASOCIACIÓN EN SENTIDO AMPLIO *11*

2. LAS ASOCIACIONES COMO NEGOCIO JURÍDICO *12*

3. EL DERECHO DE ASOCIACIÓN *15*

4. ESQUEMA ASOCIATIVO EN COLOMBIA *16*

5. NOCIÓN E IMPORTANCIA DE LAS SOCIEDADES *18*

6. EVOLUCIÓN HISTÓRICA DE LAS SOCIEDADES *19*

7. EVOLUCIÓN HISTÓRICA DE LAS SOCIEDADES EN COLOMBIA *26*

8. ELEMENTOS ESENCIALES PARTICULARES DEL CONTRATO DE SOCIEDAD .. *32*

9. ELEMENTOS DE VALIDEZ DEL CONTRATO DE SOCIEDAD *45*

10. REQUISITOS DE FORMA DEL CONTRATO DE SOCIEDAD *49*

11. ATRIBUTOS DE LA PERSONALIDAD JURÍDICA SOCIETARIA *51*

12. CLASIFICACIÓN DE LAS SOCIEDADES *58*

13. TIPOS SOCIETARIOS *83*

14. EL APORTE *117*

15. EL CAPITAL *130*

16. UTILIDADES *141*

17. ORGANOS DE DIRECCION, ADMINISTRACION Y FISCALIZACIÓN *148*

18. REFORMAS ESTATUTARIAS *180*

19. DERECHO DE RETIRO O RECESO *200*

20. DISOLUCIÓN Y LIQUIDACIÓN DE SOCIEDADES *203*

21. EL GOBIERNO CORPORATIVO *227*

22. COSTUMBRES SOCIETARIAS *229*

BIBLIOGRAFÍA *247*

"Para mis hijos Juan Pablo y Lucia y mi hermosa esposa Clara,
con todo mi amor, como siempre."

1. LA ASOCIACIÓN EN SENTIDO AMPLIO

El ser humano es por naturaleza gregario, a lo largo de la historia se ha visto en la necesidad de unirse con sus congéneres para alcanzar de forma más eficiente y rápida los objetivos que se ha propuesto lograr; de ahí incluso que se considere que, a pesar de ser una especie que evolutivamente no haya tenido mayores ventajas físicas, haya logrado sobrevivir e imponerse frente a las demás especies en virtud de su capacidad de colaboración mutua.

> Una idea generalizada es que la capacidad de manipular herramientas nos hizo hábiles y aptos para empezar a compensar las garras que no teníamos, pero cada vez es más aceptada dentro de la paleontología la idea de que, más que la capacidad de usar herramientas (muchos otros animales y sobre todo primates también pueden hacerlo), fue nuestra capacidad para cooperar y transmitir información lo que nos dio una ventaja. (Espinosa y Uribe, 2020, p. 23-24).

Esta colaboración humana, se ha manifestado a través del fenómeno de la asociación, entendida esta en un sentido amplio o general, como: "...la unión voluntaria, duradera y organizada de personas, que suman sus fuerzas para alcanzar un resultado económico, altruista, político, religioso o de cualquier otra índole". (Berdugo y Palacio, 2011, p. 28).

En consecuencia, en sentido amplio, una asociación consiste en la unión deliberada de personas naturales o jurídicas que se comprometen a efectuar unos aportes en trabajo, recursos, experiencia, dinero, bienes apreciables en dinero, etc., para realizar un objeto social o empresa para la obtención de un fin común, todo esto dentro de un marco de organización y estabilidad. De este concepto de asociación, en sentido amplio, se pueden resaltar como elementos que la configuran a los siguientes:

- *La pluralidad:* Entendida esta como la agrupación de varias personas naturales o jurídicas, las cuales manifiestan su libre consentimiento, su intención de unirse.
- *Los aportes:* Es decir, la prestación a la cual se obliga cada uno de los asociados, prestación que puede ser de dar o de hacer, dependiendo de si lo que se va a aportar es bienes, dinero o trabajo.
- *El objeto social:* Corresponde a la actividad económica, la empresa que desarrollará la sociedad para la obtención del fin común perseguido.
- *El fin:* Que corresponde al objetivo común perseguido, al propósito de la asociación, el cual puede ser económico, altruista o filantrópi-

co, educativo, científico, cultural, de salud, religioso, político, solidario, gremial, etc.

- *La organización:* Para un correcto y ordenado funcionamiento de la asociación, sus directrices se plasman en lo que se denomina sus estatutos. Estos estatutos no son pétreos, sino que se pueden modificar durante la vida de la asociación si las circunstancias así lo exigen.
- *La estabilidad:* La asociación tiene vocación de permanencia en el tiempo para poder lograr sus fines; sin embargo, esto no obsta para que pueda tener un término de duración determinado, o para que pueda darse por finalizada antes de lograr su objetivo.

2. LAS ASOCIACIONES COMO NEGOCIO JURÍDICO

Se puede afirmar que las asociaciones surgen de un acto o negocio jurídico plurilateral, pues para su nacimiento se requiere de la manifestación de voluntad o el consentimiento de dos o más personas; así mismo, dado que los intereses involucrados se encuentran destinados a la obtención de un fin común y a que, por regla general surge una persona jurídica distinta de los asociados, este negocio jurídico se incrusta dentro de los denominados contratos de colaboración, asociativo y de organización.

Esta situación nos lleva a plantear como diferencias puntuales entre los contratos de cambio o de contraprestación y, los contratos de colaboración, asociativos y de organización (de los cuales surgen las asociaciones) las siguientes:

- Los contratos de contraprestación o de cambio son negocios jurídicos bilaterales en cuanto que solo se da la presencia de dos partes (independientemente de que cada parte pueda estar conformada por una o más personas); mientras que los contratos de colaboración, asociativos y de organización, son negocios jurídicos plurilaterales por cuanto pueden estar conformados por dos o más partes.
- En los contratos de contraprestación las prestaciones surgen a favor de las partes intervinientes en el negocio. Mientras que, en los contratos de colaboración, asociativos y de organización, las prestaciones que surgen del acto jurídico, no solamente se dan entre las partes intervinientes, sino que también se deben cumplir a favor del ente asociativo que eventualmente nazca a la vida jurídica.

- En los contratos de contraprestación no surge un nuevo ente, no hay lugar al nacimiento de una persona jurídica distinta de sus constituyentes; mientras que, en los contratos de colaboración, asociativos y de organización, por regla general, se da el surgimiento de un nuevo sujeto de derecho distinto a los asociados individualmente considerados.
- En los contratos de contraprestación los intereses de las partes son contrapuestos, por ejemplo, en una compraventa, uno es el interés del comprador, el cual se contrapone al interés del vendedor; mientras que en los contratos de colaboración, asociativos y de organización, los intereses van dirigidos a la obtención de un fin común; así, por ejemplo, en el contrato de sociedad, los intereses de todas las partes van dirigidos a que la sociedad genere utilidades con la explotación de su objeto social.
- La nulidad que afecta alguna de las partes en los contratos de cambio como actos jurídicos bilaterales que son, afectan a todo el negocio jurídico; mientras que la nulidad en los contratos de colaboración, asociativos y de organización, como negocios jurídicos plurilaterales que son, dan cabida a la denominada nulidad individual, es decir, que la sanción de invalidez, únicamente se declara y recae respecto de la parte del contrato afectada con el vicio, pero no se va afectar al contrato o negocio jurídico en su totalidad (artículo 903 del Código de Comercio); lo que no es más que un desarrollo del principio de la conservación contractual, en el ámbito de los negocios jurídicos plurilaterales.
- En los negocios jurídicos bilaterales, como lo son los contratos de cambio, si una de las partes incumple la otra no está obligada a cumplir, pues tiene plena aplicación la figura de la excepción de contrato no cumplido (artículo 1609 del Código Civil). Mientras que, tratándose de los negocios jurídicos plurilaterales, el artículo 865 Código de Comercio, manifiesta que, si una de las partes no cumple, esto no constituye un obstáculo para que las demás partes den cumplimiento a sus obligaciones, sino que de todas formas deben de ejecutar sus prestaciones. Ya frente a la parte incumplida se acudirá a los arbitrios indemnizatorios que legalmente correspondan.

Ahora bien, es de destacar que, dentro de los mismos contratos de colaboración se encuentra una subespecie de los mismos, que se diferencian igualmente de los contratos de colaboración, asociativos y de organización, y que se corresponde con los denominados contratos de colaboración propiamente dichos[1]. Así tenemos como diferencias descollantes entre estas dos tipologías a las siguientes:

- En los contratos de colaboración propiamente dichos, existe un ánimo de cooperación, con miras a la realización de un fin común; en cambio en los contratos de colaboración, asociativos y de organización, existe un verdadero ánimo asociativo para el logro de este mismo fin.
- En los contratos de colaboración propiamente dichos, las relaciones jurídicas y las prestaciones se traban directamente entre las partes intervinientes del contrato; mientras que en los asociativos y de organización, las relaciones jurídicas y el régimen prestacional no solamente se da entre las partes del contrato, sino también frente al ente jurídico que eventualmente llegare a surgir.
- En los contratos de colaboración propiamente dichos cada parte interviniente, conserva su individualidad jurídica, económica, patrimonial, y empresarial; mientras que, en los contratos asociativos, de organización y colaboración, como regla general, al surgir una persona jurídica distinta será esta quien goce de individualidad jurídica, económica, patrimonial, y empresarial.
- En los contratos de colaboración propiamente dichos no se da el surgimiento de una persona jurídica distinta de las partes contractuales; mientras que, en los contratos de colaboración y asociativos, por regla general, surge una nueva persona jurídica distinta de las partes contractuales intervinientes en el negocio jurídico.
- Los contratos de colaboración propiamente dichos son de carácter atípico; mientras que los contratos de colaboración y asociativos, por regla general son típicos; es decir, se encuentran plasmados y regulados en el ordenamiento jurídico; ejemplo: el contrato de sociedad.

Dentro de los contratos de colaboración propiamente dichos, que gozan de las características atrás esbozadas, están, por ejemplo: el contrato de franquicia, la maquila, el contrato de concesión, el *outsourcing*, el *leasing*,

---

1 En palabras de Berdugo y Palacio: La doctrina argentina se ha mostrado proclive a la creación de una subespecie de contratos de colaboración que han denominado cuasi societarios, parciarios, parasocietarios (que son los de colaboración propiamente dichos). Berdugo, J.M y Palacio, R. (2011). *Las Asociaciones. Instrumento para la creación de empresas.* Diké Editorial.

la distribución mercantil, la microfinanciación, etc. Se puede apreciar, entonces, como lo advierte Oviedo:

> (...) que el concepto de colaboración empresarial puede ser lo suficientemente amplio como para contener todo tipo de acuerdos entre empresas conducentes a lograr algún tipo de la asistencia recíproca, de forma que ambas se beneficien, lo que se puede llevar a cabo mediante contratos de diversa naturaleza, regidos por sus respectivas reglas. (2010, p. 266).

3. EL DERECHO DE ASOCIACIÓN

El artículo 38 de la Constitución Política de Colombia, garantiza el derecho de asociación como un derecho de carácter fundamental, y consecuentemente, defendible vía acción constitucional de tutela; así mismo, este derecho de asociación se puede analizar bajo un doble aspecto:

- Positivo: A ninguna persona se le puede obstaculizar o prohibir que se asocie, mientras dicha asociación se efectúe dentro de los márgenes de la legalidad.
- Negativo: Ninguna persona puede ser constreñida o ser forzada a asociarse o a permanecer en asociación.

La jurisprudencia constitucional, en Sentencia C-399 del 2 de junio de 1999, M. P. Alejandro Martínez Caballero, ha manifestado frente a estos dos aspectos que:

> (...) el primer aspecto del derecho de asociación,–de carácter positivo-, puede ser descrito como la facultad de toda persona para comprometerse con otras en la realización de un proyecto colectivo, libremente concertado, de carácter social, cultural, político, económico, etc. A través de la conformación de una estructura organizativa reconocida por el Estado, capacitada para observar los requisitos y trámites legales instituidos para el efecto y operar en el ámbito jurídico. El segundo, de carácter negativo, conlleva la facultad de todas las personas de abstenerse a formar parte de una determinada asociación y la expresión del derecho correlativo a no ser obligado, —ni directa ni indirectamente a ello—, libertad que se encuentra protegida por los artículos 16 y 38 de la Constitución.

Con todo, a lo largo del texto constitucional se encuentran diversas normas que procuran la promoción del derecho de asociación[2] o que se refie-

---

2 Ejemplo de ello es el artículo 58 inciso 3 Constitucional que manifiesta que el Estado protegerá y promoverá las formas asociativas y solidarias de propiedad.

ren a variantes del derecho de asociación[3]. Por otro lado, se debe enfatizar que:

> Nuestra Constitución Política de 1991, en su artículo 333, consagra el principio de la libertad económica, el cual debe orientar todo nuestro sistema jurídico-económico de libre mercado; dicho principio se desdobla a su vez en la libre iniciativa privada, la libertad de empresa, y la libre y leal competencia.
> La libre iniciativa privada y la libertad económica, hacen referencia a la posibilidad que tienen los asociados de iniciar la actividad económica que a bien tengan, siempre y cuando esta se encuentre dentro de los márgenes de la legalidad y la licitud, y no contraríen normas imperativas o al orden público económico.
> Por su parte, la libre y leal competencia, tiene que ver con que al iniciar una actividad económica no se restringa injustificadamente, y se garantice la posibilidad de poder ingresar al mercado a competir con los demás empresarios en la búsqueda de la clientela en situación de igualdad y transparencia, por lo que adicionalmente dicha competencia se debe de realizar de buena fe y con lealtad. (Beltrán, 2020, p. 109).

Por lo que hoy en día el desarrollo efectivo de esta libertad económica en sus diferentes facetas se realiza, primordialmente a través de la constitución de sociedades mercantiles, las cuales claramente son una concreción del derecho de asociación garantizado constitucionalmente.

4. ESQUEMA ASOCIATIVO EN COLOMBIA

Para un esquema general de cómo se encuentra estructurado el sistema asociativo en Colombia, es necesario partir de la definición de ánimo de lucro, para lo cual hay que tener en cuenta que existe:

- **Ánimo de lucro directo o de primer grado:** consistente en la consecución de ganancias por parte de la asociación fruto de la explotación de su objeto social o actividad económica. Todas las formas asociativas poseen este tipo de ánimo de lucro.
- **Ánimo de lucro indirecto o de segundo grado:** el cual ocurre cuando las ganancias u utilidades fruto de la explotación del objeto social de la asociación, son susceptibles de repartirse entre los asociados, no solamente durante la vida de la misma, sino también al momento de su liquidación. Este tipo de ánimo de lucro es el que determina

---

3 Como, por ejemplo, el artículo 39 de la Constitución que garantiza el derecho de asociación sindical

> si una asociación posee o no ánimo de lucro, de tal suerte que, si las ganancias son susceptibles de distribuirse entre los asociados, la misma tiene ánimo de lucro; y, por el contrario, si las ganancias no tienen esta vocación de distribución, sino que, están destinadas a reinvertirse para el mejoramiento del objeto social y el logro de los fines de la asociación, se tratará de una asociación sin ánimo de lucro.

En palabras de Hincapié:

> Ese reparto de utilidades es lo que configura el ánimo de lucro, el cual es de dos clases: Lucro directo: el beneficio económico que obtiene el ente asociativo en desarrollo de sus actividades sociales. Lucro indirecto: ganancia obtenida por cada socio en proporción a su participación y que se concreta en la repartición de utilidades. (2020, p. 42).[4]

De estas consideraciones tenemos que existen entonces:

A. Formas asociativas sin ánimo de lucro y con personalidad jurídica:

Aquí encontraríamos, por ejemplo, a las asociaciones (en sentido restringido), las corporaciones, las iglesias, los gremios, los sindicatos, los museos, los partidos políticos, las juntas de acción comunal, las universidades, las IPS, las EPS, las ligas de consumidores, etc. (Decreto 2150 de 1995 y Decreto 427 de 1996).

Igualmente, dentro de estas formas asociativas sin ánimo de lucro y dotadas de personalidad jurídica, encontramos a las entidades pertenecientes al sector solidario de la economía (Ley 79 de 1988 y Ley 454 de 1998), tales como: cooperativas, precooperativas, fondos de empleados, asociaciones mutuales, etc.

De otra parte, también existen formas no asociativas sin ánimo de lucro con personalidad jurídica, como lo son las fundaciones (Artículo 633 del Código Civil).

B. Formas asociativas con ánimo de lucro y sin personalidad jurídica:

Tales como, a las cuentas en participación (artículo 507 y siguientes del Código de Comercio), los consorcios y las uniones temporales (Ley 80 de 1993), el *Joint Venture*, las sociedades de hecho artículo 498 y siguientes del Código de Comercio, y las asociaciones público-privadas de que trata la Ley 1508 de 2012.

C. Formas asociativas con ánimo de lucro y con personalidad jurídica:

Aquí encontramos a las sociedades las cuales se constituyen en seis tipos actualmente en Colombia: sociedad colectiva, sociedad anónima, sociedad de responsabilidad limitada, sociedad en comandita simple y en comandita por acciones, todas las anteriores reguladas en el libro ll del Código de Comercio, y la sociedad por acciones simplificada, regulada en la Ley 1258 de 2008.

Con todo, también existe en el ámbito mercantil una forma no asociativa dotada de personalidad jurídica y con ánimo de lucro, como lo son las empresas unipersonales (Artículos 71 y siguientes de la Ley 222 de 1995).

5. NOCIÓN E IMPORTANCIA DE LAS SOCIEDADES

En primer lugar, es de anotar que las sociedades son personas jurídicas que gozan de todos los atributos propios de la personalidad por lo que poseen: domicilio, nacionalidad, nombre, patrimonio, tienen capacidad y son susceptibles de ser representadas judicial y extrajudicialmente.

Ahora bien, como segunda acotación, es importante indicar que las sociedades en Colombia surgen, por regla general, de un contrato, esto es, del contrato de sociedad, de manera que el artículo 98 del Código de Comercio lo define como:

> Por el contrato de sociedad dos o más personas se obligan a hacer un aporte en dinero, en trabajo o en otros bienes apreciables en dinero, con el fin de repartirse entre sí las utilidades obtenidas en la empresa o actividad social.
> La sociedad, una vez constituida legalmente, forma una persona jurídica distinta de los socios individualmente considerados.

Para Suarez Franco la sociedad:

> (...) resulta de la pluralidad de personas que persiguen un fin común y dando origen a una entidad, pero en virtud de un contrato y con el cumplimiento de unos requisitos o formalidades específicos; es persona jurídica distinta de sus integrantes. El fin de toda sociedad siempre es el lucro. (2010, p. 259).

Las sociedades hoy en día son sumamente utilizadas y cumplen un papel fundamental para el desarrollo económico de los países en la medida en que, entre otras ventajas:

- Se constituyen en fuente de riqueza para sus constituyentes, pues se trata de entes con ánimo de lucro, cuyas utilidades están destinadas a ser distribuidas entre sus socios.

- Permiten la unión y el complemento de esfuerzos y capitales para el logro de objetivos y el desarrollo de objetos sociales complejos, los cuales de manera individual se tornarían de difícil, o incluso, de imposible consecución.
- En la medida en que se constituyen en personas jurídicas distintas a sus constituyentes, permiten la separación patrimonial, pues uno es el patrimonio personal de los socios y otro es el patrimonio de la sociedad; lo que en ciertos tipos societarios va a permitir que exista plena limitación de la responsabilidad de los socios por las deudas sociales, entendiendo esta separación, como que, por las obligaciones que asuma la sociedad solo va a responder el patrimonio de esta, sin que se vea comprometido el patrimonio personal de los socios.
- Se constituyen en fuente generadora de empleo.
- Contribuyen con la explotación de su objeto social a la producción y crecimiento económico del país
- Se constituyen en grandes agentes tributadores para que el Estado pueda cumplir con sus políticas sociales.
- Pueden llegar inclusive a independizarse de sus dueños, al punto que el país las mira como una institución representativa del mismo, por lo que van a tener un seguimiento mucho más riguroso por parte del Estado.

Frente a la relevancia de las sociedades a nivel global, son muy elocuentes las palabras de Mazzucato, cuando afirma que:

> Es una obviedad decir que la empresa moderna supone una de las fuerzas más importantes de la economía. En 2015, las quinientas empresas cotizadas más grandes de Estados Unidos (que cotizan en bolsa) emplearon a casi veinticinco millones de personas en todo el mundo y generaron unos ingresos de más de nueve billones de dólares. En el mismo año, las quinientas empresas británicas más grandes que cotizan en bolsa tuvieron más de ocho millones de empleados y su facturación total anual fue de más de 1,5 billones de libras. (2019, p. 227-228).

6. EVOLUCIÓN HISTÓRICA DE LAS SOCIEDADES

El surgimiento de las sociedades obedece al hecho que, muchas de las empresas que se querían desarrollar con ocasión del naciente tráfico mercantil, requería para su efectivo desarrollo de la unión, no solamente de esfuerzos, sino también de capitales, por lo que el contrato de sociedad resultaba idóneo para satisfacer estos requerimientos.

Existen antecedentes históricos de formas de carácter asociativo, no solamente a partir de la baja Edad Media, sino que encontramos que se plantean figuras de carácter asociativo desde la época de la media luna fértil o babilónica, como lo es en el Código de Hammurabi, y en la época de esplendor griego con los llamados contratos de *nautikon dancion*; los cuales según María Cecilia Marsili:

> Este primitivo tipo societario tenía estrecha vinculación con la actividad marítima que se llevaba a cabo en aquella civilización. Se le otorgaba un buque y un aporte al armador, para que éste pudiera efectuar la expedición, y sólo si esta última resultaba exitosa se devolvía dicho aporte por un interés variable según el riesgo de la empresa. Esta asociación, bajo forma de préstamo, puede ser considerada como un antecedente de lo que más tarde se llamará commenda, y remoto de la sociedad en comandita. (2003, p.15).

Así mismo, encontramos antecedentes de perfiles asociativos en la época del Imperio romano, con figuras, tales como: las *societas ómnium bonorum, societas unius negotiationis, societatis vectigalium* y *societas unius rei*. Y ya en las postrimerías del siglo II, aparecen las famosas *commendas* en las que aparecían los socios que aportaban a capital denominados capitalistas, quienes no eran conocidos por los terceros, y cuyas participaciones en el capital eran de carácter negociable.

No obstante, todos estos antecedentes primigenios del fenómeno asociativo, es a partir de la baja Edad Media, con el surgimiento de la nueva clase social burguesa, en virtud de la cual se pasa de una economía feudal basada en la simple subsistencia, a una economía de obtención de riqueza —como consecuencia de la reactivación del tráfico mercantil entre los distintos territorios—, el periodo a partir del cual empezarán a configurarse realmente las sociedades comerciales con sus rasgos más sobresalientes. Tal y como indica Ignacio Narváez García:

> En el siglo XI merced al influjo de una actividad industrial rudimentaria y artesana, las ciudades medievales se convirtieron paulatinamente en centros de consumo, de cambio y de producción. En ese mundo convulsionado del feudalismo, la nueva clase de los comerciantes, impulsada por razones de seguridad, se asoció en guildas, hermandades, hansas y toda suerte de corporaciones cerradas y exclusivistas que se dictaban sus propios estatutos, imponían su autoridad y dirimían las controversias por medio de magistrados designados por los propios mercaderes asociados. (2008, p.10).

Es durante toda esta época de la baja Edad Media cuando comienzan a aparecer los bancos, las sociedades de familia en Alemania y, sobre todo, las sociedades marítimas en Italia. Por lo anterior, se puede afirmar que, durante este periodo histórico, hacen su aparición las sociedades de personas, representadas en las sociedades colectivas, con una característica netamente familiar, y las sociedades en comandita denominadas *commendas,* en las cuales existía un partícipe oculto que aportaba el capital y un partícipe activo que era el encargado de su administración. Al respecto Guelperin manifiesta que:

> Con el advenimiento del capitalismo económico comenzaría la era de decadencia de las sociedades de personas, pero en las primeras épocas de desarrollo capitalista, a fines de la edad media, y en toda la edad moderna, fueron apareciendo y se afianzaron las sociedades colectivas (1958, p.140).

Y frente a los orígenes históricos de las sociedades en comandita, este mismo autor manifiesta que:

> La prohibición del préstamo a interés en el derecho canónico, por una parte, y los prejuicios sociales que aún subsistían, consistentes en considerar incompatibles el ejercicio del comercio con la nobleza, determinaron el gran auge alcanzado por la commenda durante la edad media y el renacimiento, especialmente en Francia e Italia.
> ...Quienes suministraban el capital permanecían en el anonimato y contrataban con otra persona, denominada tractator, la dirección y administración de la misma. Terminada la empresa se distribuían las ganancias en la forma pactada.
> En posterior evolución, se fue perfeccionando el concepto societario de la commenda, y ya la inversión no se realizaba para un negocio determinado, sino que se extendía a variadas operaciones y el commendator retiraba, en periodos determinados, las utilidades, dejando intacto el capital aportado (1958, p. 164 y 165).

Ya a finales de la baja Edad Media durante el siglo XV, se presentan hechos como los que narra Norma Nieto Nieto:

> En 1407, en Génova, se fusionaron las compañías que desarrollaban actividad bancaria y se creó la Banca Di San Giorgio, que absorbió la totalidad de las sociedades financieras prestamistas del Estado; paulatinamente, se convirtió en suministrador de crédito a la República, recibió depósitos de los ahorristas y concedió créditos a los particulares. Al mismo tiempo, surge en Alemania la Magna Societas Allemanorum, estructurada sobre la empresa familiar y dedicada al desarrollo del comercio al por mayor, actividad que, al internacionalizarse, requirió capitales que recibió de inversionistas como capital de riesgo a cambio de un beneficio a tasa fija. (2010, p.47).

Es de anotar, que una vez comienzan los diversos descubrimientos geográficos, se empiezan también a configurar otra serie de formas asociativas que permitieron aglutinar una buena cantidad de capitales para hacerle frente a empresas de ingentes dimensiones, y adicional a ello, blindar el patrimonio de los asociados, configurando una persona jurídica que fuese la titular del capital aportado por estos.

En este orden de ideas, a comienzos del siglo XVII, para afrontar estos requerimientos surgen las diversas compañías de indias, *verbi gratia*: las compañías holandesas de las indias orientales, la sociedad inglesa de las indias orientales, compañías en Dinamarca y Portugal, la compañía de las indias orientales de Francia, la compañía general de seguros y préstamos a la gruesa, etc.

Se precisa entonces advertir, que este tipo de compañías, se convertirían en el antecedente histórico de las sociedades por acciones, particularmente de la sociedad anónima, por cuanto gozaban de una serie de características propias de este tipo societario tales como: la autorización previa del Estado para su funcionamiento, la separación patrimonial del patrimonio de la sociedad del patrimonio personal de los socios, la limitación de la responsabilidad de los socios hasta el monto de sus aportes, las participaciones en el capital libremente negociables y representadas en acciones de igual valor nominal, y la existencia de un órgano social constituido por los socios mayoritarios, que se encargaba de tomar las directrices y decisiones de la sociedad. Como manifiesta Ignacio Narváez:

> Ahora bien, las compañías de indias tuvieron la finalidad primordial de financiar empresas militares y económicas del Estado, con la participación del capital privado, a través de entidades permanentes y autónomas, con un acentuado carácter corporativo y que representaban o incorporaban las aportaciones en documentos negociables. Ciertamente la necesidad de disponer de ingentes recursos para la colonización de diversas regiones del mundo determinó la formación de grandes compañías colonizadoras como la compañía holandesa de las indias orientales que surgió en Holanda en 1602 de la asociación de ocho compañías de navegación a iniciativa de los "Estados Generales" por razones políticas y militares. El ejemplo y el éxito de éstas fue seguido en 1615 con la compañía sueca; en 1616 con la gran compañía danesa de las indias orientales; en 1621 con la compañía holandesa de las indias occidentales; en 1649 con la compañía portuguesa de las indias orientales; en 1664 con la compañía Francesa de las indias occidentales y orientales y la compañía francesa del norte. Estas últimas se caracterizaron porque la gestión estuvo exclusivamente en manos del Estado y los directores fueron nombrados por el rey. Y todas plasmaron un tipo de sociedad, cuyos rasgos esenciales no concuerdan plenamente con los de la anónima actual, pero en ellos se ve su antecedente próximo. Por lo demás, esas compañías fueron factor importante en la colonización de parte de Asia, Oceanía y América, hechos que marcan el comienzo de la Edad Moderna (1983, p.12)

De igual forma, Cesar Vivante refiriéndose a las sociedades anónimas, expresa:

> En las anónimas y en las mutuas, la persona jurídica aparece francamente destacada de las personas de los socios. Provistas de un completo organismo económico y contable, quietas en medio de la multitud libremente mudable de los socios, presentan el tipo más vigoroso de las personas jurídicas dimanantes de un contrato de sociedad. En contraposición a aquéllas, las Sociedades colectivas arrastran durante su existencia el cascarón de la responsabilidad personal de los socios, de la que provienen. (1932, p.3)

Vale la pena resaltar aquí, cómo durante esta época cobra especial importancia el poderío inglés en el tráfico mercantil transnacional, y cómo las sociedades mercantiles se convirtieron entonces, en instrumentos indispensables para la consolidación de esta pujanza. Al respecto, menciona Maximiliano Rodríguez Fernández:

> El comercio internacional, en su concepción moderna, se origina a mediados del siglo XVII, época en la que se inició el proceso de formación de lo que hoy podríamos denominar un mercado mundial. Ese periodo de la historia se caracterizó por la hegemonía inglesa en la materia. Ya para 1691 los avances de la colonización inglesa en aquellas regiones a las que los españoles y portugueses no habían llegado, se consolidaron con la navigation act, de Cromwell, que, entre otras medidas, reservó el tráfico de productos ingleses a la flota inglesa. Esa fue una medida que junto con la creación de compañías comerciales, desarrollo el poderío marítimo de Inglaterra y su comercio internacional. (2009, p. 49 y 50).

Se debe añadir que, durante este periodo histórico, se han venido consolidando los Estados nación modernos, por lo que la antigua *lex mercatoria* como sistema jurídico sustancial de carácter transnacional que se encargaba de regular las relaciones comerciales transfronterizas, empieza a perder su protagonismo, y son los Estados los que comienzan a legislar sobre los distintos aspectos comerciales como parte de su soberanía, entre ellos los atinentes a las sociedades comerciales. José María Berdugo Garavito afirma que:

> La Lex Mercatoria decayó en el siglo XVI; contribuyó a este descenso el afianzamiento del derecho en cabeza del Estado moderno, el cual absorbió y prohibió. El desplazamiento geográfico de los principales centros comerciales desde Italia y el norte de Alemania hacia Holanda, Inglaterra y Francia y las falencias internas de la Lex Mercatoria la volvieron menos transparente, impredecible e imparcial en su aplicación, y desde entonces no alcanzó su esplendor medieval, y fue borrada del mapa de la historia jurídica, hasta hace poco, que se ha vuelto a plantear su resurgimiento. (2013, p.33).

De tal suerte que, en materia societaria, se empezaron a legislar normativas estatales tales como: las Ordenanzas de Comercio Francesas de 1673, las cuales se ocupaban de las sociedades en comandita y de las sociedades de carácter colectivo. Por su parte en España se expidieron las Ordenanzas de Bilbao de 1737 que trataban, entre otros, el asunto de las compañías de comercio, regulando a las sociedades colectivas, su constitución, así como su inscripción para efectos de publicidad. Adicionalmente, y tal como lo manifiesta Berdugo, las ordenanzas de Bilbao eran:

> un verdadero Código de Comercio terrestre y marítimo, compuesto de 29 capítulos, que contiene reglamentaciones sobre la jurisdicción del consulado y cuestiones más importantes del comercio, como lo relacionado con los comerciantes y sus libros, las compañías comerciales, las letras de cambio, los seguros, las quiebras, las averías, etc. (2013, p.35).

De la confluencia de todas estas circunstancias, nace el hecho que en el siglo XIX, se expidiera una normativa sumamente relevante para la regulación del derecho mercantil, pues haría su aparición el Código de Comercio Napoleónico de 1807, el cual conduciría, bajo el marco de las banderas de la Revolución francesa de la igualdad, la fraternidad y la libertad, a la desaparición del sistema de ingreso a las corporaciones de mercaderes a través de la inscripción en el *liber mercatorum* para adquirir la calidad de comerciante, para dar paso al acto objetivo de comercio en donde la calidad de comerciante la concede el realizar de manera habitual y profesional actos objetivos de comercio, con la consiguiente libertad de elegir la profesión u oficio mercantil que a bien se tenga, y sin tener que ingresar a ningún tipo de gremio o corporación para tener la calidad de comerciante. En este sentido, afirma Velásquez:

> Como consecuencia de la concepción revolucionaria propugnada por los franceses y haciendo eco de está, es el propio Napoleón, quien en el año 1807-para desgracia del derecho comercial- al expedir el Código de Comercio, abandona la tesis del derecho comercial basado en la idea central del comerciante, para tomar un nuevo concepto, el derecho comercial basado en el acto objetivo de comercio, tendencia que más adelante se extendió a lo largo de los diferentes códigos de los países europeos y latinoamericanos. (2008, p. 60).

Este Código de Comercio Francés de 1807 se ocuparía de aspectos torales del tópico societario, pues regularía la sociedad colectiva como sociedad eminentemente de personas, diferenciándola de las sociedades donde prima el intuito *rei*, es decir, de las sociedades de capital y, adicionalmente, consagró a la empresa y a la sociedad anónima, la primera como un criterio determinante para adquirir la calidad de comerciante y la segunda como una forma asociativa o tipo societario mercantil dotado de personalidad jurídica de carácter eminentemente capitalista.

En España, surge el Código de Comercio de 1829, el cual fue influido en su estructuración, por el Código de Comercio Francés de 1807; haciendo hincapié en que ambos códigos, tanto el francés como el español, tuvieron un fuerte influjo en la elaboración de los posteriores Códigos Latinoamericanos, sin que el régimen jurídico Colombiano haya sido la excepción.

En 1892 en Alemania, hace su aparición la sociedad de responsabilidad limitada, cuyos perfiles tendían hacia su utilización por empresas de tamaño mediano, por lo que se consideraría un hibrido entre las sociedades de personas o colectivas y las sociedades de capital o anónimas.

Entre los rasgos descollantes de este nuevo tipo societario estaba el de ser una sociedad de carácter cerrado, donde tenía especial importancia la persona del socio; el de carecer, a diferencia de la sociedad anónima, de una estructura tan pesada y formalista para su organización y funcionamiento; y la de gozar de la limitación de la responsabilidad de los socios por las deudas de carácter social. En este contexto, son importantes las palabras de José Gabino Pinzón, quien refiriéndose a las sociedades de responsabilidad limitada afirma que:

> La ley alemana-punto de partida del derecho de la sociedad de responsabilidad limitada- se inspiró en la idea de autorizar un tipo de sociedad que, al mismo tiempo que implicara una limitación de la responsabilidad de los asociados a sus respectivos aportes, fuera más áecheverr o menos formalista que la sociedad anónima. Este propósito constituye el eje del sistema de la sociedad regulada por dicha ley y es el que ha inspirado, así mismo, las leyes que en otros países se han venido expidiendo para adoptar esa forma alemana de sociedad comercial. (1962, p. 130).

Ya en el siglo XX hasta la actualidad, se empieza a empoderar la sociedad anónima como la sociedad de capitales por excelencia, a través de la cual se estructuran grandes negocios cada vez más complejos y que requieren de ingentes cantidades de capital para su desenvolvimiento, para lo cual dichas sociedades acudieron a la captación masiva de recursos del público mediante la emisión y negociación de sus acciones en las bolsas de valores del mundo.

> Las sociedades anónimas son entes dotaos de personalidad jurídica que ostentan una existencia independiente a la de sus fundadores, además de que normalmente sobreviven a estos por perseguir fines que exceden la orbita patrimonial de sus componentes. Por lo tanto, la sociedad anónima cumple un servicio al sistema político-económico en general toda vez que en ella se encuentra inmerso el interés de la colectividad y por lo tanto su regulación incorpora, indudablemente el interés público (Córdoba, 2014, p. 91).

En el sistema jurídico anglosajón, el equivalente a las sociedades de capital son la denominadas *corporation*, las cuales hoy en día se constituyen también en el tipo societario para el emprendimiento de negocios de gran envergadura. Al respecto, Reyes señala:

> De acuerdo con la autorizada opinión de Clark, la sociedad capitalista ("corporation") es la forma prevaleciente para realizar actividades empresariales en los Estados Unidos. Así, mientras que a comienzos del siglo XIX la mayor parte de la actividad económica de los particulares se cumplía mediante establecimientos de comercio y sociedades personalistas, en la actualidad la gran mayoría de los ingresos provenientes de tales actividades se obtienen por medio de sociedades capitalistas (2005, p.104).

7. EVOLUCIÓN HISTÓRICA DE LAS SOCIEDADES EN COLOMBIA

En Colombia durante la época colonial, prácticamente la legislación que regía en materia comercial era la proveniente de España, de tal manera que nuestra regulación mercantil estaba conformada básicamente por las VII partidas, la recopilación de las indias, la nueva recopilación de Castilla y por las Ordenanzas de Bilbao de 1737.

Es de advertir que lo que se conoce como la recopilación de las indias, no era otra cosa que el derecho expedido por la corona española para ser aplicado en los territorios conquistados, y que no solamente comprendía las regulaciones producidas por la corona, sino también disposiciones propias de los usos y costumbres indígenas que no fuesen contradictorias con este derecho colonial.

Las siete partidas fueron expedidas en 1625, entrando en vigor en 1648, y dentro de su contenido existían normas dedicadas a las sociedades comerciales bajo el rotulo de: "A las compañías que hacen los mercaderes y los otros hombres unos con otros por razón de ganancia"; esta normativa se ocupaba de aspectos societarios tales como: su constitución, la capacidad para constituirlas, su objeto o actividad económica, la distribución de utilidades y perdidas, así como su liquidación.

Por otro lado, ni la recopilación de las indias de 1680, ni la nueva recopilación de Castilla de 1805, contenían normativas reguladoras de las sociedades mercantiles. En contraste con estas dos normativas, las Ordenanzas de Bilbao de 1737, en sus capítulos 10 y 15 se ocuparon de la regulación de las sociedades comerciales con el título: "las compañías de comercio y las calidades y circunstancias con que deberán hacerse", exigiendo que estas se constituyeran por escritura pública, y con la obligación de llevar contabilidad de sus negocios.

Posteriormente, con la independencia colonial, y por lo dispendioso que implicaba elaborar toda una regulación que reglara el tópico mercantil, se optó en la Constitución de 1821 y demás normativas infraconstitucionales, para que continuaran operando en el ámbito comercial las normativas que durante la colonia se aplicaban, esto es, las Ordenanzas de Bilbao, la Recopilación de las Indias, la Nueva Recopilación de Castilla y las VII Partidas. Al respecto, Madriñan de la Torre sostiene:

> Ese conjunto legislativo fue incorporado a la legislación nacional en virtud de lo dispuesto en el artículo 188 de la Constitución de 1821, que al regular lo relativo al eventual conflicto jurídico que suponía el tránsito al nuevo orden de la nación independiente, dispuso que "se declaran en su fuerza y vigor las leyes que hasta aquí han regido en todas las materias y puntos que directa o indirectamente no se opongan a esta Constitución ni a los decretos y leyes que expidiera el Congreso.
>
> Luego, el artículo 1 de la ley del 13 de mayo de 1825, por la cual se arreglaba el procedimiento civil de los tribunales y juzgados de la república, estableció el orden en que debían observarse las leyes en todos los tribunales y juzgados de la república, en materias civil, mercantil y criminal, como sigue: "1) las decretadas o que en lo sucesivo decretaré el poder legislativo; 2) las pragmáticas, cédulas, ordenes, decretos y ordenanzas del gobierno español, sancionadas hasta el diez y ocho de marzo de mil ochocientos ocho, que estaban en observancia bajo el mismo gobierno español en el territorio que forma la República; 3) las leyes de la Recopilación de Indias; 4) las de la Nueva Recopilación de Castilla, y 5) las de las Siete Partidas. (2007, p. 23 y 24).

Una vez separadas las naciones que conformaban la Gran Colombia en el año 1830, aparece en la época denominada la Nueva Granada, la Constitución de 1832, y comenzaron a expedirse varias normativas referentes al ámbito mercantil, pero que no tocaron el tema societario, por lo que para este siguieron aplicándose las Ordenanzas de Bilbao.

El 1 de junio de 1853, se expide para la Nueva Granada, el primer Código de Comercio, el cual era una reproducción del Código de Comercio Español de 1829, a través de este Código de 1853, se derogan expresamente todas las normativas que hasta el momento habían regido en la republica incluyendo las Ordenanzas de Bilbao. Este Código de 1853, incluye como objeto de disciplina a las sociedades comerciales, dentro de la regulación atinente a los contratos en su libro segundo.

Ahora bien, con la Constitución de 1858 se estableció lo que se denominaría la Confederación Granadina, en virtud de la cual se instauraría un régimen político de carácter federal, trayendo consigo el que se atesorara en cabeza del Gobierno nacional federal todo lo referente a la legislación comercial marítima, y dejando a merced del gobierno de cada Estado integrante de la Federación, la adopción de su Código de Comercio terrestre; razón por la cual, el Gobierno Nacional federal, adoptaría como régimen de comercio marítimo al libro III del Código de Comercio de 1853.

Con el surgimiento de la Constitución de 1863, se habla de los Estados Unidos de Colombia, normativa superior que continuó con el sistema de gobierno federalista, añadiéndose el aspecto referente a que lo relativo al comercio fluvial, también seria potestad de regulación del gobierno nacional federal.

Posteriormente, en aras de la modernización de la legislación comercial, se sustituyó el libro III del Código de Comercio de 1853, relacionado con el comercio marítimo, por el Código de Comercio para los Estados Unidos de Colombia del año 1874, el cual fue tomado del libro III del Código de Comercio de Chile de 1865. Y adicional a ello, mediante la Ley 35 de 1875, se dispuso que la normativa imperante en materia de comercio marítimo se haría extensiva al comercio fluvial.

Particular importancia posee en este periodo histórico federalista, la expedición del Código de Comercio Terrestre del Estado de Panamá, el cual fue tomado del Código de Comercio de Chile de 1865, con excepción del libro III, referente a comercio marítimo que era potestad del gobierno nacional federal.

Este Código de Comercio Terrestre del Estado de Panamá, realizó diversas modificaciones al Código de Comercio de Chile de 1865, entre las que se destaca la regulación en materia de sociedades comerciales, pues aborda temas referentes a la sociedad colectiva, anónima, y comandita, adicionalmente en su artículo 466 consagra que: "El contrato consignado en un documento privado no producirá otro efecto entre los socios que el de obligarlos al otorgamiento de la escritura pública, antes que la sociedad dé principio a sus operaciones".

Es de resaltar, que este Código de Comercio Panameño tuvo como fuentes de inspiración, el Código de Comercio Español de 1829, el Código de Comercio Francés de 1807, y las Ordenanzas de Bilbao que como se sabe regularon aspectos de las compañías comerciales. Continuando con esta evolución, en el año 1886, se expide una nueva Constitución, la cual aboliría el sistema federalista, configurando a Colombia como una república unitaria independiente, con un gobierno central; expidiéndose al año siguiente la Ley 57 de 1887, sobre adopción de Códigos y unificación de la legislación, la cual rezaría en uno de sus artículos transitorios: "El Consejo Nacional Constituyente, una vez que asuma el carácter de Cuerpo Legislativo, se ocupará preferentemente de expedir una ley sobre adopción de códigos de unificación de la legislación nacional".

Acorde entonces con este mandato unificatorio, en materia mercantil, se adoptaría como Código único de Comercio, el Código de Comercio terrestre del Estado de Panamá, junto con el Código de Comercio Nacional de Comercio marítimo y fluvial. Sumado a lo anterior, se extenderían posteriormente otra serie de normas, entre ellas, en materia societaria, podemos mencionar: Ley 27 de 1888, la Ley 62 de 1888 y la Ley 24 de 1888, sobre sociedades anónimas; el Decreto-Ley 2 de 1906, sobre sociedades extranjeras; y la Ley 40 de 1907, sobre representación de sociedades extranjeras.

Es así como, para actualizar la materia mercantil, mediante facultades extraordinarias otorgadas por el Congreso al presidente de la república mediante la Ley 16 de 1968, se le faculta al ejecutivo expedir un decreto con fuerza de ley, que se convertiría en el actual Código de Comercio de Colombia, Decreto 410 de 1971, el cual comenzaría a regir el 2 de enero de 1972.

El libro segundo de este Decreto 410 de 1971 (actual Código de Comercio de Colombia), regula el tema societario de la siguiente forma: de los artículos 98 al 293 se ocupa de la parte general del contrato de sociedad, y del articulo 294 y siguientes hasta el artículo 514 se ocupa de la regulación específica de los diversos tipos societarios consagrados en nuestra legislación, esto es, la sociedad colectiva, la sociedad en comandita simple y por acciones, la sociedad de responsabilidad limitada y la sociedad anónima, sin dejar de lado una regulación referente a la sociedad de hecho, las sociedades extranjeras y al contrato de cuentas en participación o sociedad accidental.

Vale la pena acotar, cómo el sistema germánico aparece reflejado en el sistema societario del Código de Comercio Colombiano, en palabras de Jairo Medina Vergara: "El sistema Germánico aparece de nuevo en el artículo 100, párrafo 2, que somete a las normas del Código de Comercio las sociedades por acciones y de responsabilidad limitada, cualquiera que sea su objeto" (2008, p. 26).

Es preciso advertir, que este Código de Comercio, Decreto 410 de 1971, en materia societaria sufrió diversas modificaciones y adiciones en el ámbito societario, en virtud de la Ley 222 de 1995, entre ellas, podemos mencionar a título enunciativo: la consagración de la reforma estatutaria de Escisión de sociedades, una reglamentación más concreta sobre el derecho de retiro, la modificación al régimen de responsabilidad de los administradores societarios, una regulación sobre los grupos de subordinación y los grupos empresariales, la constitución de la sociedad anónima por suscripción sucesiva, la posibilidad de crear acciones con dividendo preferencial y sin derecho a voto, la consagración de una forma no asociativa con ánimo de lucro y con personalidad jurídica muy similar al régimen societario como lo fue la empresa unipersonal, la regulación del régimen administrativo de supervisión de las sociedades comerciales por parte de la Superintendencia de Sociedades y la modificación del régimen concursal vigente hasta ese momento en el Código de Comercio.

No obstante, el régimen societario hasta ese momento vigente en Colombia, se consideraba que era sumamente formalista, plagado de normas de carácter imperativo, y que solo asumía la posibilidad del surgimiento de la persona jurídica a través de la celebración de un contrato; por lo que en el año 2006, surgió la Ley 1014 de 2006, y su Decreto Reglamentario 4463 de 2006, el cual permitió que las sociedades del Código de Comercio cuando tuvieran la calidad de microempresas se podían constituir y hacer sus reformas estatutarias por medio de documento privado.

Ahora bien, para hacerle frente a los inconvenientes presentados supra al régimen societario contenido en el Código de Comercio, y darle mayor cabida a la autonomía de la voluntad a la hora de estructurar una sociedad, en el año 2008, se expidió la Ley 1258 de 2008, la cual consagró un nuevo tipo societario denominado las sociedades por acciones simplificadas, las cuales no solo pueden surgir de la celebración de un contrato sino de un acto jurídico unilateral. En palabras de Francisco Reyes Villamizar:

> una de las características más importantes de la SAS es la amplísima libertad contractual propia de este nuevo tipo. En un sistema jurídico caracterizado por la reverencia apenas retorica al postulado de la autonomía de la voluntad privada, es afortunado que este tipo de sociedad escape al rezago ancestral del derecho privado local. En verdad, es el talante dispositivo de la regulación lo que individualiza a las SAS. La mayoría de las normas legales que la rigen cumple un papel supletorio de la voluntad de las partes (2010, p. 6).

Cabe señalar, que es tal el auge que ha tenido este tipo societario que, en sus pocos años de vida, más del 90 % de las sociedades que se constituyen en Colombia corresponden a este tipo societario. Al respecto, aduce Ávila:

> En este posicionamiento de las Sociedades por Acciones Simplificadas, como la figura societaria líder entre los empresarios de Colombia con amplia proyección en América Latina, las Cámaras de Comercio jugaron un papel fundamental (...) llegando a ser hoy en día la figura societaria cuya creación es aceptada por el 98 % de los nuevos empresarios y que en términos generales corresponde al 95 % de las sociedades legalmente constituidas y en operación (2020, p. 58).

Dentro de las características más importantes con las que cuenta este tipo societario podemos mencionar: abandonar la concepción contractual societaria al permitir su constitución mediante acto jurídico unilateral; la posibilidad de constituirse por documento privado sin tener que acudir a la solemnidad de la escritura pública, al igual que para realizar sus reformas estatutarias; la posibilidad de tener objeto social indeterminado, y término de duración indefinido; mayor flexibilidad para el pago de su capital, así como, la posibilidad de establecer capital variable, diversos tipos de acciones, y fraccionamiento del voto para la elección de órganos colegiados; la posibilidad de establecer restricciones adicionales a la negociabilidad de sus aportes, a las contenidas en el Código de Comercio para las demás sociedades; la no exigencia de junta directiva ni de revisor fiscal; la posibilidad de renunciar a la convocatoria de su asamblea de accionistas, y la no exigencia de pluralidad para la configuración de sus cuórum y mayorías; el establecimiento de la figura del administrador de facto o de hecho, de la enajenación global de activos, de la fusión abreviada, de la desestimación de la personalidad jurídica y del abuso de derecho de voto de mayorías, de minorías y de paridad; la supresión de prohibiciones establecidas como normas imperativas en el Código de Comercio para los demás tipos societarios, etc.

Vale la pena anotar aquí, que la importancia de las SAS no se reduce únicamente al ámbito del derecho de sociedades doméstico, pues la Organización de Estados Americanos, como la Comisión Internacional para la Unificación del Derecho Mercantil Internacional (UNCITRAL), la han tenido en cuenta para efectos de su posible utilización como ley modelo factible de replicar por otros Estados.

Al respecto resulta muy diciente la exposición de motivos del otrora proyecto de Ley 70 de 2015, que perseguía la extensión de algunas de las normas propias de las SAS, a los demás tipos societarios regulados en el Código de Comercio, cuando expresaba que:

> Los avances obtenidos a partir de la Ley 1258 de 2008, que introdujo la Sociedad por Acciones Simplificada, han suscitado la curiosidad de organismos internacionales tales como la Organización de Estados Americanos y la Comisión de las Naciones Unidas para el Derecho Mercantil Internacional.

Por último, con ocasión del surgimiento y la influencia, en la segunda mitad del siglo XX en Europa y Estados Unidos, de corrientes tendientes a la realización efectiva de un comercio justo que abogue por una serie de prácticas dentro del comercio global de respeto por los derechos humanos, el equilibrio transaccional, y la protección del medio ambiente, es que, en el año 2018, Colombia mediante la Ley 1901, creó las denominadas sociedades comerciales de beneficio e interés colectivo (BIC), las cuales fueron reglamentadas mediante el Decreto 2046 de noviembre del año

2019, y que persiguen no solamente el bienestar de sus accionistas sino también de la colectividad y del medio ambiente en general. Con relación a las sociedades de beneficio e interés colectivo manifiesta Hincapié, que:

> Es una cabal manifestación de la función social de la empresa consagrada en la Constitución nacional. Siguen siendo típicas entidades con ánimo de lucro, pero con enfoque social y que sean ambientalmente sostenibles, perfecta combinación para el logro del propósito de la empresa con función social. (2020, p. 215).

8. ELEMENTOS ESENCIALES PARTICULARES DEL CONTRATO DE SOCIEDAD

Al igual que cualquier acto jurídico, el contrato de sociedad además de cumplir con los requisitos esenciales generales de todo negocio jurídico, esto es —sujetos, consentimiento, objeto y causa lícitos— debe de llenar toda una serie de requisitos esenciales particulares, los cuales se derivan de la misma definición que de contrato de sociedad consagra el inciso primero del artículo 98 del Código de Comercio.

Ahora bien, la ausencia de uno de estos requisitos esenciales generales va a generar como sanción jurídica, la inexistencia del contrato de sociedad, conforme a lo consagrado en el inciso 2 del artículo 898 del Código de Comercio, el cual reza que: "Será inexistente el negocio jurídico cuando se haya celebrado sin las solemnidades sustanciales que la ley exija para su formación, debido al acto o contrato y cuando falte alguno de sus elementos esenciales".

Es de anotar que la sanción de inexistencia del negocio jurídico opera de pleno derecho, por lo que, a diferencia de las nulidades, aquella no requiere de declaración judicial. Al respecto, afirma Jiménez Valderrama:

> De la misma manera podríamos concluir que, siendo la inexistencia una cuestión de hecho (ausencia de los requisitos que se exigen para la existencia de los contratos y los negocios jurídicos), jurídicamente tiene consecuencias ipso iure, es decir no requiere declaración judicial, pudiendo la parte interesada oponerla directamente a la contraparte, si esta última pretende la ejecución de prestaciones sin base jurídica alguna. (2015, p. 114).

En este orden de ideas, se pueden plantear como elementos esenciales particulares del contrato de sociedad, a los siguientes:

a. La Pluralidad

El contrato de sociedad es un negocio o acto jurídico plurilateral, por lo que se da la presencia del acuerdo de voluntades de dos o más partes para su perfeccionamiento, de ahí que, cada asociado en el contrato de sociedad se constituye en una parte del mismo; en otras palabras, hay tantas partes cuantos socios existan. Es de anotar que, el inciso primero del artículo 864 del Código de Comercio, le da expresa admisión a los actos jurídicos plurilaterales en el ámbito mercantil, cuando en la noción que realiza de contrato afirma que:

> El contrato es un acuerdo de dos o más partes para constituir, regular o extinguir, entre ellas una relación jurídica patrimonial, y, salvo estipulación en contrario, se entenderá celebrado en el lugar de residencia del proponente y en el momento en que éste reciba la aceptación de la propuesta. (el resaltado es nuestro).

Afirma Narváez refiriéndose a la Pluralidad:

> Como la sociedad nace de un contrato al cual se mantiene aferrada, siempre presupone la conjunción de voluntades de por lo menos dos personas, pues no es concebible el acuerdo consigo mismo. Sin esa pluralidad no hay animus contrahendae societatis ni suma de aportaciones ni participación proporcional en las ganancias. Tal pluralidad es presupuesto necesario de la sociedad porque desde su formación hasta cuando concluye su ciclo de vida activa es un ente corporativo organizado jurídicamente. (2005, p. 102-103).

Con todo, el requisito de la pluralidad se desdibuja tratándose del tipo societario denominado: Sociedad por Acciones Simplificada consagrado en la Ley 1258 de 2008, pues este puede surgir, o bien de un contrato como acto o negocio jurídico plurilateral; o bien de un acto jurídico unilateral, es decir, de la manifestación de voluntad de una sola persona de querer constituir este tipo societario.

En este sentido, manifiesta el inciso 1 del artículo 1 de la Ley 1258 de 2008, que: "La sociedad por acciones simplificada podrá constituirse **por una o varias personas naturales o jurídicas,** quienes solo serán responsables hasta el monto de sus respectivos aportes". (resaltado es nuestro).

De estas consideraciones, podemos concluir que el requisito de la pluralidad continúa siendo un requisito esencial particular de todos los tipos societarios; salvo de la sociedad por acciones simplificada, que se pueden constituir como sociedades pluripersonales, pero también unipersonales, siendo actualmente el único tipo societario que se puede constituir con una sola persona. Menciona la Superintendencia de Sociedades en Oficio 220-153297 del 6 de agosto de 2020, que:

> El criterio de esta oficina sobre el particular continua siendo el mismo expuesto en su Oficio 220-126980 del 26 de octubre de 2009 en el sentido que aquellas sociedades unipersonales que, a la fecha de este oficio subsistan como tales porque no se transformaron, desde el vencimiento de los seis meses que les otorgo la Ley 1258 de 2008, se encuentran disueltas y en estado de liquidación, criterio avalado por la Corte Constitucional al examinar la exequibilidad del artículo 46 de la Ley 1258 de 2008.

b. El Aporte

El aporte se constituye en la prestación a la que se obliga cada uno de los socios en virtud del contrato de sociedad, el cual es necesario para que la sociedad pueda desarrollar su empresa u objeto social. Dicha prestación puede ser de dar, cuando lo que se aporta es dinero o bienes apreciables en dinero para conformar el capital de la sociedad. Los socios que aportan dar se les denomina socios capitalistas.

Adicionalmente, el aporte puede ser de hacer, como cuando se aporta trabajo, servicios, conocimientos tecnológicos, asistencia técnica, un *know how*, secretos industriales o empresariales, etc.; caso en el cual a los socios que aportan hacer se les denomina socios industriales. En este orden de ideas, se puede afirmar que el aporte se constituye en el objeto del contrato de sociedad. En un capítulo posterior se desarrollará la figura del aporte.

c. Utilidades

Las utilidades se constituyen en la causa del contrato de sociedad, son el móvil, pues lo que se persigue con la constitución de una sociedad y la explotación de su objeto social es que ésta obtenga ganancias para ser distribuidas entre los asociados.

Este elemento esencial particular del contrato de sociedad es el que permite afirmar que las sociedades todas tienen ánimo de lucro, pues las mismas están destinadas a ser distribuidas entre los socios en proporción a su aporte, tanto durante la vigencia de la sociedad como al momento de su disolución y liquidación. Es de resaltar que, serán beneficiarios de las utilidades tanto los socios capitalistas como los socios industriales de la sociedad (Artículo 150 del Código de Comercio).

Un contrato de sociedad en el cual se pacte que no van a ver utilidades será inexistente por la ausencia de un requisito esencial particular, en los términos del artículo 898 del Código de Comercio; sin embargo, si lo que ocurre es que se pacta dentro del contrato que alguno o algunos de los socios no va a recibir utilidades, esta cláusula contractual será ineficaz de pleno derecho por expresa disposición del inciso 2 del artículo 150 del Código de Comercio concordado con el artículo 897 del mismo estatuto.

Al respecto señala el inciso 2 del artículo 150: "Las cláusulas del contrato que priven de toda participación en las utilidades a alguno de los socios se tendrán por no escritas, a pesar de su aceptación por parte de los socios afectados con ellas". Empero, es de destacar que una vez las utilidades salen del patrimonio de la sociedad y se convierten en un pasivo externo a favor de los socios, estos pueden renunciar a estos dividendos, en los términos del artículo 15 del Código Civil, por tratarse de un derecho de orden patrimonial que solo mira el interés particular del socio.

En este sentido indica el precitado artículo 15 del Código Civil, que: "Podrán renunciarse los derechos conferidos por las leyes, con tal que solo miren al interés individual del renunciante, y que no esté prohibida la renuncia".

d. Objeto Social

El objeto social hace referencia a la actividad económica, a la empresa que va a explotar la sociedad en los términos del artículo 25 del Código de Comercio.

El objeto social, conforme al artículo 99 del Código de Comercio, determina no solo la capacidad de goce, sino también la capacidad de ejercicio de la sociedad. Este elemento se divide en objeto social principal y secundario o complementario, el primero es aquel que:

> Se formula en los estatutos sociales de manera general y es aquel que se desarrollará de manera reiterada y predominante. Se caracteriza por estar conformado por todas las actividades que constituyen la finalidad de la sociedad, las cuales a su vez fijan y delimitan su capacidad. (Peña, 2011, p. 118).

El objeto social principal puede ser exclusivo o múltiple, dependiendo de si la sociedad se va a dedicar a una actividad económica de forma única, o a varias actividades, sin necesidad que exista relación entre las mismas.

Por su parte, el objeto social complementario: "Son todos aquellos actos que sirven de medio para el desarrollo del objeto principal, los cuales no requieren ser mencionados, pues se entienden incluidos dentro del principal." (Peña, 2011, p. 118). El artículo 99 del Código de Comercio, se refiere al objeto social complementario o secundario cuando afirma que: "(...) Se entenderán incluidos en el objeto social los actos directamente relacionados con el mismo y los que tengan como finalidad ejercer los derechos o cumplir las obligaciones, legal o convencionalmente derivados de la existencia y actividad de la sociedad".

En Oficio número 220-129070 del 7 de noviembre de 2011, la Superintendencia de Sociedades afirmó que:

> Ahora bien, con el fin de darle un sentido lógico-jurídico al desarrollo del objeto social principal y por ende, que el mismo dentro del normal desenvolvimiento de las circunstancias espacio-temporales que se van creando en el cambiante mundo del comercio tenga total operancia, la ley ha considerado que en el pleno ejercicio de la capacidad que cobija el objeto social, se den necesariamente actos accesorios que conllevan a que el objeto principal pueda cumplir a cabalidad su verdadero cometido.
>
> Pero estos actos, téngase bien en cuenta, actos accesorios, directos, conexos o actos en desarrollo del objeto social, deben necesariamente guardar una relación diáfana con respecto a las actividades principales en torno a las cuales se enmarca la capacidad de la compañía, es decir, los actos que se celebran, sin que dejen duda alguna, deben ser actos que conlleven a que se dé una relación de medio a fin entre el objeto y las actividades accesorias realizadas.

De otra parte, hay que tener en cuenta que, en las sociedades tradicionales, esto es, las reguladas en el libro II del Código de Comercio (Sociedad Colectiva, Sociedad Anónima, Sociedad de Responsabilidad Limitada, Sociedad en Comandita Simple y Sociedad en Comandita por Acciones), el objeto social principal debe de estar plenamente determinado, so pena de ineficacia (Numeral 4 artículo 110 del Código de Comercio).

Ahora bien, las sociedades tradicionales se pueden constituir a la luz de la Ley 1014 de 2006, si cumplen con los presupuestos allí contemplados, esto es, que al momento de constituirse tengan diez o menos trabajadores o activos inferiores a 500 salarios mínimos legales mensuales vigentes; estas sociedades pueden constituirse con objeto social indeterminado para la realización de cualquier acto licito de comercio (Numeral 4 artículo 1 del Decreto 4463 de 2006).

Y tratándose de las Sociedades por Acciones Simplificadas, estas pueden constituirse con objeto social indeterminado para la realización de cualquier acto jurídico civil o comercial licito (Numeral 5 artículo 5 de la Ley 1258 de 2008).

e. *Animus Societatis*

A diferencia del consentimiento como requisito general de todo contrato, y que no es ajeno al contrato de sociedad, consistente en la voluntad de constituir una sociedad comercial; el *animus societatis* consiste en la intención de cooperación de los asociados en el efectivo desarrollo de la sociedad para que esta pueda lograr satisfactoriamente los fines para los cuales se formó.

El *animus societatis* es el elemento que diferencia a las sociedades de, por ejemplo, el cuasicontrato de comunidad, en el cual el ánimo de asociación no existe, al punto que se puede llegar a tener la propiedad en común y proindiviso con otras personas sobre un bien, sin que exista manifestación de voluntad en este sentido. Refiriéndose al *animus societatis*, manifiesta la Superintendencia de Sociedades en Oficio 220-21508 del 27 de abril de 2007, que es:

> Uno de los elementos esenciales del contrato de sociedad, refiere a la libre y voluntaria decisión que tienen las personas para unirse, en orden a adelantar actividades, que comunes, vienen a concretarse en la constitución de compañías, o formando parte de aquellas existentes.

Este *animus societatis* debe de observarse no solamente al momento de la celebración del contrato, sino también durante toda su ejecución; es decir, debe de permanecer vigente durante toda la vida de la sociedad. Antes de pasar a analizar los requisitos de validez del contrato de sociedad, vale la pena mostrar aquí un análisis de la Sentencia 801-47 del 19 de octubre del año 2012, proferida por la Superintendencia de Sociedades, en ejercicio de funciones jurisdiccionales y que toca con el tema abordado sobre los elementos esenciales particulares del contrato de sociedad, veamos:

El caso que llegó a conocimiento de la Superintendencia lo podemos contextualizar en los siguientes puntos:

- Los señores Adriana María del Rosario Gómez, David Alfandary Acrich, Magaly Judith Visbal Lascano y José Felipe Lizarazo Visbal, celebraron un contrato de sociedad en virtud del cual constituyeron en el año 2009, una persona jurídica del tipo sociedad por acciones simplificada, denominada Biogreen Soluciones SAS.
- Cada uno de los socios ostentaba un 25 % en el capital de la sociedad Biogreen Soluciones SAS.
- Pasado un tiempo superior a un año de constituida la persona jurídica y debido a desavenencias entre los socios, se comenzaron a pre-

sentar inconvenientes en el funcionamiento de la sociedad precitada, entre otras, por la falta de interés de los socios en la asistencia a las reuniones para la toma de decisiones y reformas estatutarias, lo que implicaba la ausencia de configuración de los *quorums* deliberativos y mayorías decisorias indispensables para poder tomar dichas decisiones y reformas para el adecuado funcionamiento de la sociedad.

- Dicha situación desencadenó en que un grupo de socios conformados por Adriana María del Rosario Gómez y David Alfandary Acrich, iniciaran un proceso judicial ante la Superintendencia de Sociedades en contra de los socios Magaly Judith Visbal Lascano y José Felipe Lizarazo Visbal.
- Dentro de las pretensiones principales de los demandantes, se encontraba que se declarara judicialmente la disolución de la sociedad por la imposibilidad de desarrollar el objeto social como consecuencia de la pérdida del ánimo societario entre los accionistas, y por la extinción del producto que constituye su objeto social, y que como consecuencia de lo anterior se ordenara la liquidación de la sociedad Biogreen SAS.
- La Superintendencia de Sociedades mediante la Sentencia 801-47 del 19 de octubre del 2012, declaró la disolución de la sociedad en mención como consecuencia de la ocurrencia de la causal 2 del artículo 218 del Código de Comercio de Colombia, esto es, por imposibilidad de desarrollar la empresa social; y consecuentemente ordenó la liquidación de la sociedad.
- La Superintendencia de Sociedades argumentó su decisión con fundamento en que se logró probar dentro del proceso, que se presentó una parálisis de los órganos sociales, esto es, de la asamblea general de accionistas de la sociedad para la toma de las decisiones y reformas necesarias para el apropiado desenvolvimiento del ente social; parálisis de suficiente entidad como para imposibilitar por ende el desarrollo de su objeto social.
- Dentro de las posturas legales y doctrinales existentes frente a los elementos del acto jurídico, tenemos que:
- Nuestro Código Civil en su artículo 1502 consagra los elementos de existencia y de validez indicando que: "Para que una persona se obligue a otra por un acto o declaración de voluntad, es necesario: 1. Que sea legalmente capaz; 2. Que consienta en dicho acto o declaración y su consentimiento no adolezca de vicio; 3. Que recaiga sobre un objeto licito; 4. Que tenga una causa licita".

No consagra nuestro Código Civil definición de consentimiento, pero si habla que los vicios del mismo son el error, la fuerza y el dolo; sin embargo, frente al objeto señala en su artículo 1517: "Toda declaración de voluntad debe tener por objeto una o más cosas, que se trata de dar, hacer o no hacer. El mero uso de la cosa o su tenencia puede ser objeto de la declaración"; así mismo, con relación a la causa consagra en su artículo 1524 que:

> no puede haber obligación sin una causa real y licita; pero no es necesario expresarla, la pura liberalidad o beneficencia es causa suficiente. Se entiende por causa el motivo que induce al acto o contrato; y por causa ilícita la prohibida por la ley, o contraria a las buenas costumbres o al orden público.

Ahora bien, nuestro Código de Comercio no expresa los elementos esenciales y de validez del acto jurídico mercantil en general, no obstante esto, sí consagra los elementos de existencia y de validez del contrato de sociedad, y es así como en su artículo 101 prescribe que: "para que el contrato de sociedad sea válido respecto de cada uno de los asociados será necesario que de su parte haya capacidad legal y consentimiento exento de error esencial, fuerza o dolo, y que las obligaciones que contraigan tengan un objeto y una causa lícitos".

Al igual que el estatuto civil, el comercial no consagra una definición del consentimiento, pero si menciona al objeto y la causa en el contrato de sociedad en el artículo 104 inciso tercero, afirmando que:

> Habrá objeto ilícito cuando las prestaciones a que se obliguen los asociados o la empresa, o la actividad social, sean contrarias a la ley o al orden público. Habrá causa ilícita cuando los móviles que induzcan a la celebración del contrato contraríen la ley o el orden público y sean comunes o conocidos por todos los socios.

Dejando de lado el régimen legal, la doctrina se refiere a los elementos del acto jurídico en general de la siguiente forma:

Guillermo Ospina Fernández manifiesta que:

> El precitado acuerdo o concurso de las voluntades individuales de quienes intervienen en la celebración de las convenciones (y de los actos unilaterales complejos) es lo que específicamente se denomina en el léxico jurídico con la expresión consentimiento, que no solamente denota la pluralidad de las manifestaciones individuales de la voluntad de los agentes, sino también la concurrencia y unificación de ellas en un solo querer. (1998, p. 144).

Más adelante este mismo doctrinante se refiere al objeto y la causa en los siguientes términos:

> De suerte que el objeto de los actos jurídicos se identifica con el contenido jurídico especifico de ellos, o sea, con los efectos de dicha índole que están llamados a producirse, bien sea en razón de la voluntad de los agentes, o bien por ministerio de la ley. (1998, p. 238).

Y frente a la causa: "...equivale a esa otra noción jurisprudencial francesa de la causa impulsiva y determinante, identificada con los móviles que inducen a las personas a la celebración de los actos jurídicos" (1998, p. 277).

Fernando Jiménez Valderrama señala frente a los elementos del acto jurídico: "Hay consentimiento contractual cuando existe un acuerdo entre las partes para la generación de obligaciones" (2015, p. 35); con relación al objeto declara: "En este sentido, el objeto del contrato son las obligaciones y prestaciones que surgen en virtud de la celebración del contrato." (2015, p. 47); y con relación a la causa, la cual no la define, indica que:

> De esta manera, en los contratos bilaterales y onerosos cada una de las obligaciones que surgen en el contrato tiene causa en la obligación correlativa, en la contraprestación. En los contratos reales la causa del contrato es la entrega de la cosa y en los contratos gratuitos o de beneficencia, la causa es el animus donandi. (2015, p. 54).

Leandro Vergara acoge la postura de la causa fin como elemento esencial del acto jurídico, y manifiesta frente a esta causa-fin:

> Es decir, es la voluntad (elemento subjetivo) la que contrata un fin inmediato que debe autorizar el ordenamiento. Entonces, hay un margen de libertad para contratar determinados fines: solo aquellos fines autorizados por el ordenamiento. Además, como el contrato supone una voluntad, o mejor dicho un acuerdo de voluntades, éste debe estar dirigido a determinados fines. Esos fines pueden ser de diverso tipo, y dentro de ellos hay muchos con contenido económico. (2014, p. 4).

Ahora bien, dentro de las posturas doctrinales que teorizan sobre los elementos esenciales del contrato de sociedad tenemos a autores como:

Francisco Reyes Villamizar, quien afirma que los elementos esenciales del contrato de sociedad son la pluralidad, los aportes, las utilidades y el objeto; con relación a cada uno de ellos este autor indica: "A) Pluralidad: se requiere el concurso de dos o más personas para la configuración de la sociedad". (2004, p.87). "B) Aportes: ...la obligación que adquiere el socio con la sociedad, consistente en una prestación de contenido económico y la integración efectiva del capital social" (2004, p.91).

C) Utilidades: la participación en las utilidades sociales constituye la retribución principal que reciben los asociados por su concurso en el contrato social. La finalidad misma del contrato, según los términos del citado artículo 98, consiste en el reparto de las utilidades obtenidas en la empresa o actividad social. (2004, p.92).

"D) Objeto: ...el objeto del contrato de sociedad son las obligaciones que los asociados asumen." (2004, p.94).

José Ignacio Narváez, estatuye como elementos esenciales del contrato de sociedad a la pluralidad de asociados, las aportaciones, la participación en las utilidades y el *affectio societatis*, de tal suerte que con relación a estos refiere: "1. Pluralidad de asociados: como la sociedad nace de un contrato al cual se mantiene aferrada, siempre presupone la conjunción de voluntades de por lo menos dos personas, pues no es concebible el acuerdo consigo mismo" (2005, p.103), "2. Aportaciones: la obligación primordial de todos es cubrir a la sociedad las aportaciones acordadas. Aportar significa contraer la obligación de dar o de hacer en favor de la sociedad." (2005, p.108), "3. Participación en las utilidades sociales: Desde luego, el desarrollo del objeto social lleva implícito el álea de reportar ganancias y también de soportar pérdidas." (2005, p.128), "4. Affectio societatis: Su connotación es la voluntad de asociarse en una constante cooperación activa y consciente que todos los asociados manifiestan recíproca y simultáneamente, en un plano de igualdad cualitativa" (2005, p.131).

Lisandro Peña Nossa, confiere como elementos esenciales del contrato de sociedad a la pluralidad de socios, los aportes, las utilidades sociales y el animus societatis. Alrededor de cada uno de ellos manifiesta: "1. Pluralidad de socios: El artículo 98 del Código de Comercio expresamente señaló necesaria la presencia de dos o más personas para la formación de la sociedad, excluyendo de esta forma la posibilidad de constituir una sociedad unipersonal." (2011, p.77).

> 2. Aportes: Aquellas personas que tengan interés de participar en la sociedad, se obligarán automáticamente a aportar bienes de contenido monetario o bienes denominados en especie; lo importante es que tengan un valor estimado comercialmente, pue el mismo artículo 98 del Código de Comercio señala que los socios se obligarán a realizar aportes en dinero, en trabajo o en otros bienes apreciables en dinero, es decir, se comprometen a dar o hacer la prestación... (2011, p. 81).
> 3. Utilidades sociales: Las sociedades tienen como objetivo la consecución de un interés o beneficio económico y ello es lo que las diferencia, por ejemplo, de las fundaciones o corporaciones, donde las utilidades no son repartidas entre sus miembros y no hay un ánimo de lucro como tal...también es el propósito que buscan los socios, esto es, el repartirse entre sí las utilidades generadas en la realización de la actividad social. (2011, p. 107).
> "4. Animus societatis: Es conocido como el "querer social" y consiste básicamente en la intención que cada socio tiene en el desarrollo del objeto social.

> Dicha intención responde a la manifestación de voluntad para formar y desarrollar la sociedad." (2011, p. 112).

Según lo asegurado supra, podemos concluir que de acuerdo con la doctrina mayoritaria y el artículo 98 del Código de Comercio de Colombia, los elementos del contrato de sociedad se corresponden con: la pluralidad, el objeto, la causa, el objeto social y el *animus societatis.*

Partiendo de estos elementos y su definición teórica, así como de que el acto jurídico objeto de análisis fue un contrato de sociedad, podemos individualizarlos en el caso que fue sujeto de estudio por parte de la Superintendencia de Sociedades, así:

- Pluralidad: el contrato de sociedad requiere de la presencia en nuestro Código de Comercio, articulo 98, de dos o más personas (salvo la Sociedad Por Acciones Simplificada, que conforme al artículo 1 de la ley 1258 de 2008, puede ser de carácter unipersonal), dicha pluralidad se corresponde entonces con los sujetos integrantes del acto jurídico, los cuales deben de ser plenamente capaces, y que en el caso en estudio son los señores Adriana María del Rosario Gómez, David Alfandary Acrich, Magaly Judith Visbal Lascano y José Felipe Lizarazo Visbal; quienes fueron las personas que constituyeron la Sociedad Biogreen Soluciones SAS.
- Objeto: dado que el objeto del contrato de sociedad se corresponde no solamente con el aporte que puede ser la prestación por parte de cada uno de los socios de dar o hacer (la prestación de hacer se correspondería con la que cumpliría un socio industrial, la cual no hace parte del capital de la sociedad) para, entre otros, conformar el capital de la sociedad, también es dable indicar que el cumplimiento de las obligaciones consagradas en los estatutos de la sociedad también hace parte del objeto del contrato de sociedad como prestaciones a cargo de cada uno de los socios; es así como, el objeto en el contrato de sociedad sujeto a análisis, concierne al aporte o prestación que cada uno de los socios hizo a la sociedad Biogreen Soluciones SAS, y que tuvo como consecuencia una participación del 25 % de cada uno de los accionistas en el capital suscrito de la misma, como el sometimiento y por tanto la plena observancia de los socios de Biogreen Soluciones SAS de las obligaciones derivadas de sus estatutos sociales.
- Causa: al ser la sociedad Biogreen Soluciones SAS, una persona jurídica con ánimo de lucro, es decir, un ente cuyas ganancias producto de la explotación de su objeto social están destinadas a distribuirse

entre sus accionistas, podemos claramente afirmar que la finalidad o causa fin del contrato de sociedad examinado se ajusta a la obtención de utilidades por parte de cada uno de los accionistas, como consecuencia de la explotación del objeto social de Biogreen Soluciones SAS. Cabe también evidenciar cómo el artículo 98 del Código de Comercio plantea esta finalidad en la definición que da del contrato de sociedad cuando expresa: "Por el contrato de sociedad dos o más personas, se obligan a hacer un aporte en dinero, trabajo o en otros bienes apreciables en dinero, con **el fin** de repartirse entre sí las utilidades obtenidas en la empresa o actividad social". (negrilla fuera de texto).

- Objeto social: el objeto social se adecua a la actividad o empresa social que la sociedad Biogreen Soluciones SAS desarrollaba, y que lamentablemente en la sentencia estudiada no se explicita; pese a ello, se podría temerariamente inferir de su denominación social, que se trataría de la explotación de actividades relacionadas con la protección del medio ambiente.
- *Animus Societatis*: este elemento se corresponde con el consentimiento o ánimo de asociarse exento de vicios que tuvieron los accionistas de la sociedad Biogreen Soluciones SAS, para constituir y colaborar activamente en el cumplimiento de su empresa o actividad social, por lo que este requisito debió existir, no solamente al momento de la celebración del contrato, sino también durante toda su ejecución.

Ahora bien, la Superintendencia de Sociedades en la Sentencia 801-47, declaró la disolución de la sociedad por considerar que se cumplía con una de las causales que expresamente consagra el Código de Comercio Colombiano en el artículo 218 numeral 2, que hace alusión a la imposibilidad de desarrollar la empresa social.

El órgano judicial en mención consideró que el hecho que se presentará un bloqueo societario debido a la falta de interés de los socios en realizar reuniones de asamblea general de accionistas ocasionó que no se pudieran tomar las decisiones pertinentes para que la persona jurídica pudiese continuar explotando su objeto social o actividad económica, adecuándose claramente a la causal precitada.

De estas circunstancias, podemos afirmar que esta jurisprudencia tuvo en cuenta para proferir su decisión, únicamente un elemento del acto jurídico contrato de sociedad, que según lo que hemos manifestado en páginas anteriores, corresponde al objeto social; es decir, la empresa social o actividad económica.

Conforme a lo anterior, es claro que el bloqueo del máximo órgano social trajo consigo el que la sociedad no pudiese continuar ejecutando su objeto social; y, por lo tanto, que la sociedad quedara en curso de la causal de disolución declarada; sin embargo, es de anotar que la Superintendencia de Sociedades, dejó de lado otros elementos del acto jurídico contrato de sociedad de la mayor relevancia.

Al respecto, conviene decir que el sustento del juez societario omitió referirse a elementos del acto jurídico que reforzaban la causal de disolución del artículo 218 numeral 2 del Código de Comercio, entre los que podemos evidenciar a:

- *Animus societatis*: este elemento del acto jurídico sociedad, debe mantenerse durante toda la vida de la misma, situación que en el presente caso se desdibujó, debido a la falta de intención de los socios de reunirse y conformar el máximo órgano social durante un periodo relativamente largo, impidiendo la toma de decisiones y por ende el normal funcionamiento de la sociedad.
- Objeto: este elemento del acto jurídico que en el contrato de sociedad implica que los socios no solamente realicen sus aportes, sino también el que cumplan con las obligaciones derivadas de los estatutos sociales, se ve claramente enturbiado, cuando los socios de la sociedad Biogreen Soluciones S.A.S., comenzaron a inobservar su obligación estatutaria de conformar periódica y extraordinariamente el máximo órgano social, para tomar las decisiones y reformas sociales que la sociedad requería para adelantar adecuadamente sus actividades empresariales.
- Causa: como bien se ha esgrimido por parte de la doctrina y la misma ley societaria, la causa como elemento del acto jurídico contrato de sociedad, se corresponde con la finalidad que, la sociedad, fruto del desarrollo de su objeto social, obtenga utilidades para ser repartidas entre los socios, por lo que la causa es el ánimo de cada socio de obtener utilidades, en otras palabras, la causa en el contrato de sociedad es el ánimo de lucro radicado en cabeza de cada uno de los accionistas.

En el presente caso, el juez societario omitió fundamentar su decisión en cuanto que al no existir ánimo de asociarse, ni cumplimiento del objeto por parte de los accionistas para que la sociedad pudiese desarrollar su actividad económica u objeto social, lo que en realidad esto trajo consigo fue una frustración del fin o de la finalidad para la cual se constituyó la sociedad; en otros términos, al no poder desarrollar su actividad económica la sociedad esta se vería imposibilitada para obtener utilidades susceptibles de distribución entre los accionistas, frustrándose el ánimo de lucro de los accionistas como causa indispensable de la existencia del contrato de sociedad.

En conclusión, la perdida de la causa-fin en el acto jurídico estudiado, trajo como consecuencia su finalización, la cual se concretiza en el presente asunto en la declaración de disolución de la sociedad constituida y su correspondiente liquidación. En palabras del profesor Vergara:

> Para comprender la magnitud del problema, basta con ver lo siguiente: si la causa-fin es un requisito esencial del contrato, su ausencia o frustración determina, bien sea la inexistencia del contrato, o su finalización por la frustración de un elemento vital. Es absolutamente indispensable entender y comprender cuál es la causa-fin contratada. (2014, p.3).

9. ELEMENTOS DE VALIDEZ DEL CONTRATO DE SOCIEDAD

Para que el contrato de sociedad produzca plenos efectos jurídicos, no basta con que cumpla con los requisitos de existencia, sino que adicionalmente requiere del cumplimiento de unos requisitos de validez. El artículo 101 del Código de Comercio establece como requisitos de validez del contrato de sociedad: la capacidad, el consentimiento exento de error, fuerza o dolo, el objeto y la causa lícitos.

a. La capacidad

Partiendo de los conceptos de capacidad de goce y capacidad de ejercicio, entendida aquella como la aptitud legal para adquirir derechos y obligaciones; es decir, para ser sujeto de derechos, y ésta como la aptitud legal para poder adquirir derechos y obligaciones por sí mismo sin necesidad de la intervención o aquiescencia de un tercero, es que el inciso 1 del artículo 103 del Código de Comercio prohíbe que los incapaces sean socios de las sociedades colectivas y socios gestores de las sociedades en comandita.

Dentro de las razones que se pueden esgrimir para que el legislador mercantil estableciera esta prohibición, se encuentra el hecho de que los socios colectivos y los gestores de las en comandita, son los encargados directos de la administración y representación legal en estos tipos societarios, y adicionalmente frente a este tipo de asociados no existe separación patrimonial, por lo que por las deudas sociales responden con su patrimonio personal. Con todo, en los demás tipos societarios, los incapaces sí pueden ser socios a través de su representante legal o con su autorización. Inciso 2 del artículo 103 del Código de Comercio.

b. Vicios del Consentimiento

Dentro de los vicios del consentimiento tenemos al error, a la fuerza y al dolo; ahora bien, frente a la fuerza y al dolo al no existir regulación especial en el campo societario en el estatuto mercantil, nos remitimos en virtud del artículo 822 de esta regulación a las normas atinentes a estos aspectos contenidas en el Código Civil. Sin embargo, frente al error, el Código de Comercio sí contempla tres tipos de errores específicos en el ámbito societario, así tenemos:

- Error esencial:

En los términos del artículo 101 del Código de Comercio, el error esencial es aquel que recae sobre los móviles determinantes del acto o contrato, el cual, para que afecte a la totalidad del contrato, el vicio debe de ser común, es decir, que recaiga sobre todas las partes involucradas dentro del negocio, pues de lo contrario solo se afectara el vínculo del socio que padeció el error.

- Error de hecho en cuanto a la persona del socio:

De conformidad con el inciso 1 del artículo 107 del Código de Comercio, este es aquel que recae sobre alguno de los asociados, siempre y cuando el contrato se haya celebrado en consideración a esta persona.

Coloca como ejemplo el estatuto mercantil de este tipo de error, el que recae sobre cualquiera de los socios en una sociedad colectiva, o respecto de un socio gestor en una sociedad en comandita, esto, debido a que se tratan de sociedades de personas en donde prima el *intuito personae,* por lo que es muy importante en estas sociedades la persona con las que se está asociando.

- Error en cuanto al tipo societario:

De conformidad con el inciso 2 del artículo 107 del Código de Comercio, este es aquel que recae sobre la especie de sociedad constituida, ahora bien, para que este tipo de error vicie el consentimiento, se requiere que a consecuencia del mismo se asuma una responsabilidad superior a la que se pretendía asumir.

Coloca como ejemplo el Código de Comercio de este tipo de error, el hecho que se crea formar parte de una sociedad de responsabilidad limitada y realmente se termine asociando es a una sociedad colectiva: Esto en razón a que por las deudas sociales en materia de sociedad colectiva no existe separación patrimonial de los socios, como en principio si se presenta tratándose de las sociedades de responsabilidad limitada.

c. *Objeto lícito*

El objeto lícito se mira desde dos frentes, por un lado, desde el ámbito de las prestaciones o el aporte al que se obliga cada uno de los socios, y por el otro, desde el ámbito del objeto social o actividad económica que va a desarrollar la sociedad, en el entendido que tanto el aporte de los socios como el objeto social de la sociedad no deben de ir en contravía ni de la ley ni del orden público (Inciso 3 del artículo 104 del Código de Comercio).

d. *Causa lícita*

La causa lícita hace alusión a que el móvil que induzca a la celebración del acto o contrato no sea contrario ni a la ley ni al orden público (Inciso 3 del artículo 104 del Código de Comercio). En caso de que el móvil sea ilícito por parte de todos los asociados, el contrato de sociedad se encontrará viciado en su totalidad, y, por el contrario, si el móvil es ilícito respecto de alguno o algunos de los socios, solamente se encontrará viciado el vínculo del socio o socios respectivos.

Las sanciones jurídicas que conlleva la falta de algún requisito de validez conforme al inciso 2 del artículo 104 del Código de Comercio, son las siguientes:

- La falta de capacidad genera nulidad absoluta o nulidad relativa, dependiendo de si se trata de un incapaz absoluto o relativo, respectivamente.
- El consentimiento viciado genera nulidad relativa del contrato
- El objeto ilícito genera nulidad absoluta del contrato
- La causa ilícita genera nulidad absoluta del contrato

Es de anotar que, dado que el contrato de sociedad se constituye en un negocio jurídico plurilateral, tiene plena cabida la figura de la nulidad individual, en el sentido que la falta de algún elemento de validez respecto de alguno de los asociados no conlleva la nulidad del contrato en su totalidad, sino, únicamente, del vínculo del socio en quien concurra. Inciso 1 del artículo 104 y artículo 903 del Código de Comercio; normas que no son más que desarrollo del principio de la conservación contractual.

> La razón de ser de la nulidad parcial y de la individual es la misma, pues en el contrato de sociedad hay una pluralidad de personas que emiten declaraciones de voluntad paralelas e independientes las unas de las otras, dirigidas a la constitución de un ente jurídico social, donde, por razones de justicia y seguridad jurídica, la declaración de nulidad solo tendrá los efectos de aniquilar el vínculo que liga al socio en el cual recae la causal o la cláusula del contrato viciada a no ser que sin ese socio o sin esa cláusula se afecte de tal manera a la sociedad que ésta no pueda subsistir, caso en el cual se configuraría la nulidad general. (Velásquez, 2004, p. 37).

Ahora bien, dentro de los efectos que conlleva la nulidad absoluta del contrato de sociedad derivada de objeto o causa ilícita, tenemos (Artículo 105 del Código de Comercio):

- Terminación de la sociedad, lo que acarreara su disolución y liquidación.
- La no restitución de los aportes a los asociados, los cuales se destinarán a la junta departamental de beneficencia del lugar del domicilio social.
- Habrá una responsabilidad solidaria, personal e ilimitada de los socios y también de los administradores por las obligaciones sociales y por los perjuicios que se hubiesen causado.
- La inhabilidad para ejercer el comercio por parte de los socios y de los administradores por el termino de 10 años.

Y en este mismo sentido, los efectos de la declaratoria de nulidad relativa o de nulidad absoluta proveniente de incapacidad absoluta, conforme al artículo 109 del Código de Comercio, consistirán en la restitución del aporte del socio afectado por la nulidad; pero si el vicio afecta todo el contrato, se procederá a la disolución y liquidación de la sociedad.

De otro lado, si bien el artículo 106 del Código de Comercio indica que la nulidad absoluta proveniente de objeto o causa ilícita es de carácter insanable, a renglón seguido manifiesta que cuando la ilicitud provenga de una prohibición legal o de la existencia de un monopolio oficial, la supresión de la prohibición o del monopolio sanearan el contrato.

Por último, frente a los requisitos de validez, es de destacar que la nulidad proveniente de vicios del consentimiento o de incapacidad relativa, así como la nulidad absoluta proveniente de incapacidad absoluta, es saneable o bien por ratificación o por prescripción de dos años; bienio que se cuenta desde que cesa la incapacidad o la fuerza, o desde la fecha del negocio jurídico en los casos de error o dolo (Artículo 108 del Código de Comercio).

10. REQUISITOS DE FORMA DEL CONTRATO DE SOCIEDAD

Si bien el contrato de sociedad es desde el punto de vista de su perfeccionamiento de carácter consensual, pues basta que las partes se pongan de acuerdo sobre los elementos esenciales del mismo para que este nazca a la vida jurídica; siguiendo entonces la regla general de perfeccionamiento de los contratos en materia mercantil, artículo 824 del Código de Comercio, para que surja una persona jurídica distinta a los socios individualmente considerados, sí se requiere del cumplimiento de una formalidad o solemnidad.

> La naturaleza consensual del contrato societario resulta de un sencillo análisis de los artículos 98 y 498 del Código de Comercio. En efecto, mientras el inciso primero del articulo 98 consagra los requisitos del contrato de sociedad, el inciso segundo establece: "La sociedad, una vez constituida legalmente, forma una persona jurídica distinta de los socios individualmente considerados." Es clara, según la norma, la distinción entre la celebración del contrato y el nacimiento de la persona jurídica.
> Ratifica lo anterior el artículo 498 del Código según el cual "La sociedad comercial será de hecho cuando no se constituya por escritura pública. (...)". (Oviedo, 2018, p. 175).

De estas consideraciones tenemos entonces que, la solemnidad para que surja la persona jurídica societaria es la siguiente, dependiendo de, si se trata de una sociedad tradicional constituida conforme al Código de Comercio, si se trata de una sociedad tradicional constituida a la luz de la Ley 1014 de 2006, o si se trata de una sociedad por acciones simplificada; veamos:

- Sociedades tradicionales constituidas conforme al Código de Comercio:

Si se trata entonces de una sociedad colectiva, anónima, de responsabilidad limitada, comandita simple o comandita por acciones, que son las sociedades reguladas en el libro II del Código de Comercio, la persona jurídica surge con la escritura pública de constitución, de conformidad con lo establecido en el inciso 2 del artículo 98, el articulo 110 y los artículos 498 y 499 del Código de Comercio.

Ahora bien, la inscripción de la escritura pública de constitución en el registro mercantil es para efectos de oponibilidad de la persona jurídica frente a terceros, conforme a lo establecido en el numeral 9 del artículo 28 y en el numeral 4 del artículo 29 del Código de Comercio; y adicionalmente, para efectos de saneamiento de vicios de forma conforme a lo consagrado en el artículo 115 del mismo estatuto.

Es de observar que, si la sociedad no registra la escritura pública de constitución en el registro mercantil, y no obstante esto, inicia actividades de explotación de su objeto social, los administradores tendrán que responder con su patrimonio personal y de manera solidaria frente a los socios y frente a terceros de las operaciones que celebren en nombre o por cuenta de la sociedad (Artículo 116 del Código de Comercio).

De igual manera, si se aportaron bienes inmuebles a la sociedad, la escritura de constitución también se debe de inscribir en la oficina de registro de instrumentos públicos correspondiente.

- Sociedades tradicionales constituidas a la luz de la Ley 1014 de 2006:

De conformidad con el artículo 22 de la Ley 1014 de 2006, las sociedades tradicionales que al momento de su constitución tengan una planta de personal no superior a 10 trabajadores o activos totales por valor inferior a 500 salarios mínimos mensuales legales vigentes, se constituirán conforme a las normas propias de la empresa unipersonal contenidas en los artículos 71 y siguientes de la Ley 222 de 1995, de tal manera que estas sociedades se pueden constituir por documento privado (salvo que se hicieren aportes de bienes inmuebles, pues en tal evento necesariamente se tendría que constituir por escritura pública), pero únicamente surgirá su personalidad jurídica, una vez inscrito el documento de constitución en el registro mercantil correspondiente; en estos casos el registro mercantil claramente cumple una función de carácter constitutivo.

- Sociedades por acciones simplificadas:

Las sociedades por acciones simplificadas también se pueden constituir por documento privado, salvo que se vayan a hacer aportes de bienes inmuebles, caso en el cual necesariamente se tendrá que constituir por escritura pública; sin embargo, el registro mercantil también es de carácter constitutivo, pues la personalidad jurídica de este tipo societario no surge a la vida jurídica sino hasta tanto se haga la inscripción del documento de constitución en el registro mercantil (Artículo 2 y artículo 5 de la Ley 1258 de 2008).

En este orden de ideas, una vez cumplida la formalidad correspondiente, surge una persona jurídica distinta de los socios individualmente considerados, y que como tal goza de todos los atributos de la personalidad jurídica.

11. ATRIBUTOS DE LA PERSONALIDAD JURÍDICA SOCIETARIA

a. *La capacidad*

Tanto la capacidad de goce como la capacidad de ejercicio de las sociedades se encuentra circunscrita a su objeto social, en otras palabras, es el objeto social el que determina lo que puede hacer la sociedad; capacidad que el ente debe ejercer a través de su representante legal dada su imposibilidad física para actuar directamente. Al respecto establece el artículo 99 del Código de Comercio que: "La capacidad de la sociedad se circunscribirá al desarrollo de la empresa o actividad prevista en su objeto".

De estas circunstancias tenemos que —dado que, en las sociedades tradicionales al momento de su constitución, el objeto social debe de estar plenamente determinado, de conformidad con el numeral 4 del artículo 110 del Código de Comercio,— la capacidad de estas sociedades es muy restringida.

Por el contrario, cuando estas mismas sociedades tradicionales se constituyen a la luz de la Ley 1014 de 2006 y su decreto reglamentario Decreto 4463 de 2006, estas pueden tener un objeto social indeterminado para la realización de cualquier acto lícito de comercio; en otras palabras, se va ensanchando la capacidad de la sociedad.

Y ya con las sociedades por acciones simplificadas la capacidad de estas sociedades se puede ampliar todavía más, en la medida en que estas pueden constituirse con objeto social indeterminado para la realización de cualquier acto jurídico licito sea este civil, comercial o mixto (Numeral 5 del artículo 5 de la Ley 1258 de 2008).

Ahora bien, es de tener en cuenta que existen regímenes especiales donde la ley expresamente exige que se constituyan bajo determinado ropaje societario la prestación de ciertas actividades o empresas, ejemplo: las compañías aseguradoras e instituciones financieras las cuales deben constituirse como sociedades anónimas (Artículo 53 del Decreto 663 de 1993, modificado por el artículo 66 de la Ley 1328 de 2009); o las empresas de vigilancia que deben constituirse bajo el tipo societario de sociedades de responsabilidad limitada (Artículo 8 Decreto 356 de 1994).

Por otra parte, es de acotar que si una sociedad actúa por fuera de su objeto social (teoría del *Ultra Vires*), los actos que la sociedad efectué de esta manera van a estar viciados de nulidad absoluta por falta de capacidad de la sociedad. Al respecto manifiesta la Superintendencia de Sociedades en Oficio OA-1921 del 27 de noviembre de 1979, que: "No obstante, para mayor inteligencia del punto en estudio, se considera oportuno hacer referencia a la doctrina del ultra vires cuya esencia fue acogida en nuestro derecho positivo". Sobre la misma comenta Colombres:

> Con la expresión ultra vires se designa un sistema jurídico de ámbito variable en la doctrina y en el derecho positivo. Puede, sin embargo, caracterizarse en su aplicación más amplia diciendo que la actividad indicada en el acto constitutivo representa un límite, no solo al poder de los administradores, sino también a la misma capacidad de la sociedad, determinando como consecuencia que los actos extraños al objeto social son insanablemente nulos, aún cuando el cumplimiento de los mismos haya sido decidido por el acuerdo unánime de los socios.

No obstante, lo anterior, para la jurisprudencia de la Corte Suprema de Justicia no se trataría de un evento de nulidad absoluta, sino de inoponibilidad, al respecto señala la Corte en Sentencia 4025 del 30 de noviembre de 1994. M. P. Héctor Marín Naranjo:

> Resulta pues, atendible sostener que los actos de los representantes que desborden los limites antedichos son sancionados por el ordenamiento de una particular forma de ineficacia que se conoce como la inoponibilidad del negocio frente al representado, figura distinta a cualquier otro medio de sanción de los actos irregulares, especialmente las dimanantes de la incapacidad de la persona.

b. Representación legal

Para poder adquirir derechos y contraer obligaciones, las sociedades deben actuar por conducto de un representante legal, el cual está facultado —salvo que se le hayan limitado sus facultades, limitación que debe estar inscrita en el registro mercantil para efectos de oponibilidad— para realizar todos aquellos actos y contratos comprendidos dentro del objeto social (Artículo 196 del Código de Comercio).

Es de tener en cuenta que, en algunos tipos societarios, como se indicará más adelante, la administración y representación legal de la sociedad en principio se radica en cabeza de todos y cada uno de los socios, mientras que en otras sociedades su administración y representación legal recae en mandatarios temporales y libremente revocables.

Con todo, cuando se trata de sociedades donde la representación legal se encuentra radicada en cabeza de un tercero, esta representación se puede ejercer de manera múltiple; es decir, por varios representantes legales designados para el efecto y que pueden actuar de forma separada.

c. *Patrimonio*

El patrimonio es entendido como una universalidad de derecho conformada por bienes, activos, pasivos, obligaciones, etc., en cabeza de un titular, en este caso de una persona jurídica societaria.

> Modernamente el patrimonio es una universalidad jurídica formada por bienes activos y pasivos en cabeza de una persona jurídica individual o colectiva. De acuerdo con este concepto, el patrimonio tiene un contenido económico o pecuniario, y forman parte de él los derechos reales y personales, también los derechos sobre objetos inmateriales (propiedad intelectual) y aun la posesión como derecho real provisional, tal como lo predican tratadistas y algunas legislaciones extranjeras. (Velásquez, 2019, p. 107).

Es de anotar que, en el ámbito societario, el patrimonio se puede analizar desde dos enfoques:

- Desde un punto de vista horizontal como una resta, consistente en que a los activos de la sociedad se le restan sus deudas o pasivo externo, generando como resultado el patrimonio.
- Desde un punto de vista vertical, el patrimonio se discrimina en una serie de cuentas, entre las que encontramos: el capital, la prima en colocación de aportes, las reservas, el revalúo de activos, las utilidades del periodo, etc.

Al momento de la sociedad iniciar actividades, el patrimonio es igual al capital, —dado que el capital es la suma de los aportes de dar que realizan los socios para poder desarrollar el objeto social, y el capital hace parte del patrimonio—; sin embargo, una vez la sociedad empieza a desarrollar su objeto social, el patrimonio empieza a aumentar, ejemplo mediante la obtención de utilidades y la realización de reservas. De ahí que se diga que el patrimonio a diferencia del capital es un concepto dinámico y flexible, pues va a aumentar o disminuir de acuerdo con las circunstancias económicas que rodeen a la sociedad.

Finalmente, el patrimonio también se mira como un pasivo, en este caso como un pasivo interno de la sociedad a favor de sus socios, el cual, solamente se hace exigible al momento de la liquidación de la sociedad, luego de pagar las deudas o el pasivo externo de la misma. En palabras de Sanín:

> Es el pasivo interno de la compañía, por ser pasivo, algún día ha de ser cancelado, y ese momento es el de la liquidación social; durante la vida de la sociedad, el patrimonio, no obstante, su carácter de pasivo, es el soporte de todas las operaciones de la sociedad y el signo representativo de la solvencia de la compañía.

Y por ser interno, no se adeuda a nadie durante la vigencia social, pues su vocación final será reintegrarse a los socios o accionistas a título de remanentes en la liquidación. (2012, p. 18-19).

d. *Domicilio*

El domicilio es el vínculo jurídico que tiene la persona jurídica societaria con una zona del territorio nacional, la regulación societaria colombiana concede pleno margen de acción a la autonomía de la voluntad de los socios para que escojan vía estatutaria el domicilio de la sociedad. Es preciso señalar que existe el domicilio principal de la sociedad que es aquel lugar donde, entre otras:

- Se inscribe el documento de constitución de la sociedad.
- Se inscriben las reformas estatutarias y las demás decisiones sujetas a inscripción.
- Donde se reúnen los socios en junta de socios o asamblea general de accionistas, según el caso.
- Donde se ejerce la acción de impugnación de decisiones sociales.
- Donde se encuentran los libros de comercio y se inscriben los de actas de junta de socios o asamblea general de accionistas y los de registro de accionistas o de socios.
- Donde se ejerce el derecho de inspección por parte de los socios.
- Donde se da el cumplimiento de las obligaciones fiscales de la sociedad.

Todo cambio del domicilio principal de la sociedad implica una reforma estatutaria (Artículo 165 del Código de Comercio). Asimismo, las sociedades pueden tener domicilio o domicilios secundarios, los cuales pueden asumir, o bien la forma de sucursal, o bien la forma de agencia.

Tanto las sucursales como las agencias, son establecimientos de comercio cuyo propietario es una sociedad, con la diferencia de que mientras los administradores de una sucursal poseen facultades para representar a la sociedad propietaria de la misma (salvo que se les haya limitado vía estatutaria o por escritura pública o documento privado inscrito en el registro mercantil esta facultad), los administradores de las agencias carecen en principio de dichas facultades, a excepción de la representación de carácter judicial (Artículos 263 y 264 del Código de Comercio, y artículo 59 del Código General del Proceso).

Conviene señalar que tanto las sucursales como las agencias se pueden abrir dentro del mismo domicilio principal de la sociedad o por fuera de él, caso en el cual se trataría de un domicilio secundario de la misma.

e. Nacionalidad

La nacionalidad es el vínculo jurídico que une a la sociedad con un estado determinado, y consecuentemente va a determinar el régimen jurídico aplicable a la sociedad en cuanto a su constitución, desarrollo o funcionamiento, disolución y liquidación. En Colombia no es admitida la figura de la *Reincorporation,* entendida esta en palabras de Juan Esteban Sanín Gómez, como:

> ...una operación en la cual una sociedad, domiciliada en un determinado país, decide voluntariamente cambiar su domicilio social a otro país, sin someterse previamente a un proceso liquidatario y sin incurrir en una operación de fusión o escisión internacional. Como consecuencia de esta operación, la sociedad -sin solución de continuidad- se acoge a la legislación del nuevo país y cesa de regirse por las normas del país de origen. Para que esta operación pueda llevarse a cabo, es indispensable que las normas societarias de ambas jurisdicciones la permitan. (2020, p. 205).

Frente a la inadmisibilidad de esta figura manifiesta la Superintendencia de Sociedades en Oficio 100-141640 del 14 de julio de 2016, que:

> La redomiciliación de sociedades extranjeras hacia el territorio colombiano no está contemplada en el ordenamiento jurídico colombiano. Al no existir normas jurídicas que determinen, de modo especifico, el procedimiento para la redomiciliación transfronteriza, ni las salvaguardas que habrían de conferírseles a los asociados y terceros en esta clase de operaciones, es inviable autorizar su procedencia. Ciertamente si se aceptase la viabilidad de esta figura por vía doctrinaria, podrían ponerse en riesgo asuntos de orden público relativos a la protección de los derechos de terceros, el Estado y otros interesados.

f. Nombre

En primer lugar, se debe de diferenciar lo que es el nombre social de lo que es el nombre comercial, veamos:

- Nombre comercial:

El nombre comercial es un signo distintivo perteneciente al régimen de la propiedad industrial y consiste en el signo que identifica al comerciante, al empresario, dentro del mercado.

Como tal, el nombre comercial es un activo intangible de la sociedad que hace parte del patrimonio de la sociedad y consecuentemente susceptible de actos jurídicos de disposición (Artículo 190 y 199 de la Decisión 486 de 2000).

Es de anotar que el nombre comercial es usado por el comerciante en su publicidad y en su facturación.

El derecho y la protección sobre el nombre comercial se adquiere con el primer uso que se hace del mismo en el mercado y cesa cuando se acaba dicho uso (Artículo 191 de la Decisión 486 de 2000).

- Nombre social:

El nombre social es el que se constituye en un atributo de la personalidad jurídica de la sociedad, por lo que es usado por esta cuando va a actuar como sujeto de derechos, adquiriendo derechos y contrayendo obligaciones.

Se adquiere el derecho sobre el nombre social con la escritura pública de constitución cuando se trata de las sociedades reguladas en el Código de Comercio; o con el documento de constitución una vez inscrito en el registro mercantil, cuando se trata de las sociedades tradicionales constituidas a la luz de la Ley 1014 de 2006, o de la sociedad por acciones simplificada.

El artículo 35 del Código de Comercio protege el nombre social prohibiendo que las Cámaras de Comercio matriculen a un comerciante o establecimiento de comercio con el mismo nombre de otro ya inscrito, mientras este no sea cancelado por orden de autoridad competente o a solicitud de quien haya obtenido la matricula.

El nombre social permite identificar el tipo societario correspondiente y permite determinar la responsabilidad de los socios por las obligaciones sociales.

El nombre social de conformidad con la ley mercantil en algunos tipos societarios se estructura mediante razón social, esto es el nombre o apellido de alguno o algunos de los socios, y en otros tipos societarios se estructura mediante denominación social; es decir, un nombre de fantasía o un nombre que tenga relación con el objeto social de la actividad. En este orden de ideas tenemos que según el tipo de sociedad el nombre social se estructura de la siguiente forma:

- Sociedad colectiva:

El nombre social de estas sociedades se estructura mediante razón social seguido de "y compañía", "hermanos", "e hijos", "sucesores", u otras expresiones análogas (Artículos 303, 304 y 305 del Código de Comercio).

El artículo 303 del Código de Comercio señala que, si una persona ajena a la sociedad tolera su inclusión en la razón social, va a responder con su patrimonio personal por las obligaciones sociales como si se tratara de un socio colectivo.

- Sociedad en comandita simple:

El nombre social de estas sociedades se estructura con la razón social del gestor o gestores seguida de "y compañía S en C" o de la abreviatura "y Cia S en C". Si se estructura mal el nombre social en una sociedad en comandita simple se presumirá de derecho que la sociedad es de carácter colectivo.

Si un tercero ajeno a la sociedad o un socio comanditario tolera su inclusión en la razón social, este va a responder como si se tratara de un socio gestor (Artículo 324 del Código de Comercio).

- Sociedad en comandita por acciones:

El nombre social de las sociedades en comandita por acciones se estructura mediante razón social de gestor o gestores seguido de "y compañía S.C.A" o de la abreviatura "y Cia SCA".

Si se estructura mal el nombre social en una sociedad en comandita por acciones se presumirá de derecho que esta sociedad es de carácter colectivo; y similarmente a como ocurre en las sociedades en comandita simple, si un tercero ajeno a la sociedad o un socio comanditario tolera su inclusión en la razón social, este va a responder como otro socio colectivo es decir como un socio gestor (Artículo 324 del Código de Comercio).

- Sociedad de responsabilidad limitada:

El nombre de estas sociedades puede consistir en denominación social o en razón social seguido de "Y Cia Ltda" o de la palabra "Limitada". Si no se estructura correctamente el nombre social, los socios van a responder solidaria e ilimitadamente por las obligaciones de la sociedad (Artículo 357 del Código de Comercio).

- Sociedad anónima:

El nombre de estas sociedades se estructura mediante denominación social seguida de la abreviatura "S.A." o de las palabras "Sociedad Anónima" (Artículo 373 Código de Comercio). Ahora bien, si la sociedad se forma, se inscribe o se anuncia erróneamente, los administradores de la sociedad van a responder solidaria e ilimitadamente con su patrimonio personal por las obligaciones sociales (Artículo 373 del Código de Comercio).

- Sociedad por acciones simplificada:

El nombre de estas sociedades puede ser, o bien denominación social, o bien razón social más la abreviatura "S.A.S." o las palabras "Sociedad por Acciones Simplificada" (Numeral 2 artículo 5 de la Ley 1258 de 2008).

No menciona la Ley 1258 cuál es la consecuencia jurídica desfavorable que acarrea la estructuración errónea del nombre social de la sociedad por acciones simplificada; sin embargo, por la remisión que hace el artículo 45 de la ley en mención a las sociedades anónimas, consideramos que le es aplicable el artículo 373 del Código de Comercio, esto es la responsabilidad solidaria e ilimitada de los administradores de la sociedad por las obligaciones sociales.

12. CLASIFICACIÓN DE LAS SOCIEDADES

a. Sociedades de Personas y Sociedades de Capital

En las sociedades de personas prima el *intuitu personae,* es decir, más que el aporte económico o capital que se vaya a llevar a la sociedad, en estas sociedades lo importante es la persona con quien se está asociando, son sociedades en las que la confianza tiene un valor superlativo. Dentro de los rasgos que caracterizan a las sociedades de personas tenemos:

- Su nombre se estructura con razón social.
- La administración y representación legal la tienen en principio todos y cada uno de los socios por tratarse de un derecho derivado de su calidad de socio.
- La negociación de los aportes exige reforma estatutaria, de tal manera que, si alguno de los socios pretende salirse de la sociedad enajenando su participación, debe de agotar el procedimiento de una modificación a los estatutos sociales.
- No existe separación patrimonial entre el patrimonio del socio y el patrimonio de la sociedad, por cuanto los socios responden personal, solidaria e ilimitadamente con su patrimonio propio por las deudas que posea la sociedad.
- El derecho de inspección de los socios se puede ejercer en cualquier tiempo.
- Su máximo órgano social se denomina junta de socios.

- La muerte o incapacidad sobreviniente de algún socio es causal de disolución de la sociedad.

Por otro lado, las sociedades de capital son aquellas en las cuales tiene relevancia fundamental el *intuitu rei,* es decir, el aporte económico de los asociados sin importar quien lo realice, el capital de la sociedad es lo que goza de importancia en esta clase de sociedades y las personas que la conforman pasan a tener un lugar secundario e irrelevante.

En este orden de ideas, las características más descollantes de las sociedades de capital son:

- Su nombre se estructura con denominación social.
- La administración y representación legal de la sociedad, la tienen terceros temporales y libremente revocables; en otras palabras, la administración y representación legal no se encuentra radicada en cabeza de los socios como un derecho derivado de la calidad de tal.
- La negociación de sus aportes no requiere del agotamiento de una reforma estatutaria.
- Existe plena separación patrimonial, en la medida en que uno es el patrimonio personal de los socios y otro es el patrimonio de la sociedad, de tal suerte que los socios no responden con su patrimonio por las deudas que tenga la sociedad.
- El derecho de inspección de los socios es de carácter restringido.
- Su máximo órgano social se denomina asamblea general de accionistas.
- Las pérdidas patrimoniales se constituyen en una causal de disolución de la sociedad.

De esta circunstancia surge el hecho de que la sociedad de personas por excelencia es la sociedad colectiva, y la sociedad de capitales por excelencia es la sociedad anónima, por lo que el resto de las sociedades, esto es: la sociedad de responsabilidad limitada, la sociedad en comandita simple, la sociedad en comandita por acciones, y la sociedad por acciones simplificada, participan de las características propias tanto de las sociedades de personas como de las sociedades de capital.

> Desde ahora debe anticiparse que, en la economía contemporánea, el esquema asociativo de mayor auge corresponde al sistema de las sociedades de capitales. Así, una parte significativa de la actividad empresarial se cumple por medio del prototipo de estas formas asociativas, que es la sociedad anónima. (...). Las denominadas sociedades de personas, por el contrario, se conciben

> como estructuras cerradas en las que prevalecen las calidades personales de los asociados. (Reyes, 2016, p. 23-24).

b. Sociedades Civiles y Sociedades Comerciales

El criterio que determina si una sociedad es civil o es comercial, es el objeto social, por cuanto si la sociedad se constituye para la realización de actos mercantiles (ejemplo los contenidos en el artículo 20 del Código de Comercio), la sociedad será comercial; si la sociedad se constituye para la realización de actos civiles (ejemplo los del artículo 23 del Código de Comercio), la sociedad será civil; y si el objeto social es mixto, es decir, para la realización de actos civiles y actos mercantiles, la sociedad será comercial (Artículo 100 del Código de Comercio, modificado por la Ley 222 de 1995).

Empero, tratándose de las sociedades por acciones simplificadas, impera es un criterio de carácter formal, pues estas serán siempre de carácter comercial, independientemente del objeto social que realicen, sea civil o comercial, esto por expresa disposición del artículo 3 de la Ley 1258 de 2008.

Ahora bien, independientemente de si la sociedad es civil o es comercial, menciona el artículo 100 del Código de Comercio, que estas estarán sometidas en su regulación a la legislación mercantil. De estas consideraciones, tenemos que hoy en día las diferencias entre las sociedades civiles y las sociedades comerciales se circunscriben a dos aspectos que son:

- Solamente las sociedades comerciales estas sujetas a supervisión de la Superintendencia de Sociedades. Inciso 1 del artículo 82 de la Ley 222 de 1995.
- Únicamente tienen el deber de matricularse en el registro mercantil como comerciantes, las sociedades comerciales. Numeral 1 del artículo 19 del Código de Comercio.

Al respecto manifestó la Corte Constitucional en Sentencia C-435 de 1996 con magistrado ponente José Gregorio Hernández Galindo, que:

> En el ámbito de la empresa, sea esta civil o comercial, los deberes que se adscriben a su titular corresponden igualmente a una materia que en principio es puramente legal y no constitucional. Aunque, en el caso presente, la sola unificación del régimen societario no apareja la conversión de la sociedad civil en comerciante, la ley puede razonablemente determinar la extensión de deberes inicialmente establecidos para ciertos sujetos, lo que naturalmente debe de hacer de manera expresa. (...)
>
> Y es que el hecho de que unas sociedades tengan por objeto la ejecución de actos civiles y otras la actividad comercial no es criterio que justifique eximir a

> las primeras de obligaciones consagradas para las segundas (como la de llevar libros de contabilidad), ya que, si son sociedades y no asociaciones (como parece entenderlo la accionante cuando se refiere a los hospitales), tienen un elemento en común —el ánimo de lucro—, en el cual puede fijarse el legislador, dentro de sus nuevos criterios, para señalar regulaciones más exigentes que faciliten la inspección, la vigilancia y la intervención estatales en la actividad particular.

c. *Sociedades Matrices y Sociedades Subordinadas*

Hablamos de sociedades matrices y de sociedades subordinadas, cuando estamos en presencia de un grupo de subordinación; es decir, cuando el poder de decisión de una o varias sociedades se encuentra sometido a la voluntad de otras u otras que serán su matriz o controlante (Artículo 260 del Código de Comercio). En otros términos, las decisiones se formalizan en la sociedad subordinada pero ya se han tomado en la sociedad matriz, pues la voluntad de decisión de aquella se encuentra sometida a la voluntad de esta.

Cuando la subordinación se da de manera directa con la matriz, la sociedad subordinada se denomina filial; y cuando la subordinación se da por intermedio o con el concurso de otra subordinada de la matriz, la sociedad subordinada se denomina subsidiaria.

Es de anotar que los grupos de subordinación no dan lugar al surgimiento de una persona jurídica independiente, y que la matriz puede ser una sociedad, pero también se admite la posibilidad de que la matriz sea una forma asociativa no societaria, o una persona natural (Parágrafo 1 del Artículo 261 del Código de Comercio). El artículo 261 plantea tres presunciones de subordinación, las cuales son de carácter legal, es decir, que admiten prueba en contrario, así:

- Cuando se posea más del 50 % del capital de una sociedad, bien sea directamente, o por intermedio o con el concurso de otras subordinadas, en este caso no se computan las acciones con dividendo preferencial y sin derecho a voto (Numeral 1 del artículo 261 del Código de Comercio).
- Cuando a pesar de no poseer la mayoría del capital, es decir, más del 50 % del mismo, se tiene la mayoría decisoria para tomar decisiones en la asamblea de accionistas o junta de socios respectiva; y cuando se tiene la posibilidad de elegir a la mayoría de los miembros de la junta directiva de la sociedad subordinada (Numeral 2 del artículo 261 del Código de Comercio).

- Ejemplo: La sociedad anónima Y su capital se divide en 100 acciones, de las cuales la Sociedad anónima X posee 27 acciones. Si en una reunión de la asamblea de accionistas de Y hubo cuórum deliberatorio porque asistió la mitad más una de las acciones en que se divide el capital, esto es 51 acciones, las decisiones en esta reunión conforme a la mayoría decisoria del artículo 68 de la Ley 222 de 1995, la va a poder tomar X; en este caso X se convierte en matriz por un determinado tiempo, a pesar de no tener más del 50 % del capital de Y.
- Cuando a través de un acto o negocio jurídico una sociedad tiene influencia en las decisiones y administración de otra, en otras palabras, se logra imponer conductas y decisiones debido a un acto o contrato determinante que concede esta situación de control (Numeral 3 del artículo 261 del Código de Comercio).
- Ejemplo:

  En virtud de un contrato de mutuo, de un contrato de franquicia, de un contrato de licencia de bienes pertenecientes a la propiedad industrial, de un contrato de concesión, etc., la sociedad mutuante, franquiciante, licenciante, o concedente, en su caso, tiene influencia y control sobre la sociedad mutuaria, franquiciada, licenciataria, o la concesionaria, para que por ejemplo cambie la junta directiva, cierre agencias o sucursales, amplíe su objeto social, etc.

> Los tres casos mencionados, que no se excluyen entre sí, al configurarse, someten el poder de decisión de la sociedad controlada a la voluntad de otra u otras personas; pero estos casos no son taxativos, por lo que cualquier situación que comporte el mismo resultado, configurará la situación de subordinación. (Barrera, y Gutiérrez, y Miranda, 2014, p. 168).

Es necesario resaltar que a las presunciones de subordinación del numeral 1 y 2 del artículo 261 del Código de Comercio, se le consideran como un control interno o jurídico; mientras que la presunción de subordinación del numeral 3 de este mismo artículo se le considera como un control externo o económico. Por otra parte, existe todo un régimen jurídico aplicable a los grupos de subordinación en aras de la protección de los terceros y de los socios minoritarios de las sociedades involucradas en el grupo, y que a grandes rasgos se refiere a:

a) Publicidad:

Cuando se configure una situación de control, la sociedad controlante o matriz debe plasmarlo en un documento privado, dicho documento se debe de inscribir tanto en el registro mercantil de la sociedad matriz como de sus subordinadas dentro de los 30 días siguientes a la configuración del control (Artículo 30 de la Ley 222 de 1995).

Con todo, si la matriz no efectúa esta inscripción, la Superintendencia de Sociedades tiene facultades para declarar el control y ordenarla, sin perjuicio de la imposición de multas a la matriz por la omisión de dicho deber.

El cumplimiento de esta obligación acarrea que cuando se pida el certificado de existencia y representación legal, bien de la matriz o bien de las subordinadas, aparezca la situación de control, por lo que el tercero que eventualmente contrate con la sociedad o la persona que pretenda ingresar a alguna de las sociedades pertenecientes al grupo, sepa la existencia de esta situación de subordinación. Conviene destacar lo consagrado en el artículo 2.2.2.41.6.1 del Decreto 667 de 2018, que indica que:

> Cuando se presente para inscripción en el Registro Mercantil la constitución de una sociedad por acciones simplificada en la que el único accionista sea una persona natural, las Cámaras de Comercio suministraran al constituyente de la sociedad un formato para que este proceda a inscribirse como controlante de la sociedad, en los términos previstos en el artículo 30 de la Ley 222 de 1995. En caso de que la persona rehusé inscribirse como controlante, para que proceda la inscripción de la constitución de la sociedad deberá manifestar por escrito dirigido a la Cámara de Comercio que no ejerce el control sobre la sociedad, el fundamento de su declaración y, si considera que otra persona es el controlante, informar el nombre e identificación de dicha persona. Dicho documento será remitido por la respectiva Cámara de Comercio a la Superintendencia de Sociedades.

Conviene indicar aquí que cuando la matriz es una sociedad extranjera con subordinadas colombianas, aquella se encuentra igualmente obligada a inscribir esta situación de control ante las cámaras de comercio correspondientes. Al respecto manifiesta Andrés Gaitán Rozo que:

> En la Guía práctica régimen de matrices y subordinadas, publicada por la Superintendencia de Sociedades, se reitera que las matrices extranjeras de sociedades colombianas tienen el deber de cumplir con la obligación señalada en el artículo 30 de la Ley 222 de 1995. En el mismo sentido, en la Circular 100-000008 del 12 de julio de 2022 (Circular Básica Jurídica) la entidad manifestó que la obligación de revelar situaciones de control o de grupo empresarial se predica tanto de las matrices nacionales como de las extranjeras. (2022, p. 32).

b) Estados financieros consolidados:

El grupo de subordinación como tal, no conforma una persona jurídica; sin embargo, para efectos de estados financieros, el legislador mercantil, conforme al artículo 35 de la Ley 222 de 1995, los considera como una persona jurídica, por lo que la matriz debe de elaborar estados financieros como grupo. Por consiguiente, la matriz elabora no solo sus estados financieros como sociedad, sino también los estados financieros del grupo como grupo.

c) Régimen de sospecha:

Los actos y negocios jurídicos que celebren entre sí las sociedades que conforman el grupo de subordinación, se encuentran sometidos a un régimen de sospecha para determinar que sean de carácter real y que se realicen en condiciones normales a las del mercado; por consiguiente, si la Superintendencia de Sociedades, encuentra alguna irregularidad impondrá las multas a que haya lugar, y si lo considera necesario, también ordenará la suspensión de las operaciones efectuadas entre los miembros del grupo (Artículo 265 del Código de Comercio). Todo lo anterior, sin perjuicio de las acciones indemnizatorias que puedan impetrar los socios o terceros por los daños que se les hubiese podido generar.

d) Prohibición de la Imbricación:

Lógicamente la matriz puede tener participación directa o indirecta en la sociedad subordinada, pero se encuentra prohibido que la subordinada tenga participación en el capital —así sea mínima— en su matriz o controlante, so pena, de que el acto sea ineficaz de pleno derecho (Artículo 262 del Código de Comercio).

La razón de esta prohibición radica en el hecho de que se debe tener muy claro, sin lugar a equívocos, quién es la matriz para efectos del establecimiento de futuras responsabilidades; y adicionalmente, porque se estaría trabajando con el mismo capital de la matriz en dos sociedades diferentes.

e) Responsabilidad subsidiaria de la matriz:

El artículo 61 de la Ley 1116 de 2006, que es la ley de insolvencia empresarial en Colombia, consagra una presunción legal en virtud de la cual si una sociedad subordinada entra en reorganización empresarial o en liquidación judicial, se presumirá que dicha sociedad entró en este régimen concursal por causa del control que ejerció la matriz en su propio beneficio o en beneficio de otra de sus subordinadas, de tal suerte, que la matriz deberá responder subsidiariamente por las deudas de la sociedad concursada. De esta norma hay que destacar que:

- Se trata de una presunción de carácter legal, es decir, que admite prueba en contrario, por lo que la matriz puede demostrar que la situación de reorganización o de liquidación de su subordinada se produjo no por conductas derivadas del control sino por una causa extraña.

- Se trata de una responsabilidad subsidiaria mas no solidaria, por lo que entrará a responder la matriz por las deudas de la subordinada concursada, únicamente en el evento en que el patrimonio de esta sea insuficiente para sufragar sus deudas.

A propósito de la responsabilidad subsidiaria de la matriz, se trae a continuación el análisis de la Sentencia SU 636 de 2003 de la Corte Constitucional del 31 de julio de 2003, con magistrado ponente Jaime Araujo Rentería, sentencia que tuvo como sustento el artículo 148 de la Ley 222 de 1995, que era muy similar en su regulación a lo que actualmente consagra el artículo 61 de la Ley 1116 de 2006, y que demuestra los inconvenientes que trae en su aplicación esta norma, veamos:

Los hechos de la Sentencia SU 636 de 2003, se pueden resumir de la siguiente forma:

La Corte Constitucional revisó de manera conjunta las decisiones desfavorables, proferidas en diversos Despachos Judiciales, en virtud de las acciones de tutela interpuestas por varios ciudadanos, quienes ostentaban la calidad de pensionados de la empresa Hullera S.A., sociedad que se encontraba en trámite concursal de liquidación obligatoria en los términos de la Ley 222 de 1995.

Las acciones de tutela interpuestas por los pensionados de la empresa Hullera S.A., tenían por objeto que se le protegiera los derechos fundamentales a la dignidad humana, la salud, y el mínimo vital, los cuales venían siendo vulnerados por la Sociedad Hullera S.A. como empleadora de estos ciudadanos al no realizar el pago de las mesadas pensiónales de jubilación a su cargo y al no efectuarles los descuentos para las cotizaciones para la prestación del servicio de salud.

Así mismo, se argumentaba por los accionantes que dado que la Superintendencia de Sociedades, había declarado a las sociedades Colteger S.A., Fabricato S.A. y Cementos el Cairo S.A., como empresas matrices sobre la sociedad Hullera S.A., durante el tiempo comprendido entre el 20 de junio de 1996 y el 4 de noviembre de 1997, aquellas sociedades debían igualmente responder de manera transitoria por el pasivo pensional y los descuentos a la seguridad social, de conformidad con lo establecido en el artículo 148 de la Ley 222 de 1995, mientras se resolvía realmente su responsabilidad en un proceso ordinario civil.

Una vez pasaron a revisión estas decisiones judiciales a la Corte Constitucional, esta estableció en su sentencia SU 636 de 2003, entre otras consideraciones, que al incumplirse con el pago de la pensión, se atentó contra varios derechos fundamentales con sustento constitucional como lo son el mínimo vital, la dignidad humana y la vida de la persona; por lo que ordenó una responsabilidad subsidiaria en el pago del pasivo pensional, de forma transitoria a las sociedades Coltegerr S.A., Fabricato S.A., y El Cairo S.A., en su calidad de matrices de la empresa Hullera S.A.; lo anterior, con fundamento en lo consagrado en el artículo 148 de la Ley 222 de 1995, y mientras era definida por la jurisdicción ordinaria si las sociedades matrices con sus actuaciones generaron que Hullera S.A. entrará en liquidación obligatoria. Análisis crítico de la ponderación efectuada por la corte constitucional en el presente caso:

A partir del tránsito de un Estado liberal a un Estado Social de Derecho, fórmula que se encuentra consagrada en la Constitución Política de Colombia de 1991, se presentan una serie de cambios en la manera de abordar el derecho, y dentro de estos, encontramos la relevancia que van a tener los principios jurídicos a la hora de resolver los conflictos en la sociedad, pues se pasa de un modelo en que la controversia se resolvía mediante la subsunción del caso a la ley que le era aplicable, lo que constituía un razonamiento netamente lógico formal, para pasar a un modelo en donde no solamente se van a tener en cuenta en las decisiones judiciales la ley aplicable, sino también los principios jurídicos como normas jurídicas de carácter superior que determinan la validez de las leyes a aplicar.

Así mismo, nos vamos a encontrar con una metodología para la resolución de los casos concretos cuando se presenta un choque entre principios, método que se ha denominado la ponderación.

Lo que se persigue mediante la ponderación es que los principios sean aplicados en la búsqueda de la solución de una controversia jurídica, evitando un desbordamiento de poder del órgano jurisdiccional encargado de resolver la controversia; es decir, la ponderación va a ser un mecanismo que permite el límite del poder jurisdiccional evitando que la aplicación del derecho se convierta en una potestad discrecional del juzgador, en la medida en que con esta metodología se van configurando cada vez que ocurran casos similares, ciertas reglas *prima facie*, que deberán ser aplicadas por el juzgador, garantizando de esa manera la previsibilidad de las decisiones judiciales. Ahora bien, para la aplicación de la ponderación se debe acudir a tres subprincipios consistentes en:

- Idoneidad: que hace relación a que la medida que se vaya a tomar sea idónea para el cumplimiento de un fin o fines determinados.
- Necesidad: hace relación a determinar si las medidas o medida que se va a tomar es indispensable, es necesaria porque no hay más medidas

para la consecución del fin determinado que se persigue, y debiliten lo menos posible los restantes derechos constitucionales en juego.

- Proporcionalidad en sentido estricto: a partir de este nivel se analiza la correspondencia de la medida con los principios constitucionales, para determinar si la medida viola o no principios y derechos constitucionales.

Y como herramienta indispensable para el ejercicio del método de la ponderación encontramos la argumentación jurídica, pues la decisión jurídica que tome el juzgador debe de estar bien fundamentada, dando las razones del porqué llega a una solución jurídica determinada, evitando de esta manera la discrecionalidad judicial y por ende la expedición de sentencias arbitrarias. El juez entonces debe de argumentar la preconcepción que tiene frente al caso, de tal suerte que su decisión será plausible, si la argumentación que desarrolla el juez se encuentra bien informada, bien sustentada.

Ahora bien, respecto a la Sentencia SU 636 de 2003 de la Corte Constitucional, no es acertado el análisis jurídico que hace la Corte en lo atinente a proteger a los pensionados de Hullera S.A. mediante la orden dada a Colteger S.A., Fabricato S.A. y Cementos el Cairo S.A., como matrices de Hullera S.A., de suministrar los recursos que esta última debe por concepto de mesadas pensionales y descuentos a la seguridad social, por las siguientes razones:

Si se hace el ejercicio ponderativo para llegar a esta decisión judicial de la Corte a través de los subprincipios supra mencionados, encontraremos que esta ponderación no es satisfactoria, veamos porqué: Los derechos fundamentales que se persiguen proteger son la dignidad humana, la salud y el mínimo vital de los demandantes.

- Idoneidad: ¿La medida de ordenar a las sociedades matrices que suministren los recursos que Hullera S.A. debe por concepto de mesadas pensiónales y aportes a la seguridad social, es idónea para lograr el fin, que es la protección de los derechos fundamentales a la dignidad humana, la salud y el mínimo vital de los pensionados de Hullera S.A.?: sí, es una medida idónea y adecuada para lograr este cometido.

- Necesaria: ¿Esta medida tomada por la Corte en aras de la protección a los derechos fundamentales de los pensionados de Hullera S.A., es indispensable porque no hay más medidas en este caso para la protección de los derechos fundamentales de los actores?: no, sí existen más medidas que se hubieran podido tomar para la protección de los derechos fundamentales de estos ciudadanos, y que debilitarían en menor medida los demás derechos constitucionales en juego como el libre desarrollo de la personalidad, la libre iniciativa privada, la libertad de empresa, el debido proceso, etc.

- En este sentido, la Corte dentro de sus potestades, y en aras de proteger los derechos fundamentales de los pensionados, podría haber acudido a diversos mecanismos para la protección estos derechos, tales como: la conmutación pensional, ordenando al Instituto de Seguros Sociales que tomara los activos de la sociedad Hullera S.A. y se encargara del pago de los pasivos de los pensionados, u ordenarle a la sociedad Hullera S.A., la constitución de una garantía o caución para la protección de los derechos de los pensionados, etc.
- Proporcionalidad en sentido estricto: La medida tomada por la Corte en el sentido de ordenar a las sociedades matrices de pagar transitoriamente el pasivo pensional y los descuentos a la seguridad social de la sociedad Hullera S.A., vulnera un derecho fundamental como lo es el debido proceso consagrado en el artículo 29 de la Constitución Política, pues prácticamente por el hecho de ser matrices las está condenando sin previo proceso judicial que declare su responsabilidad al pago de unas sumas de dinero; es decir, la Corte está imponiendo una responsabilidad en contra de las sociedades matrices sin que haya habido un proceso judicial en que estas sociedades hubieran sido vencidas, y sin la oportunidad de ejercer su legítimo derecho de contradicción y de defensa.

Al respecto, es importante iterar que el artículo 148 de la Ley 222 de 1995, que actualmente se encuentra derogado por la Ley 1116 de 2006, y que consagraba una responsabilidad subsidiaria de la matriz por las obligaciones de su filial, planteaba una presunción de nexo causal, consistente en que si una filial entraba en un proceso concursal se presumía que era por causa de los actos de control que ejercía su matriz, pero que esta presunción es de carácter legal y que por tanto la sociedad matriz podía destruir esta presunción legal demostrando que la situación concursal de la sociedad filial o subordinada se debía a una causa extraña ajena a los actos de control de la matriz. Lo que en este caso no ocurrió, pues prácticamente las sociedades matrices fueron condenadas sin tener la oportunidad de desvirtuar la presunción legal que pesa en su contra en un proceso judicial con todas las garantías judiciales.

Cabe igualmente agregar, que esta decisión de la Corte Constitucional, desconoce la realidad económica y social del país, pues pone en entre dicho el principio de limitación de la responsabilidad de los accionistas en las sociedades anónimas, en virtud del cual estos solo responden hasta el monto de sus respectivos aportes, principio que se justifica, en la medida en que a partir de este se desarrolla adecuadamente un sistema económico, dado que, incentiva la inversión y la constitución de sociedades comerciales, las cuales, en últimas, generan empleo y tributan al Estado para que este pueda desarrollar sus políticas sociales; desconocer este principio de limitación de responsabilidad como lo hizo la Corte en realidad lo que hace es desestimular la creación de sociedades mercantiles y, por contera, la generación de empleo y la obtención de recursos a título de impuestos para el beneficio de la población, equivale entonces a desconocer fines y derechos contenidos en nuestra Constitución como lo es la vigencia de un orden justo.

Es que el juez constitucional en su interpretación debe tener en cuenta el contexto económico, político y social, en el que se encuentra, para que sus decisiones sean adecuadas a ese momento histórico determinado de la realidad social, contexto que la Corte Constitucional en el presente caso, prescindió. Es también interesante observar aquí que es tan flagrante la violación al debido proceso con este pronunciamiento de la Corte, que, una vez condenadas transitoriamente estas sociedades matrices, a los actores de la acción de tutela realmente no les va a interesar iniciar un proceso ordinario en donde las sociedades se puedan defender, pues con la acción de tutela interpuesta ya han sido condenadas.

Adicionalmente, la Sentencia SU 636 de 2003, para ordenar esta responsabilidad subsidiaria de las matrices, realmente no hace una verdadera argumentación, pues simplemente se limita a mencionar los artículos del Código de Comercio y de la Ley 222 de 1995, que tienen relación con los grupos de subordinación, pero sin presentar razones ni argumentos satisfactorios y concretos del porqué toma la decisión de ordenar esta responsabilidad en cabeza de las sociedades matrices. Del anterior análisis se pueden extraer las siguientes conclusiones:

Cuando se hace un análisis de los subprincipios de la ponderación, para determinar la razonabilidad de la decisión tomada por la Corte Constitucional en la Sentencia SU 636 de 2003, se puede apreciar que no cumple con los requisitos de idoneidad y de proporcionalidad en sentido estricto en lo atinente a la responsabilidad subsidiaria de las empresas matrices, pues esta no era la única medida necesaria e indispensable para salvaguardar los derechos fundamentales de los pensionados y además porque con esta medida se vulneraba flagrantemente un derecho fundamental como lo es el debido proceso consagrado en nuestra Constitución Política.

Las decisiones de la Corte Constitucional deben tener en cuenta el impacto social que producen, lo que no ocurrió en el presente caso, toda vez que fue una decisión que desestimula la creación de sociedades comerciales al desconocer el principio de limitación de responsabilidad de los accionistas en las sociedades de capital, lo que trae consigo la falta de inversión, el desempleo y la falta de recursos vía impuestos a favor del Estado para la implementación de las políticas sociales.

En el caso de tutela objeto de revisión por la Corte Constitucional en la Sentencia SU 636 de 2003, se podía apreciar un choque entre el debido proceso y el mínimo vital, conflicto que se podía resolver acudiendo al método de la ponderación como mecanismo tendiente a la razonabilidad y previsibilidad de las decisiones judiciales; sin embargo, en el presente caso lo que ocurrió es que la Corte no aplicó adecuadamente los subprincipios de la ponderación en la toma de su decisión y como consecuencia su decisión fue de carácter discrecional.

La argumentación jurídica como herramienta indispensable que debe acompañar a la ponderación en la toma de las decisiones jurídicas por parte de los jueces para evitar un argumento de autoridad y controlar el poder de decisión de la administración de justicia, se echa de menos en la Sentencia SU 636 de la Corte Constitucional, donde la Corte no presentó realmente las razones por las cuales fundamentaba la responsabilidad subsidiaria de los accionistas de Hullera S.A.

La decisión tomada por la Corte Constitucional en la Sentencia SU 636, fue más de carácter discrecional, que realmente una decisión razonada y argumentada a través del método ponderativo que consulte la realidad social del país y los derechos fundamentales en contradicción.

f) Cambio de control en las sociedades accionistas de una sociedad por acciones simplificada:

En los estatutos de las sociedades por acciones simplificadas se puede pactar que todo cambio de control de una sociedad accionista de aquella, se deba de comunicar por intermedio de su representante legal, para que la S.A.S. pueda tomar la decisión de excluir o no la sociedad accionista, con efectivo reembolso de su aporte, y en el evento de incumplir dicha obligación de información la S.A.S. pueda hacer el reembolso del aporte previa deducción de un 20 % a título de sanción (Artículo 16 de la Ley 1258 de 2008).

> En efecto, en no pocas ocasiones los accionistas, con el ánimo de eludir el trámite del derecho de preferencia la interior de una compañía, o simplemente para mantener en secreto la identidad de quien realmente haya de quedar detrás de una participación en el capital social de ésta, han acudido

> al artificioso expediente de salir por la puerta de atrás, transfiriendo el control de las sociedades accionistas en una maniobra que en los acuerdos de accionistas suele reglamentarse bajo la denominación de "transferencia indirecta" o "transferencia implícita", dejando de paso a los socios de la compañía cerrada (en este caso a la sas) sentados a la mesa con un accionista (indirecto pero al fin al cabo dueño) distinto de aquel con quien quisieron asociarse en un principio. (Cuberos, 2020, p. 135).

Y, en similares términos, Parias Garzón argumenta que:

> Para muchos empresarios que controlan una sociedad, es de sumo interés la identidad de quienes son sus consocios. Por ejemplo, para la matriz de un grupo empresarial puede ser muy importante evitar que terceros competidores sean sus consocios en las compañías subordinadas, que gracias a esta condición, por la vía del derecho de inspección y la participación en órganos sociales, accedan a información sensible para su actividad económica.

En tal tipo de situaciones, resultaría conveniente que los estatutos de la SAS subordinada prevean la obligación a cargo de las sociedades accionistas de informarle al representante legal de la respectiva Sociedad por Acciones Simplificada, acerca de cualquier operación que implique un cambio de control respecto de aquellas, posibilidad que previó expresamente el artículo 16 de la Ley 1258 de 2008. (2018, p. 235).

Grupo Empresarial: El grupo empresarial es un grupo de subordinación donde además de esta subordinación, existe unidad de propósito y dirección; es decir, donde todas las sociedades que conforman el grupo trabajan en pro de un objetivo trazado previamente por la matriz (Artículo 28 de la Ley 222 de 1995). En Oficio 125-2831 del 22 de enero de 1999, la Superintendencia de Sociedades manifestó que:

> Del concepto de unidad de propósito y dirección, no puede concluirse que el objeto de cada una de las sociedades vinculadas se amplía, a la búsqueda de los propósitos del grupo, pues lo que ocurre según la ley, es que dicho objeto se orienta de acuerdo con las directrices trazadas por la matriz o controlante, quien debe considerar en sus decisiones las limitaciones propias de la capacidad de las sociedades subordinadas. Cada sociedad colabora con los propósitos del grupo en la medida de sus posibilidades, lo que no desnaturaliza el régimen de grupos empresariales, puesto que el mismo se fundamenta en la conservación de la personalidad jurídica de los vinculados y se da sin perjuicio del objeto social de cada empresa, expresión que no significa ampliación del objeto, sino la posibilidad de que en un mismo grupo se encuentren vinculadas sociedades con objetos sociales diferentes, los cuales, en virtud de la ley, siguen determinando la capacidad de cada una de ellas.

En palabras de Cubillos Garzón:

> La dirección económica común es un elemento que establece cual debe ser la organización económica del grupo, el direccionamiento de los sujetos agrupados, así como la alianza económica de las entidades jurídicas, la cual se basa en la administración central; por eso, si se omite la unidad de decisión o se interpreta de manera errada, claramente se está ante cualquier otro tipo de relación jurídica mercantil, como podrían ser las originadas en los contratos de colaboración empresarial. (2016, p. 51).

Y, por su parte, Pablo Andrés Córdoba señala con relación a la unidad de propósito y dirección presente en los grupos empresariales que:

> Teniendo en cuenta lo anterior podemos afirmar que la unidad de propósito y dirección es el ejercicio, por parte de la cabeza de la sociedad cabeza de grupo y mediante la ejecución de las competencias de sus órganos, particularmente los de administración y por ende de sus administradores respecto de los deberes de diligencia y lealtad, mediante el cual se determina y orienta el interés social de las subordinadas de manera armónica con el interés del grupo fijado por la cabeza del mismo, respetando el ejercicio del objeto social y las actividades de las destinatarias de las directrices. (2023, p. 134).

Ahora bien, según el último inciso del artículo 28 de la Ley 222 de 1995, corresponde a la Superintendencia de Sociedades o Superintendencia Financiera, según el caso, determinar la existencia de un grupo empresarial cuando existan discrepancias sobre los supuestos que lo originan.

Para finalizar, conforme al artículo 29 de la Ley 222 de 1995, en los eventos de grupo empresarial, los administradores de la sociedad matriz y de las subordinadas deben de rendir un informe especial a la asamblea general de accionistas o junta de socios, según el caso, donde se rinda cuenta de las operaciones económicas más importantes que se han celebrado y concluido entre las sociedades integrantes del grupo. Dicho informe contendrá las directrices contenidas en dicha norma.

d. Sociedades Nacionales y Sociedades Extranjeras

Son sociedades extranjeras aquellas que se constituyen conforme a la ley de otro país y tienen su domicilio principal en el exterior (Artículo 469 del Código de Comercio); por oposición, entonces serán sociedades nacionales aquellas constituidas conforme a la ley colombiana y con domicilio principal en Colombia. Enrique Gaviria Gutiérrez refiriéndose al artículo 469 del Código de Comercio, manifiesta que:

> La norma exige así la concurrencia de los dos requisitos para que una sociedad tenga la calidad de extranjera. De modo que si ha sido constituida

> con arreglo a la ley colombiana pero su domicilio es fijado en el exterior, la sociedad será colombiana.
> Y si acaso se presentara la situación contraria, en la que la sociedad estuviese domiciliada en el país a pesar de que su acto constitutivo hubiese sido celebrado con arreglo a una ley extranjera, tendríamos también una sociedad colombiana a la que posiblemente habría que calificar como de hecho por la razón simple de no haberse formado por escritura pública otorgada ante autoridad colombiana. (2004, p. 153).

El artículo 471 del Código de Comercio manifiesta que si una sociedad extranjera va a emprender negocios permanentes en Colombia deberá abrir en el país una sucursal. Con todo, es de indicar que las sociedades extranjeras pueden tener presencia en el mercado colombiano, no únicamente a través de la apertura de una sucursal, sino que también lo pueden hacer, por ejemplo, mediante la celebración de contratos de franquicia, de contratos de concesión, de agencia comercial con empresas colombianas, constituyendo sociedades filiales en Colombia, otorgando poderes a representantes para que realicen negocios ocasionales en el país, etc.

e. Sociedades por partes de interés, cuotas o acciones

Esta clasificación hace alusión a cómo se denomina el aporte en cada tipo societario, así tenemos que:

En las sociedades colectivas, los socios realizan su aporte y a cambio reciben una parte de interés, las cuales gozan de las siguientes características:

- Pueden tener diferente valor.
- Se encuentran consignadas en los estatutos sociales.
- Su negociación requiere reforma estatutaria.
- Conceden el derecho a un solo voto.
- Conceden derechos económicos y políticos.

En las sociedades anónimas, los socios realizan su aporte y a cambio reciben acciones, estás gozan por regla general de las siguientes características:

- Poseen el mismo valor nominal.
- Se consideran títulos valores cuya ley de circulación es nominativa.
- Su negociación no requiere reforma estatutaria.
- Se tienen tantos votos cuantas acciones se posea.

- Conceden derechos económicos y políticos.
- Son de carácter indivisible (Artículo 378 del Código de Comercio).

En las sociedades de responsabilidad limitada, los socios realizan su aporte y a cambio reciben cuotas sociales, las cuales gozan de las siguientes características:

- Tienen el mismo valor nominal.
- Se encuentran consignadas en los estatutos sociales.
- Su negociación requiere reforma estatutaria.
- Se tienen tantos votos cuantas cuotas se posea.
- Conceden derechos económicos y derechos políticos.

En las sociedades en comandita simple hay dos categorías de socios, por un lado, los socios gestores, cuyo aporte no va a capital, pero que sin embargo tienen parte de interés, y los socios comanditarios cuyo aporte si va a capital y tiene cuotas sociales.

En las sociedades en comandita por acciones también hay dos categorías de socios, por un lado, los socios gestores, cuyo aporte no va a capital, pero que sin embargo tiene parte de interés, y los socios comanditarios cuyo aporte si va a capital y tiene acciones. Y, por último, en las sociedades por acciones simplificadas, los socios tienen acciones.

Ahora bien, de todas estas consideraciones tenemos que el capital en las sociedades colectivas se encuentra dividido en partes de interés; en las sociedades de responsabilidad limitada en cuotas; en las sociedades anónimas en acciones; en las sociedades en comandita simple en cuotas sociales; en las sociedades en comandita por acciones en acciones; y en las sociedades por acciones simplificadas en acciones.

f. Según el cumplimiento de sus formalidades las sociedades pueden ser: regulares, irregulares, y sociedades de hecho

- Sociedades regulares: son aquellas que han cumplido con todos los requisitos de existencia, de validez y formales en su proceso de constitución, surgiendo a la vida jurídica como personas jurídicas distintas a sus socios individualmente considerados, y consecuentemente, gozando plenamente de todos los atributos de la personalidad.

- Sociedades irregulares: eran aquellas sociedades constituidas por escritura pública, pero que, requiriendo permiso de funcionamiento actuaban sin el cumplimiento del mismo; en estas sociedades irregulares los socios respondían de forma solidaria e ilimitada con todo su patrimonio personal por las deudas de la sociedad, y además la Superintendencia de Sociedades ordenaba su disolución y liquidación bien sea de oficio o a petición de parte (Artículo 500 del Código de Comercio).
- Sin embargo, hay que tener en cuenta que en virtud del Decreto 2155 de 1992, fue abolido el permiso de funcionamiento que otorgaba la Superintendencia de Sociedades.
- Sociedades de hecho: según el artículo 498 del Código de Comercio, una sociedad será de hecho cuando no se constituya por escritura pública, en otras palabras, cuando varias personas se asocian cumpliendo todos los requisitos esenciales particulares del artículo 98 del Código de Comercio, pero sin el cumplimiento del requisito formal de la escritura pública.

Tratándose de la sociedad por acciones simplificada, ésta será de hecho cuando su documento de constitución no se hubiere inscrito en el registro mercantil, siempre y cuando se hubiese tratado de varios asociados (Artículo 7 de la Ley 1258 de 2008).

Dentro de los rasgos a destacar de la sociedad de hecho se encuentran:

- Se trata de un contrato desde el punto de vista de su perfeccionamiento de carácter consensual, por lo que hay libertad probatoria para demostrar su existencia (Artículo 498 del Código de Comercio).
- Al no dar lugar al surgimiento de una persona jurídica distinta a los socios individualmente considerados, los derechos que adquiera y las obligaciones que contraiga, se entienden adquiridos a favor y a cargo de cada uno de los socios (Artículo 499 del Código de Comercio).
- Los socios responden frente a terceros de manera solidaria e ilimitada con todo su patrimonio personal por las deudas de la sociedad, cualquier pacto tendiente a limitar esta responsabilidad será ineficaz de pleno derecho, sin necesidad de declaración judicial (Artículo 501 y 897 del Código de Comercio).
- Debido a que la sociedad no es persona jurídica carece de representante legal, lo cual no obsta para que los socios designen la manera

como se va a administrar la sociedad (Artículo 503 del Código de Comercio).

- Los bienes que "aportaron" los socios para el desarrollo del objeto social de la sociedad, continúan radicados en su cabeza, dado que la sociedad no es persona jurídica con patrimonio jurídico independiente; no obstante, estos bienes quedan especialmente afectos al pago de los acreedores sociales por encima de los acreedores personales de los asociados; sin perjuicio de los acreedores personales que tengan prevalencia legal para su pago (Artículo 504 del Código de Comercio).
- Esta sociedad se encuentra en permanente estado de disolución por lo que cualquiera de los socios puede pedir la liquidación de la misma en cualquier momento y se tendrá que proceder a ella; y en el evento de nombrarse a un liquidador, este entonces actuará como un mandatario con representación de todos y cada uno de los asociados (Artículos 505 y 506 del Código de Comercio).

g. *Según estén o no conformadas con aportes del Estado*

Aquí encontramos:

- Sociedades de capital privado: son aquellas cuyo capital está integrado únicamente por aportes realizados por particulares.
- Sociedades de economía mixta: son aquellas cuyo capital se encuentra integrado por aportes de particulares y por aportes del Estado (Artículo 461 del Código de Comercio y artículo 97 de la Ley 489 de 1998).
- La creación de estas sociedades es autorizada por la ley y se encargan de desarrollar actividades de naturaleza industrial y comercial conforme a las normas de derecho privado; sin embargo, cuando los aportes estatales sean del 90 % o más del capital, dichas sociedades se sujetarán al régimen legal propio de las empresas industriales y comerciales del Estado (Artículo 464 del Código de Comercio).
- Empresas industriales y comerciales del Estado: Son entidades cuyo capital se encuentra íntegramente constituido por aportes públicos, también requieren de autorización legal para su constitución, y son encargadas de realizar actividades industriales y comerciales para el Estado; gozan de personería jurídica propia y de autonomía administrativa y financiera (Artículo 85 de la Ley 489 de 1998).

h. Sociedades anónimas abiertas y sociedades anónimas cerradas

- Sociedades anónimas abiertas: son aquellas que se encuentran inscritas en la bolsa de valores y en el registro nacional de valores y emisores, por lo que sus acciones se pueden negociar en el mercado público de valores; estas sociedades poseen un número elevado de accionistas, y frente a ellas es ineficaz cualquier tipo de restricción a la negociación de sus acciones (Inciso 2 del artículo 407 del Código de Comercio).
- Sociedades anónimas cerradas: son aquellas que, a diferencia de las abiertas, no se encuentran inscritas en la bolsa de valores y en el registro nacional de valores y emisores, por lo que sus acciones no se negocian en el mercado público de valores; en estas sociedades las acciones pertenecen a un número reducido de personas y es plenamente valido el derecho de preferencia en la negociación de sus acciones (Inciso primero del artículo 407 del Código de Comercio).

La Corte Constitucional en Sentencia C-188 del 27 de febrero de 2008, con magistrado ponente Manuel José Cepeda Espinosa, expresó algunas de las diferencias existentes entre las sociedades anónimas abiertas y las cerradas, al respecto indicó que:

> En la ley comercial, la regulación dada a las sociedades anónimas abiertas y a las cerradas es diferente en aspectos tales como: (i) el derecho de preferencia, pues en las sociedades abiertas se tiene por no escrita la cláusula que lo estipule (art 407, Co.Co), mientras que para las cerradas se exigen mayorías especiales si se trata justamente de restringirlo o eliminarlo (artículo 420, numeral 5, Co.Co.); (ii) la discusión sobre el aumento del capital autorizado o la disminución del suscrito, pues en las sociedades abiertas deberá incluirse ese dato en el orden del dia señalado en la convocatoria, haciendo ineficaz la decisión que al respecto se tomare si fuere pretermitido ese requisito (artículo 67, Ley 222 de 1995); (iii) el número de personas que deben concurrir para que se dé la reunión de segunda convocatoria, pues para las sociedades abiertas basta con que haya un solo socio, sin importar el número de acciones representadas, para sesionar y decidir válidamente, mientras que en las sociedades cerradas, se requiere un numero plural de socios (artículo 69, Ley 222 de 1995).

Finalmente es de señalar que en virtud del artículo 261 del Plan Nacional de Desarrollo (2022-2026) se eliminó la prohibición que tenían las sociedades por acciones simplificadas de poseer la calidad de SAS abiertas, con lo cual, este tipo de sociedades podrá inscribirse en el registro nacional de valores y emisores y negociar sus acciones en las bolsas de valores previa reglamentación que para el efecto determine el gobierno nacional a través del Ministerio de Hacienda y Crédito Público.

Ahora bien, con motivo de esta autorización de SAS abiertas surgen interrogantes relacionados con como compaginar la marcada autonomía de la voluntad que impera en materia de SAS con la cantidad de normas de carácter imperativo[4] que se imponen para que una sociedad pueda negociar sus acciones en el mercado bursátil en aras de la protección de los inversionistas y del ahorro del público.

i. Sociedades de Beneficio e Interés Colectivo (BIC)

Teniendo en cuenta las palabras de Gustavo Beltrán cuando afirma que:

> En la actualidad el mundo atraviesa una gran crisis de desigualdad socioeconómica, los gobiernos de los distintos países que conforman la comunidad global, han mal gastado o en el peor de los casos sustraído las arcas del Estado por centurias para el beneficio particular de sus gobernantes, lo que ha ocasionado, sistemas de salud ineficientes, ausencia de infraestructura tecnológica para sus ciudadanos, deteriorados sistemas educativos, sin cobertura universal, trabajadores sumidos en la desigualdad, etc; todo esto con el agravante de que en la mayoría de los casos, el funcionamiento de sus economías se encuentran totalmente atadas a las exportaciones de un solo país, y al uso de energías no renovables que, entre otras, cada vez más pulsan al orbe al precipicio de la hecatombe ambiental. (2020, p. 181).

Es que se ha tratado de paliar esta situación, mediante la creación de modalidades o alternativas societarias que no solamente persigan el interés particular de sus accionistas, sino que a su vez beneficien con su desarrollo a la comunidad y a la protección del medio ambiente.

De ahí que en el año 2018 se expidiera la Ley 1901, mediante las cuales se crearon las Sociedades de Beneficio e Interés Colectivo (BIC), ley que fuera reglamentada por el Decreto 2046 de 2019.

El marco entonces que posibilito la creación de las Sociedades BIC lo encontramos en corrientes tales como: los objetivos de desarrollo sostenible (ODS), el comercio justo, el capitalismo consiente, la responsabilidad social empresarial, la visión empresa y derechos humanos, el sistema B, y los criterios (ASG) empresariales.

A propósito de estos últimos, Lina Lorenzoni Escobar y Julián Martínez Herrera manifiestan que: "Los criterios ASG se refieren a los asuntos am-

---

[4] Tales como: creación de junta directiva con miembros independientes, comités de auditoría, revisoria fiscal, márgenes de capital, etc.

bientales, sociales y de gobernanza que pueden afectar los compromisos de una empresa para ejecutar su estrategia en el largo plazo." (2023, p. 11).

Estos criterios ASG, han venido ganando importancia en la gestión societaria en Colombia y es así como la Circular Externa 100-000010 del 21 de noviembre de 2023 de la Superintendencia de Sociedades establece una serie de recomendaciones sobre la presentación de informes de sostenibilidad por parte de las empresas estableciendo la posibilidad de presentar en la reuniones ordinarias y su publicación bajo estándares internacionales de libre elección, un reporte de sostenibilidad sobre el impacto social, ambiental y de gobierno corporativo que ha tenido la empresa en el desarrollo de su objeto social.

Con todo, estas recomendaciones se encuentran actualmente dirigidas principalmente para las sociedades sujetas a vigilancia o control por parte de la SuperSociedades o con ingresos o activos de entre 30 000 o 40 000 salarios mínimos y pertenecientes al sector energético, manufacturero, de la construcción, turismo, telecomunicaciones y nuevas tecnologías. Expresa Nicolas Sarmiento Rodríguez que:

> En cuanto a la forma en que pueden ser reportados existen estándares como: Global Reporting Initiative, Estandares Europeos de Informes de Sostenibilidad, Sustanainability Accounting Standards Board, entre otros. A nivel local resulta relevante mencionar la Circular Externa 005 de 2022 y la Circular externa 031 de 2021 expedidas por la Superintendencia Financiera, mediante las cuales se imparten instrucciones relativas a la adopción de la taxonomía verde de Colombia y también en relación con la revelación de información sobre asuntos sociales y ambientales.
>
> Adicionalmente, este instrumento esta compuesto por tres dimensiones: ambiental, social y gobierno corporativo. La primera dimensión se refiere a la relación entre la operación empresarial y el medio ambiente, es decir, abarca cuestiones como el cambio climático, las emisiones, la huella de carbono y las oportunidades ambientales, como lo es la implementación de tecnologías limpias. Por otro lado, la segunda dimensión abarca el impacto de la empresa en la sociedad, la comunidad y sus stakeholders, de manera que abarca cuestiones relacionadas con las inversiones sociales, la responsabilidad en las cadenas de suministros, los impactos de su operación en los DDHH, equidad de género, y diversidad. Por último, la tercera dimensión corresponde al pilar de gobernanza, en el cual se abarcan, entre otras, cuestiones de transparencia fiscal y normativa, independencia del consejo directivo, comportamiento corporativo, ética en los negocios y corrupción. (2024, p. 196).

Volviendo con las sociedades BIC tenemos como sus rasgos más sobresalientes los siguientes:

a) Realmente no se trata de un nuevo tipo de sociedad distinto a los ya existentes en la legislación mercantil, sino de una ampliación del objeto social del tipo societario existente o a crear, en donde se involucren, no solamente sus actos mercantiles a explotar, sino también los actos que implementara en beneficio de la comunidad (Artículo 2 de la Ley 1901 de 2018), es así como se debe de incluir en el objeto social, por lo menos una actividad o practica que desarrolle cada una de las dimensiones que consagra la ley y que corresponden a: modelo de negocio, gobierno corporativo, prácticas laborales, prácticas ambientales y practicas con la comunidad.

b) Su nombre social, bien sea razón o denominación social, según el caso, se le adicionará la abreviatura "BIC" o las palabras "Sociedad de Beneficio e Interés Colectivo".

c) La búsqueda de mejores condiciones laborales para sus trabajadores a través de: remuneraciones laborales equitativas, subsidios para su capacitación profesional, diseños de estrategias de nutrición, salud mental y física para los mismos, ampliación de sus planes de salud, flexibilización de su jornada laboral e implementación del teletrabajo, creación de alternativas para que puedan tener participación en el capital de la sociedad, creación de opciones laborales para personas vulnerables tales como: jóvenes en situación de riesgo, reinsertados, personas sin hogar, o que han salido de la cárcel, etc.

d) Propende porque en su estructura administrativa como junta directiva, ejecutivos y comités, exista participación de personas con distintas culturas, minorías étnicas, diversidad de creencias religiosas, diversidad de género, etc., lo mismo frente a sus proveedores.

e) Que en los negocios que celebren y ejecuten tenga preferencia la contratación con empresas locales, de mujeres y minorías, así como con proveedores que cumplan parámetros de protección medio ambiental y de comercio justo.

f) Toman medidas para la protección al medio ambiente tales como: la supervisión de los gases invernadero generadas con su actividad empresarial; la realización anual de auditorías ambientales para el uso eficiente de agua, energía y desechos; capacitación en manejo medio ambiental a sus trabajadores; el uso de energías renovables; el uso de sistemas de iluminación energéticamente eficientes e incentivos a los trabajadores que utilicen medios de transporte amigables con el medio ambiente, etc.

g) Se encargan de implementar prácticas de comercio justo, entendido este como:

...un movimiento que surge durante la segunda mitad del siglo XX, primero en Estados Unidos y luego en Europa occidental, y que aboga por una serie de practicas que armonicen las relaciones comerciales globales, de tal suerte que estas se efectúen dentro de un marco de respeto por los derechos humanos, el equilibrio transaccional, el acceso de todos a las mismas oportunidades en búsqueda del desarrollo económico, la transparencia que evite el abuso del derecho y del poder, así como la protección del medio ambiente. (Beltrán, 2020, p. 183).

h) Si una sociedad vigente requiere adoptar la calidad de sociedad BIC, lo debe de hacer mediante una reforma estatutaria en virtud de la cual incluya esta ampliación en su objeto social (Artículo 3 de la Ley 1901 de 2019).

i) El régimen de responsabilidad de los administradores, se torna más severo, en la medida que no solamente deben de tener en cuenta en su gestión el interés de los socios y de la sociedad, sino también el interés colectivo planteado en sus estatutos, el impacto medioambiental de la sociedad, así como el efectivo cumplimiento de los estándares de informe de gestión a presentar al máximo órgano social; adicionalmente, el representante legal debe presentar en su informe de fin de ejercicio al máximo órgano social, un informe de gestión bajo alguno de los estándares avalados por la Superintendencia de Sociedades[5], donde dé cuenta de las actividades de beneficio e interés colectivo desarrolladas por la sociedad y sus resultados.

A propósito de la señalada responsabilidad más severa de los administradores en las sociedades BIC, es claro que significa todo un reto para los administradores de una sociedad BIC el compaginar los diversos intereses involucrados en una sociedad de estas características, al punto que el priorizar intereses medioambientales o sociales en desmedro del interés económico de los socios mayoritarios podría eventualmente poner en riesgo su permanencia dentro de la sociedad. En estos términos se pronuncia Luisa Fernanda Ortiz Rodríguez Cuando afirma que:

En otras palabras, la denominación BIC se adoptaría si los beneficios que normativamente se han consagrado para estas sociedades, así como el posicionamiento y la reputación en el mercado que se derivan de buenas obras sociales, contribuye –o por lo menos no afecta negativamente– la maximización

5 Estandares tales como: La certificación de sociedad tipo B de B corporation; los GRI del Global Reporting Initiative; la norma ISO 26000 de Responsabilidad Social Empresarial; la Guia para los Objetivos de Desarrollo Sostenible (SDG Compass).

> del valor a largo plazo para los accionistas, dejando claro que en Colombia, dado su contexto de capital concentrado, donde las actividades de la empresa se determinan de manera directa o indirecta por el accionista controlante, es difícil pensar en situaciones en las que la empresa actúe en beneficio de otros grupos de interés cuando esto implique afectar negativamente al accionista mayoritario. (2022, p. 37 y 38).

j) Se encuentran bajo la supervisión de la Superintendencia de Sociedades (Artículo 2.2.1.15.12 del Decreto 2046 de 2019).

Ahora bien, en aras de estimular la constitución de este tipo de sociedades, el Decreto 2046 de 2019, establece una serie de beneficios en materia de portafolio de propiedad industrial ante la Superintendencia de Industria y Comercio, acceso a líneas blandas de financiación, tratamiento tributario especial a las utilidades repartidas a través de acciones a los trabajadores, etc.

Con todo, los incentivos que trae la normativa BIC realmente no han generado el efecto esperado dado que la creación de esta modalidad societaria ha sido muy incipiente en nuestro país, lo cual, entre otras cosas, se explica por la ausencia de verdaderos incentivos para su constitución especialmente de carácter tributario, y la dificultad en la elaboración de los estándares avalados por la Superintendencia de Sociedades.

En este orden de ideas, la adopción de la modalidad BIC se hace más que todo por un tema de carácter reputacional y de buen nombre del empresario. En conclusión, con el régimen de las sociedades BIC se busca la aplicación del sentido de lo fraterno en el campo del derecho societario, como afirma Gustavo Beltrán:

> De tal suerte que una visión de la persona jurídica en clave fraterna implica tener conciencia de que su actuar no puede ir en contra de los derechos humanos, y que antes por el contrario, deben de ser centros de respeto y concreción de los mismos, mediante conductas tales como: la no explotación laboral de sus trabajadores, el pago de precios justos a sus proveedores, la ausencia de trabajo infantil, respeto del medio ambiente, la introducción al mercado de productos seguros, la no discriminación por razones religiosas, sexuales, de raza, ideológicas, culturales, de geo-ubicación, etc. (2020, p. 91).

j. Según su tipicidad

Según este parámetro, tenemos a las sociedades tradicionales reguladas por el Código de Comercio, y a la Sociedad por Acciones Simplificada regulada en la Ley 1258 de 2008. En las sociedades tradicionales tenemos a:

1. Sociedad colectiva
2. Sociedad anónima
3. Sociedad de responsabilidad limitada
4. Sociedad en comandita simple
5. Sociedad en comandita por acciones

Advirtiendo que en el ámbito societario opera plenamente el principio de la tipicidad, por lo que quienes constituyan una sociedad deben acogerse íntegramente a la regulación de cualquiera de los seis tipos societarios que elijan, sin la posibilidad de realizar mezclas de regulaciones.

13. TIPOS SOCIETARIOS

a. Sociedad colectiva

- Número mínimo y máximo de socios: el número mínimo de socios en la sociedad colectiva es 2 y el máximo es ilimitado.

Recordando que los incapaces no pueden ser socios de este tipo societario ni aún a través de su representante legal (Artículo 103 del Código de Comercio).

Ahora bien, para que una sociedad pueda ser socia de una sociedad colectiva, de conformidad con lo establecido en el artículo 295 del Código de Comercio, se requiere del voto unánime de la asamblea general de accionistas o de la junta de socios de la sociedad correspondiente, so pena de encontrarse viciada de nulidad su ingreso a la sociedad colectiva.

En la sociedad colectiva los socios deben de contar con la aquiescencia de los demás socios para: ceder su parte de interés, delegar en un extraño las funciones de administración, explotar directa o por interpuesta persona negocios relacionados con el objeto de la sociedad, y formar parte o administrar sociedades por parte de interés, cuotas o acciones, con idéntico objeto social al de la sociedad colectiva a la cual pertenecen (Artículo 296 del Código de Comercio).

Las consecuencias jurídicas desfavorables de la no observancia a lo establecido en el artículo 296 se encuentran consagradas en el artículo 297 del Código de Comercio.

Adicionalmente, los socios no pueden retirar bienes de la sociedad o utilizar la firma social en negocios personales, so pena de su exclusión de la sociedad, la pérdida del valor de su aporte y el resarcimiento de los perjuicios a que haya lugar (Artículo 298 del Código de Comercio).

- Responsabilidad de los socios por las deudas sociales:

Se trata de un tipo societario donde no se puede medir el riesgo que se asume al ingresar a la sociedad, en la medida en que no existe separación patrimonial, de ahí que los socios respondan de forma solidaria, ilimitada, personal y subsidiariamente con todo su patrimonio personal por las deudas de la sociedad (Artículo 294 del Código de Comercio).

La subsidiaridad se predica en el sentido que primero se le debe hacer el cobro o requerimiento para el pago a la sociedad, aun de forma extrajudicial antes de poder perseguir el patrimonio personal de los socios.

Se trata entonces de una sociedad provechosa para los acreedores, y para la obtención de financiación, pues envía un mensaje de seguridad al contar estos con varios patrimonios como garantía del pago de sus acreencias.

- Administración y representación legal de la sociedad:

Como persona jurídica que es, requiere de un representante legal que adquiera derechos y contraiga obligaciones para la sociedad y que se encargue de gestionar los negocios sociales.

En el caso de la sociedad colectiva, la administración y representación legal en principio recae en todos y cada uno de los socios; es decir, es un derecho que se radica en cabeza de cada socio por el solo hecho de serlo y como contrapartida a la exposición de todo su patrimonio por las deudas sociales. Esto trae como consecuencia que todos pueden obligar a la sociedad, lo mismo que cada uno por separado lo puede hacer.

Ahora bien, la administración se puede delegar en un consocio o en un tercero, caso en el cual los delegantes quedan inhibidos para administrar y representar legalmente a la sociedad (Artículos 310, 311, 312, 313 del Código de Comercio).

- Denominación del aporte:

El aporte en la sociedad colectiva se denomina parte de interés y de este se derivan una serie de derechos no solamente económicos sino también políticos:

Como derechos económicos la parte de interés concede: participación en las utilidades que genere la sociedad, la posibilidad de negociarlas de acuerdo con las normas legales, y una cuota en la liquidación de la sociedad luego de pagado su pasivo externo.

Y como derechos políticos tenemos que la parte de interés concede: el derecho a administrar y representar legalmente a la sociedad, la posibilidad de participar en su junta de socios con voz y con voto, y un derecho de inspección sobre los libros y papeles de la sociedad, derecho de inspección que es de carácter permanente por lo que el socio lo puede ejercer en cualquier tiempo (Artículo 314 del Código de Comercio).

Es de subrayar entonces que la parte de interés se constituye en un activo que se encuentra radicado dentro del patrimonio del socio, por lo que este lo puede enajenar a cualquier título, como, por ejemplo: compraventa, donación, permuta, gravarlo como una garantía mobiliaria (artículo 3 de la Ley 1676 de 2013), etc.

- Cesión del aporte:

La cesión de la parte de interés del socio a cualquier título exige el cumplimiento de una reforma estatutaria, tanto si se va a ceder a un socio como a un tercero (Artículo 301 del Código de Comercio). Con todo, el cedente no quedará liberado de su responsabilidad por las obligaciones sociales anteriores, sino transcurrido un año desde la fecha de inscripción de la cesión. (Artículo 301 del Código de Comercio).

Los pasos para la reforma estatutaria son los siguientes:

- Convocatoria a junta de socios.
- En la junta de socios se aprueba la cesión de la parte de interés, esta reforma se debe de aprobar por unanimidad, salvo disposición estatutaria en contrario (Artículo 316 del Código de Comercio).
- Una vez aprobada la reforma, ésta ya produce efectos frente a los socios, y se expide un acta para efectos de prueba de la realización de la reforma (Artículo 158 del Código de Comercio).
- Se lleva el acta a escritura pública, salvo que se trate de una sociedad colectiva que hubiera sido constituida a la luz de la Ley 1014 de 2006, porque en este evento esta modificación estatutaria se puede llevar a cabo por documento privado (Artículo 2 del Decreto 4463 de 2006).
- Inscripción de la escritura de reforma o del documento privado, según el caso, en el registro mercantil de la cámara de comercio del domicilio social, esto para efectos de oponibilidad de la reforma

frente a terceros (Numeral 9 del artículo 28 y artículo 158 del Código de Comercio).

- El Voto:

Cada socio, independientemente del valor de su aporte, así como los socios industriales, tienen derecho a un voto (Parte final del artículo 316 del Código de Comercio). Ahora bien, uno es el cuórum deliberatorio y la mayoría decisoria para tomar decisiones y otro es el cuórum y las mayorías requeridas para hacer una reforma estatutaria, así:

- Decisiones: el cuórum deliberatorio consiste en que, salvo estipulación en contrario, se debe de reunir la mayoría numérica de los asociados; y la mayoría decisoria consiste en la mayoría absoluta de votos, salvo asimismo estipulación en contrario (Artículo 316 y 302 del Código de Comercio).
- Reformas estatutarias: el cuórum deliberatorio consiste, salvo pacto en contrario, en la presencia de todos los socios; y la mayoría decisoria consiste, salvo estipulación en contrario, en el voto unánime de todos los socios (Artículo 302 y 316 del Código de Comercio).

Por último, entonces, es de destacar cómo por la regulación supra vista, la sociedad colectiva se constituye en la sociedad de personas por excelencia.

b. Sociedad Anónima

- Número mínimo y máximo de socios:

Se trata de una sociedad con una pluralidad mínima calificada, pues se debe de constituir con por lo menos cinco accionistas y su máximo de socios es ilimitado (Artículo 374 del Código de Comercio).

Esta pluralidad mínima nos muestra que las sociedades anónimas se encuentran diseñadas para absorber montos considerables de capital con miras a la realización de empresas de gran tamaño y complejidad.

- Responsabilidad de los socios por las deudas sociales:

En las sociedades anónimas los accionistas responden hasta el monto de sus aportes por las obligaciones a cargo de la sociedad, en otras palabras, es una sociedad donde los socios pueden medir el riesgo en la medida en que existe plena separación patrimonial (Artículo 373 del Código de Comercio).

Frente a esta responsabilidad limitada hasta el monto de los aportes en la sociedad anónima, la Corte Constitucional en Sentencia C-865 del 7 de septiembre de 2004, con magistrado ponente Rodrigo Escobar Gil, manifestó que:

> A contrario sensu, en las denominadas sociedades intuitus pecuniae, tal y como ocurre con las sociedades anónimas, el legislador estimo prudente salvaguardar la limitación de riesgo como manifestación del patrimonio propio de accionistas y sociedad, en aras de dar preponderancia a otras finalidades constitucionalmente admisibles, tales como, permitir la circulación de riqueza como medio idóneo para lograr el desarrollo y el crecimiento económico del país.

Y, más adelante, afirma la Corte en esta misma jurisprudencia que:

> Negar la garantía de la separación patrimonial entre socio y sociedad es desconocer la naturaleza jurídica autónoma de una persona moral, e implica privar a la economía, al derecho y al Estado de la principal herramienta para fortalecer el crecimiento y el desarrollo como pilares fundamentales de la Constitución Económica.
>
> La canalización de recursos financieros a través de acciones constituye una típica formula de inversión social y económica. Es inversión económica, pues los grandes capitales logran realizar importantes proyectos económicos en beneficio del país. Es inversión social, ya que la empresa constituye no solo el principal generador de empleo y bienestar, sino también el mayor contribuyente fiscal del Estado.
>
> En consecuencia, la inexistencia de limitación de responsabilidad pondría fin al mercado de valores, pues sería imposible conocer el valor real de una acción. En efecto, ya no solo sería necesario tener conocimiento acerca de la información financiera de la compañía a la cual se pretende invertir (loable propósito que cumplen los estados financieros debidamente registrados), sino que también debería estudiarse las declaraciones tributarias, las constancias de ingresos, los recursos patrimoniales, los gastos familiares y aun los personales de cada uno de los socios. Misión que además de ser excesivamente onerosa y poco eficiente, en la práctica podría llegar a constituir una manifiesta violación a la garantía constitucional a la intimidad.

Con todo, existen situaciones excepcionales en las que no obstante ser accionista de una sociedad anónima, se podría ver involucrado el patrimonio personal del socio por las obligaciones de la sociedad, tales eventos pueden ser:

- Responsabilidad subsidiaria de la matriz por las deudas de la subordinada (a pesar de ser la subordinada sociedad anónima), en los términos del artículo 61 de la Ley 1116 de 2006.
- Si en un proceso concursal de liquidación judicial de la Ley 1116 de 2006, se comprueba que el deudor no cumple con sus obligaciones legales, particularmente la obligación de llevar contabilidad regular de sus negocios, entre otras consecuencias, los acreedores de la

sociedad deudora pueden demandar la responsabilidad subsidiara de los socios, aun tratándose de que la deudora sea una sociedad anónima (Artículo 49 de la Ley 1116 de 2006).

- Si en un proceso concursal de reorganización empresarial o de liquidación judicial de la Ley 1116 de 2006, mediante conductas dolosas o culposas de los socios, administradores, empleados, o revisores fiscales de la sociedad deudora; el patrimonio de la misma se ve desmejorado, los socios serán responsables del pago del faltante del pasivo externo de la sociedad; lo anterior, aún si la sociedad concursada es una sociedad anónima (Artículo 82 de la Ley 1116 de 2006).
- Existe una responsabilidad solidaria de los socios por el valor atribuido a los aportes en especie a la fecha de la aportación (Artículo 135 del Código de Comercio). Norma que aplica para todos los tipos societarios incluyendo a las sociedades anónimas.
- Administración y Representación legal de la sociedad:

La administración y representación legal en las sociedades anónimas la tienen mandatarios temporales y libremente revocables, por lo que no es un derecho que se tenga por tener la calidad de accionista (Artículo 373 del Código de Comercio).

En este orden de ideas encontramos como órgano de administración interno en la sociedad anónima a la junta directiva, la cual se debe de integrar con por lo menos tres miembros principales con sus tres suplentes (Artículo 434 del Código de Comercio); y como órgano de gestión o administración externa tenemos al representante legal, el cual debe ser mínimo uno con su respectivo suplente (Artículo 440 del Código de Comercio).

- Denominación del Aporte:

El aporte en las sociedades anónimas se denomina acciones y le permiten a su titular ejercer una serie de derechos tanto de orden económico como político, veamos:

- Derechos económicos:

Recibir participación en las utilidades que genere la sociedad en forma de dividendos, dicha distribución de las utilidades se realiza, salvo pacto estatutario en contrario, en proporción a la participación en el capital pagado de la sociedad (Artículo 150 del Código de Comercio).

Negociar libremente las acciones: no obstante, existen situaciones en las cuales la negociabilidad de las acciones se encuentra restringida como, por ejemplo:

Cuando se introduzca vía estatutaria como elemento accidental el derecho de preferencia en la negociación de las acciones, caso en el cual el accionista que pretenda negociar sus acciones primero se las tiene que ofrecer a los demás accionistas, antes de podérselas enajenar a un tercero (Numeral 2 del artículo 403 y artículo 407 del Código de Comercio). Es de anotar que no se puede pactar este derecho de preferencia en las sociedades anónimas abiertas so pena de ineficacia. Inciso final del artículo 407 del Código de Comercio.

Las acciones privilegiadas, las cuales requieren agotar el trámite dispuesto para ellas para proceder a su enajenación (Numeral 1 del artículo 403 del Código de Comercio).

Las acciones de industria no liberadas, que son aquellas que se pueden emitir a favor de los socios industriales sin estimación anticipada de su valor, dichas acciones requieren de la autorización de la asamblea general de accionistas o de la junta directiva para proceder a su negociación (Numeral 3 del artículo 403 del Código de Comercio).

Las acciones gravadas con prenda (entiéndase hoy constituidas como garantía mobiliaria en los términos de la Ley 1676 de 20013) respecto de las cuales se requerirá de la autorización del acreedor, para poder proceder a su negociación (Numeral 4 artículo 403 del Código de Comercio).

Las acciones cuya propiedad se encuentre en litigio, pues en tales eventos se requiere de la autorización del juez para proceder a su negociación (Artículo 408 del Código de Comercio). Es de anotar que las acciones que se encuentren embargadas salen totalmente del comercio y por ende no se permite su negociación (Numeral 6 del artículo 593 del Código General del Proceso).

Así mismo, quienes tengan la calidad de administradores de la sociedad no podrán ni directa ni a través de interpuesta persona enajenar o adquirir acciones de la sociedad mientras se encuentren en el ejercicio de sus cargos, salvo que se trate de operaciones ajenas a motivos de especulación y con autorización de la junta directiva o de la asamblea general de accionistas. Artículo 404 del Código de Comercio. (esta prohibición se suprime tratándose de las sociedades por acciones simplificadas. Artículo 38 de la Ley 1258 de 2008).

En su momento, la entonces Superintendencia Bancaria en Oficio del 9 de agosto de 1957, manifestó con relación a esta prohibición que:

> Evidentemente la prohibición de que habla el articulo antes mencionado, orienta a evitar en lo posible la especulación que con las acciones de una

sociedad puedan llevar a cabo el gerente y sus directores, dada la especial situación de privilegio en que se encuentran para conocer el estado económico de la misma; se refiere a dichos funcionarios mientras estén en el desempeño de sus cargos.

- Derecho de preferencia en la suscripción de nuevas acciones que emita la sociedad en proporción al aporte que se tenga dentro de la misma, esto como un elemento de la naturaleza del contrato de sociedad (Artículo 388 del Código de Comercio).
- Cuota en la liquidación de la sociedad una vez pagado el pasivo externo a cargo de la misma (Artículo 247 del Código de Comercio).
- Derechos políticos:
- Participar en la asamblea general de accionistas con voz y voto.
- Un derecho de inspección sobre los libros y papeles de la sociedad, este derecho en la sociedad anónima es de carácter restringido, pues solo se puede ejercer dentro de los 15 días hábiles anteriores a la fecha en que se vayan a aprobar balances de fin de ejercicio (Numeral 4 artículo 379 del Código de Comercio).

Ahora bien, los derechos económicos y políticos planteados son propios de las denominadas acciones ordinarias (Artículo 379 del Código de Comercio); sin embargo, es factible en la sociedad anónima la creación de otros tipos o modalidades de acciones, tales como:

- Acciones de goce o industria: son aquellas que se le pueden expedir a los socios que realizan un aporte de industria sin estimación anticipada de su valor; es decir, aquellos asociados cuyo aporte no va a capital, sino que consiste en un hacer, como la aportación de servicios, trabajo, conocimientos técnicos, secretos industriales o empresariales, etc. Esta modalidad de acciones confiere derechos, como: asistir con voz, pero sin voto a las reuniones de la asamblea general de accionistas, participación en la distribución de las utilidades, y al momento de la liquidación de la sociedad participar de las reservas acumuladas, y valorizaciones producidas durante el periodo de tiempo en que se tuvo la calidad de socio (Artículo 380 del Código de Comercio).
- Acciones privilegiadas: son aquellas que además de conferir los derechos propios de las acciones ordinarias, pueden conceder prerrogativas, pero únicamente de carácter económico, tales como: un derecho preferencial para su reembolso al momento de la liquidación,

un derecho a que de las utilidades se destine en primer término una cuota acumulable o no (la acumulación no puede superar un término mayor a cinco años), y cualquier otra prerrogativa de orden patrimonial (Artículo 381 del Código de Comercio).

- Acciones con dividendo preferencial y sin derecho a voto (Artículo 61 y siguientes de la Ley 222 de 1995: esta modalidad de las acciones las puede emitir la sociedad para efectos de atraer capital, pero sin que se pierda el poder decisorio que se posee dentro de la misma, en la medida en que como su nombre lo indica, no conceden voto en la asamblea general de accionistas.
- Dentro de los derechos que conceden, se encuentra la posibilidad de recibir un dividendo mínimo con pago preferente al de las acciones ordinarias (el cual puede ser acumulable) al momento de la liquidación, el reembolso preferencial de los aportes una vez pagado el pasivo externo, y los demás derechos que también conceden las acciones ordinarias.
- Es de resaltar que estas acciones tendrán derecho a voto en el evento que se vayan a aprobar modificaciones que afecten los derechos de sus titulares y cuando se pretenda su conversión en acciones ordinarias. En ambos casos se requeriría el voto favorable del 70 % de las acciones en que se encuentre dividido el capital suscrito, incluyendo, en dicho porcentaje y en la misma proporción, el voto favorable de las acciones con dividendo preferencial y sin derecho a voto.

Este tipo de acciones no pueden representar más del 50 % del capital suscrito.

- Cesión del aporte:

La negociación de las acciones en las sociedades anónimas no requiere de reforma estatutaria, sino que basta el acuerdo entre el enajenante y el adquirente para que se perfeccione el negocio (contrato desde el punto de vista de su perfeccionamiento de carácter consensual), y para efectos de oponibilidad del acto frente a la sociedad y frente a terceros se exige la inscripción de la enajenación en el libro de registro de accionistas mediante orden escrita del enajenante, orden que puede darse por medio de endoso realizado sobre el título accionario (Artículo 406 del Código de Comercio).

Con todo, es de anotar que las acciones se consideran un título valor, por lo que tienen vocación para circular (artículo 375 del Código de Comercio), admitiéndose únicamente en nuestro país las acciones nominativas (artículo 9 de la Decisión 291 de 1991); es decir, aquellas cuya ley de circulación consiste en su entrega, endoso, e inscripción en el libro de registro de accionistas que lleva la sociedad (Artículo 648 del Código de Comercio).

Con relación al trámite para la enajenación de las acciones consagrado en el artículo 406 del Código de Comercio, efectúa las siguientes acotaciones Ramiro Rengifo:

> Consagra en primer lugar, en primer lugar, el articulo una cuestión, dígase precambiaria, al establecer que la enajenación de este tipo de acción puede hacerse en forma de simple acuerdo de las partes. Este acuerdo no es cambiario, sino que constituye un compromiso o acuerdo preliminar de transferir acciones o convención ejecutiva como lo llama Ascarelli.
>
> En segundo lugar, manifiesta que la orden de registro del nuevo adquirente ante la sociedad puede hacerse en forma diferente al endoso cuando, según el artículo 648 ya mencionado, el endoso es la única forma que habilita al tenedor del título para pedir la inscripción. De ahí que sea frecuente la practica en este país de transferir la acción mediante entrega material del título, sin endoso, y una carta dirigida a la sociedad diciéndole que el titulo ha sido enajenado y que se inscriba al adquirente portador material del título. Ello, obviamente, afecta las reglas cambiarias sobre circulación de estos títulos nominativos.
>
> En tercer lugar, expresa el artículo que el título transferido debe ser cancelado y expedido uno nuevo al adquirente, con lo cual prácticamente se frustra la circulación de esta clase de título en la medida en que, cada transferencia agota el título transferido, el cual es sustituido. (2012, p. 369-370).

Cuando se trata de sociedades anónimas abiertas las acciones se negocian a través de un comisionista de bolsa el cual es un mandatario profesional en el mercado bursátil que actúa en nombre propio y por cuenta de su comitente.

Así mismo, tratándose del mercado bursátil se puede dar la adquisición de acciones a través de ofertas públicas de adquisición (OPA) que en los términos de Juan Antonio Gaviria:

> Ofertas públicas de adquisición, o simplemente OPAs, son aquellas mediante las cuales un inversionista manifiesta al mercado, es decir a potenciales vendedores, su interés de comprar una cantidad significativa de acciones de un emisor, muchas veces con el fin de adquirir o incrementar su situación de control sobre esta compañía. (2024, p. 114).

Por su parte, Sergio Carreño Mendoza manifiesta que es obligatorio acudir a una OPA conforme al Decreto 2555 de 2010 en los siguientes eventos:

Para proteger a los accionistas minoritarios, el artículo 6.15.2.1.1. del Decreto 2555 establece su obligatoriedad en dos casos:

(I) Cuando una persona o grupo de personas que conforman un mismo beneficiario real y desean convertirse en beneficiario real de una participación igual o superior al 25 % del capital con derecho a voto de un emisor cuyas acciones se encuentren inscritas en la bolsa de valores; (2) cuando un beneficiario real, beneficiario de una participación igual o superior al 25 % desea incrementar su participación en un porcentaje superior al 5 %. (2024, p. 15).

- El voto:

Cada acción concede un voto, por lo que cada socio tiene tantos votos como acciones posea, consecuentemente a mayor participación en el capital de la sociedad mayor poder decisorio se tiene dentro de la misma.

Ahora bien, el cuórum deliberatorio y la mayoría decisoria es el mismo, tanto para hacer reformas a los estatutos como para tomar decisiones, así, tenemos que: el cuórum deliberatorio es un número plural de socios que represente por lo menos la mitad más uno de las acciones en que se divida el capital suscrito, salvo que en los estatutos se pacte un cuórum inferior; y la mayoría decisoria es un numero singular o plural de accionistas que represente por lo menos la mitad más uno de las acciones presentes en la reunión; con la salvedad que en las sociedades anónimas cerradas podrá pactarse un cuórum diferente o mayorías decisorias superiores (Artículo 68 de la Ley 222 de 1995).

Es de subrayar que el artículo 68 de la Ley 222 de 1995, plantea que las mayorías decisorias contempladas en los artículos 155, 420 numeral 5 y 455 del Código de Comercio, continúan siendo mayorías decisorias calificadas.

Así tenemos que para distribuir menos del 50 % de las utilidades liquidas se requiere de una mayoría decisoria de por lo menos el 78 % de las acciones presentes en la reunión (Artículo 155 del Código de Comercio); para pagar el dividendo en forma de acciones liberadas de la misma sociedad se requiere de una mayoría decisoria de por lo menos el 80 % de las acciones presentes en la reunión (Artículo 455 del Código de Comercio); y para disponer que determinada emisión de acciones se efectúe sin sujeción al derecho de preferencia se requiere de una mayoría decisoria de por lo menos el 70 % de las acciones presentes en la reunión.

Por otro lado, el artículo 70 de la Ley 222 de 1995, consagra el denominado acuerdo de accionistas, en virtud del cual, los accionistas que no gocen de la calidad de administradores podrán comprometerse a votar en un determinado sentido al interior de la asamblea general de accionistas, incluyendo la posibilidad de pactar que uno de los accionistas o un tercero lleve la representación de ellos en las reuniones de la asamblea; este acuerdo de accionistas para que sea oponible frente a la sociedad debe de constar por escrito y depositarse en las oficinas donde funcione la administración de la sociedad.

Por último, es de destacar que cuando una acción pertenezca en común y proindiviso a varias personas estas deberán elegir un representante que ejerza los derechos derivados de la calidad de accionista (Inciso primero artículo 378 del Código de Comercio).

c. *Sociedad de Responsabilidad Limitada*

- Número mínimo y máximo de socios:

El número mínimo de socios es 2 y el número máximo de socios es 25, lo que de entrada nos muestra que se trata de una sociedad cerrada y que no está hecha para la realización o ejecución de empresas de gran envergadura o que requiera grandes cantidades de capital.

Señala, con clara falta de técnica jurídica, el artículo 356 del Código de Comercio, que sería nula de pleno derecho la sociedad que se constituya excediendo el límite de socios, esto por cuanto las nulidades en Colombia no operan de pleno derecho, sino que requieren de declaración judicial.

Adicionalmente, plantea el artículo 356 que, si durante la vida de la sociedad se excediere el número máximo de asociados, la sociedad podrá, o bien transformarse en otro tipo societario, o bien disminuir el número de socios mediante la disminución del capital con efectivo reembolso de aportes; en ambos casos cuenta la sociedad con un término de dos meses para hacerlo, vencidos los cuales, sin acudir a ninguna de estas alternativas, la sociedad tendrá que disolverse y liquidarse.

- Responsabilidad de los socios por las deudas sociales:

En principio, en este tipo societario existe plena separación patrimonial, por lo que por las deudas sociales no responden los socios con su patrimonio personal, como bien lo indica el artículo 353 del Código de Comercio, cuando afirma que los socios responden hasta el monto de sus respectivos aportes. Sin embargo, existen una serie de excepciones a esta limitación de responsabilidad de los socios por las deudas sociales, así tenemos que:

- Por las deudas fiscales o tributarias que posea la sociedad, responden los socios con su patrimonio personal en el mismo porcentaje que tienen dentro de la sociedad y por los impuestos causados durante el tiempo en que estuvieron vinculados a la sociedad (Artículo 794 del Estatuto Tributario).

- Por las deudas laborales que posea la sociedad, responden los socios de manera solidaria con su patrimonio personal de conformidad con lo establecido en el artículo 36 del Código Sustantivo del Trabajo, el cual consagra que:

> Son solidariamente responsables de las obligaciones que emanen del contrato de trabajo las sociedades de personas y sus miembros y estos entre sí en relación con el objeto social y solo hasta el límite de responsabilidad de cada socio, y los condueños o comuneros de una misma empresa entre sí, mientras permanezcan en indivisión.

Lo anterior por cuanto para la jurisprudencia de la Corte Suprema de Justicia, las sociedades de responsabilidad limitada en materia laboral se asimilan a las sociedades de personas. Al respecto, afirmó la Corte Suprema de Justicia en Sentencia del 26 de noviembre de 1992, radicado 5386, con Magistrado Ponente, Hugo Suescun Pujols, que:

Partiendo del supuesto de que el código de la materia [o sea, el Código Sustantivo del Trabajo] no ha sufrido ninguna modificación en lo atinente a la solidaridad en él prevista, y tomando en consideración que el establecimiento de esta figura tuvo como finalidad la de garantizar los derechos del trabajador y facilitarle su cobro judicial, resulta forzoso concluir que si al expedirse las normas que le dieron origen al Código Sustantivo del Trabajo se contempló la responsabilidad solidaria de las obligaciones laborales entre "las sociedades de personas" y sus miembros comprometiéndose en su momento dentro de estas sociedades de personas a las sociedades de responsabilidad limitada, la sola circunstancia de que mercantilmente su régimen supletorio ya no sea el de las sociedades colectivas sino el de las anónimas, no significa que se haya eliminado la protección que la ley laboral otorgó al trabajador.

- En los estatutos de la sociedad se pueden pactar para todos o algunos de los socios prestaciones accesorias o una mayor responsabilidad de los socios (Inciso 2 del artículo 353 del Código de Comercio).
- Si no se paga el aporte íntegramente al momento de constituirse la sociedad o al momento de realizar un aumento de su capital social, los socios responderán como si se tratara de una sociedad colectiva por las deudas de la sociedad; es decir, de forma personal, solidaria, subsidiaria e ilimitadamente con todo su patrimonio personal (Artículo 355 del Código de Comercio).

- Si no se estructura adecuadamente en los estatutos el nombre de la sociedad, los socios responderán de forma solidaria e ilimitada con su patrimonio personal por las deudas de la sociedad (Artículo 357 del Código de Comercio).
- Los socios responderán de forma solidaria por el valor atribuido a los aportes en especie (Inciso final del artículo 354 del Código de Comercio).
- Administración y representación legal de la sociedad:

No obstante, que en este tipo societario la responsabilidad de los socios es hasta el monto de sus aportes, todos y cada uno de los socios tienen la administración y representación legal de la sociedad (Inciso primero del artículo 358 del Código de Comercio).

Con todo, los socios pueden delegar esta administración y representación legal en un gerente (que puede ser un tercero o uno de los socios), estableciendo de manera clara y precisa sus atribuciones (Numeral 5 del artículo 358 del Código de Comercio).

Es de subrayar que, si no se precisan las atribuciones del gerente delegado, este podrá celebrar y ejecutar todos los actos y contratos comprendidos dentro del objeto social (Artículo 196 del Código de Comercio).

En este tipo societario también es factible como órgano de administración facultativo, la creación estatutaria de junta directiva, evento en el cual sus miembros serian temporales y libremente revocables y se elegirían a través del mecanismo de cociente electoral (Artículo 197 y 198 del Código de Comercio).

a. Denominación del Aporte:

Los socios efectúan su aporte en la sociedad de responsabilidad limitada y a cambio reciben cuotas sociales, las cuales les van a conceder una serie de derechos económicos y políticos.

Como derechos económicos las cuotas otorgan: participación en las utilidades; la posibilidad de negociarlas conforme a las disposiciones legales, teniendo en cuenta que en materia de negociación de cuotas existe un derecho de preferencia en su negociación como elemento de la naturaleza, de manera que el socio que pretenda enajenarlas deberá primero ofrecerlas a los demás socios antes de poder acudir a un tercero, salvo que vía estatutaria se haya abolido dicha preferencia (Artículos 363, 364 y 365 del Código de Comercio); y conceden una cuota en la liquidación de la sociedad una vez pagado su pasivo externo.

Y como derechos políticos las cuotas conceden: la administración y representación legal de la sociedad, la cual se posee por el solo hecho de tener la calidad de socio; un derecho de inspección de carácter permanente para revisar los libros y papeles de la sociedad en cualquier tiempo (Artículo 369 del Código de Comercio); y participar en la junta de socios con voz y con voto.

b. Cesión del Aporte:

- La cesión de las cuotas sociales en este tipo societario, a cualquier título, requiere de una reforma a sus estatutos (Artículo 362 del Código de Comercio). Reforma cuyo trámite implica:
- Convocatoria a junta de socios.
- Reunión de la junta de socios observando el cuórum deliberatorio establecido en los estatutos o en la ley.
- Aprobación de la reforma por la junta de socios con la mayoría decisoria establecida en los estatutos o en la ley.
- Expedición de un acta.
- Se lleva el acta de reforma a escritura pública (una vez se otorga la escritura pública produce efectos la reforma frente a los socios, artículo 366 del Código de Comercio, situación que se constituye en una excepción a la regla general contenida en el artículo 158 del Código de Comercio, consistente en que las reformas estatutarias producen efectos frente a los socios desde que se aprueba).
- Inscripción de la escritura de reforma en el registro mercantil para efectos de oponibilidad frente a la sociedad y frente a terceros (Artículo 366 y numeral 9 del artículo 28 del Código de Comercio).

c. El voto:

Cada cuota da a su titular un voto, por lo que se tendrán tantos votos cuantas cuotas sociales se posean dentro de la sociedad. Ahora bien, uno es el cuórum deliberatorio y la mayoría decisoria para tomar decisiones, y otro, es el cuórum y las mayorías requeridas para hacer una reforma estatutaria, así:

- Decisiones: el cuórum deliberatorio consiste en que, se debe de reunir un numero plural de asociados que represente por lo menos la mitad más una de las cuotas en que se encuentra dividido el capital social de la sociedad; y la mayoría decisoria consiste en el voto de un numero plural de socios que represente por lo menos la mitad más uno de las cuotas en que se divide el capital social, salvo que vía estatutaria se haya estipulado una mayoría decisoria superior (Artículo 359 del Código de Comercio).

- Reformas estatutarias: el cuórum deliberatorio consiste en la presencia de un número plural de socios que representen por lo menos el 70 % de las cuotas en que se divide el capital de la sociedad; y la mayoría decisoria consiste, salvo que se haya pactado estatutariamente una mayoría superior, en el voto de un numero plural de socios que represente por lo menos el 70 % de las cuotas en que se divide el capital social de la sociedad (Artículo 360 del Código de Comercio).

En todo caso, si la sociedad se constituyó conforme a la Ley 1014 de 2006, las reformas estatutarias se pueden llevar a cabo a través de documento privado inscrito en el registro mercantil.

Como resultado de todo lo anteriormente precitado, tenemos que la sociedad de responsabilidad limitada es una sociedad pequeña en cuanto a su número de socios; la negociación de sus cuotas es costosa y compleja al no tener éstas vocación circulatoria; presenta varias excepciones a la responsabilidad de los socios por las deudas sociales; y corresponde a un hibrido entre las sociedades de personas y las sociedades de capital al gozar de características propias de cada una de ellas. En palabras de José Ignacio Narváez:

> El esquema legal de esta compañía es adecuado para empresas pequeñas y medianas, de pocos socios que se conocen y tiene nexos personales de amistad o parentesco y una gran confianza recíproca, puesto que todos tienen vocación a participar directamente en la administración y fiscalización de los negocios sociales. Evidentemente su normatividad destaca las aristas que la singularizan como tipo social autónomo en el que predomina el intuitus personae. (2002, p. 191).

d. Sociedad en Comandita Simple

a. Número mínimo y máximo de socios:

La sociedad en comandita simple requiere de dos categorías de socios, por un lado, los denominados socios gestores o colectivos que son aquellos que aportan la administración y la representación legal de la sociedad, y los socios comanditarios que son aquellos que aportan el capital.

Ahora, el número mínimo de socios es dos: un gestor y un comanditario; y el número máximo de socios es indefinido.

Es de anotar que, si un socio gestor realiza aporte a capital, tendrá tanto la calidad de gestor como la calidad de comanditario.

Basta para el otorgamiento de la escritura pública de constitución de la presencia de todos los socios gestores, sin que se requiera la intervención de los comanditarios en el otorgamiento de la misma (Artículo 337 del Código de Comercio).

b. Responsabilidad de los socios por las deudas sociales:

La responsabilidad de los socios por las deudas de la sociedad varía dependiendo de si se trata de un socio gestor o de un socio comanditario, por cuanto, tratándose de los socios gestores, estos responden solidaria, personal, principal e ilimitadamente con todo su patrimonio personal por las deudas de la sociedad; mientras que tratándose de los socios comanditarios, estos, en principio, responden hasta el monto de sus respectivos aportes, sin embargo, en la medida en que el artículo 341 del Código de Comercio hace una remisión a las normas de la sociedad de responsabilidad limitada frente a los socios comanditarios en lo que no se encuentre expresamente regulado para ellos en la normativa de la sociedad en comandita, frente a esta clase de socios entonces no existe separación patrimonial frente a las deudas que tenga la sociedad de carácter laboral o fiscal (Artículo 323 del Código de Comercio).

c. Administración y representación legal de la sociedad:

A cambio de exponer todo su patrimonio personal por las deudas de la sociedad, en este tipo societario la administración y representación legal la tienen todos y cada uno de los socios gestores (Artículo 326 del Código de Comercio).

Con todo, los socios gestores pueden delegar dicha administración y representación legal en un tercero, evento en el cual los delegantes quedarán inhibidos para la gestión de los negocios sociales.

Por otro lado, es de subrayar que los gestores igualmente pueden delegar la administración y representación legal en los comanditarios, pero únicamente para negocios determinados y obrando por poder, so pena de que si no actúan de esta forma respondan estos comanditarios solidaria e ilimitadamente con los socios gestores por las operaciones que celebren o ejecuten (Artículo 327 del Código de Comercio).

d. Denominación del aporte:

El aporte de los socios gestores se denomina parte de interés, las cuales otorgan una serie de derechos económicos y políticos:

Como derechos económicos la parte de interés concede participación en las utilidades que genere la sociedad, la posibilidad de negociarlas conforme a lo establecido en la ley y los estatutos y una cuota en la liquidación de la sociedad una vez pagado el pasivo externo de la misma; y como derechos políticos conceden la posibilidad de participar en la junta de socios con voz y voto, y el derecho a administrar y representar legalmente a la sociedad.

Ahora bien, el aporte de los socios comanditarios se denomina cuotas sociales, las cuales igualmente conceden una serie de derechos económicos y políticos: como derechos económicos, las cuotas sociales conceden participación en las utilidades que genere la sociedad (Artículo 332 del Código de Comercio), la posibilidad de ceder las cuotas conforme a la ley y los estatutos, y una cuota en la liquidación de la sociedad una vez pagado el pasivo externo de la misma; y como derechos políticos, conceden voz y voto en la junta de socios y un derecho de inspección permanente sobre los libros y papeles de la sociedad, resaltando en todo caso que si el socio comanditario tiene un establecimiento de comercio o forma parte de una sociedad con idéntico objeto social al de la sociedad en comandita, se pierde este derecho de inspección (Artículo 328 del Código de Comercio).

e. Cesión del aporte:

Tanto la cesión de la parte de interés de los socios gestores, como la cesión de las cuotas de los socios comanditarios, requiere de reforma estatutaria (Artículos 329 y 330 del Código de Comercio). Consecuentemente con lo anterior, los pasos para dicha reforma son:

- Convocatoria a junta de socios.
- Reunión de junta de socios donde deben de estar presentes todos los socios gestores y todos los socios comanditarios.
- Se somete a votación la cesión de la parte de interés o de las cuotas sociales, en ambos casos aprobándose por unanimidad de todos los socios tanto de los gestores como de los comanditarios (Artículo 338 del Código de Comercio).
- Se expide un acta.
- Se lleva el acta a escritura pública.
- Se inscribe la escritura pública en el registro mercantil (Numeral 9 del artículo 28 del Código de Comercio).

Con todo, si se trata de una sociedad en comandita simple constituida a la luz de la Ley 1014 de 2006, dicha reforma se puede llevar a cabo por documento privado inscrito en el registro mercantil.

f. El voto:

El socio gestor tiene un voto (vota por cabeza), mientras que el socio comanditario tiene tantos votos cuantas cuotas sociales tenga en la sociedad (cada cuota concede un voto). Inciso primero del artículo 336 del Código de Comercio.

Ahora bien, el cuórum deliberatorio y la mayoría decisoria es diferente dependiendo de si se trata de una reforma estatutaria o de una decisión simple, así:

Para las reformas estatutarias el cuórum deliberatorio consiste en la presencia de todos los socios gestores y de un numero plural de socios que representen por lo menos la mitad más una de las cuotas en que se divide el capital de la sociedad; y la mayoría decisoria es, salvo pacto en contrario, unanimidad de los gestores y el voto de por lo menos la mitad más una de las cuotas en que se divide el capital de la sociedad (Artículo 340 del Código de Comercio).

Y para las decisiones simples, el cuórum deliberatorio consiste en la presencia de por lo menos la mitad más uno de los socios gestores y de un numero plural de socios que representen por lo menos la mitad más una de las cuotas en que se divide el capital de la sociedad; y la mayoría decisoria es, salvo pacto en contrario, el voto de por lo menos la mitad más uno de los gestores y el voto de por lo menos la mitad más una de las cuotas en que se divide el capital de la sociedad.

Las decisiones relativas a la administración de la sociedad solamente la toman los socios gestores (Artículo 336 del Código de Comercio).

En conclusión, podemos afirmar entonces que la sociedad en comandita simple es una sociedad cerrada por cuanto es difícil retirarse de la misma al requerir reforma estatutaria la negociación de su participación; se trata de una sociedad poco endeudada en la medida en que al exponer los socios gestores su patrimonio personal, estos se cuidan de contraer como representantes legales obligaciones sociales cuantiosas; y en la práctica fue muy utilizada para la constitución de sociedades de familia y de precautelacion de patrimonios familiares, donde los padres aparecían como los gestores y los hijos como los socios comanditarios (Artículo 102 del Código de Comercio).

Andrés Gaitán Rozo manifiesta lo siguiente frente a lo que se debe de entender por sociedades de familia de acuerdo con lo consagrado por el Oficio 220-16368 del 21 de marzo de 1997, de la Superintendencia de Sociedades:

> Conviene precisar que en el Código de Comercio no aparece la sociedad de familia como un tipo societario independiente, ni se encuentra consagrada una definición al respecto. No obstante, el artículo 435 de dicho ordenamiento establece la prohibición de formar mayorías en las juntas directivas con personas ligadas entre si por matrimonio o por parentesco dentro del tercer grado de consanguinidad, segundo de afinidad o primero civil, "excepto en las sociedades reconocidas como de familia", con fundamento en esta norma, en varias oportunidades se ha consultado a la Superintendencia de Sociedades sobre la noción de sociedad de familia, ante lo cual reiteradamente se ha conceptuado en los siguientes términos:
> ...derogada expresamente la regulación de sociedades anónimas de familia y no habiendo tenido esta consagración legal dentro de la actual legislación mercantil, se hace necesario acudir respaldados en el principio de la analogía, a lo consagrado en la legislación tributaria, en donde el Decreto reglamentario 187 de 1975 en su artículo 6 determina el carácter familiar de una sociedad en los siguientes términos:
> - La existencia de un control económico, financiero o administrativo.
> - Que dicho control sea ejercido por personas ligadas entre sí por matrimonio o por parentesco hasta el segundo grado de consanguinidad o único civil. (2010, p. 30).

Vale anotar que la misma Superintendencia de Sociedades considera que esta norma tributaria se encuentra actualmente derogada de conformidad con el Oficio 220-038746 del 9 de junio de 2008, por lo que hoy se puede considerar como sociedad de familia aquella en la que el control económico, financiero o administrativo, es ejercido por personas ligadas entre sí por parentesco, matrimonio, unión, etc., y sin importar la generación que actualmente la conforme, es decir, el concepto de sociedad de familia es mucho más amplio que el que contenía el Decreto 187 de 1975.

e. *Sociedad en Comandita por Acciones*

a. Número mínimo y máximo de socios:

La sociedad en comandita por acciones igualmente requiere de dos categorías de socios, por un lado, los denominados socios gestores o colectivos que son aquellos que aportan la administración y la representación legal de la sociedad, y los socios comanditarios que son aquellos que aportan el capital.

Ahora, el número mínimo de socios es seis: un gestor y cinco comanditarios (Inciso final del artículo 343 del Código de Comercio); y el número máximo de socios es indefinido. Es de anotar, asimismo, que, si un socio gestor realiza aporte a capital, tendrá tanto la calidad de gestor como la calidad de comanditario.

Al igual a como ocurre con la sociedad en comandita simple, basta para el otorgamiento de la escritura pública de constitución de la presencia de todos los socios gestores, sin que se requiera la intervención de los comanditarios en el otorgamiento de la misma (Artículo 343 del Código de Comercio).

b. Responsabilidad de los socios por las deudas sociales:

La responsabilidad de los socios por las deudas de la sociedad varía dependiendo de si se trata de un socio gestor o de un socio comanditario, por cuanto, tratándose de los socios gestores, estos responden solidaria, personal, principal e ilimitadamente con todo su patrimonio personal por las deudas de la sociedad; mientras que tratándose de los socios comanditarios, frente a estos existe plena separación patrimonial, pues estos responden hasta el monto de sus aportes por las deudas de la sociedad, resaltando que los vacíos que existan frente a los comanditarios se llenan con las normas de la sociedad anónima (Artículo 323 y 352 del Código de Comercio).

c. Administración y representación legal de la sociedad:

A cambio de exponer todo su patrimonio personal por las deudas de la sociedad, en este tipo societario la administración y representación legal la tienen todos y cada uno de los socios gestores (Artículo 326 del Código de Comercio).

Con todo, los socios gestores pueden delegar dicha administración y representación legal en un tercero, evento en el cual los delegantes quedarán inhibidos para la gestión de los negocios sociales.

Por otro lado, es de subrayar que los gestores igualmente pueden delegar la administración y representación legal en los comanditarios, pero únicamente para negocios determinados y obrando por poder, so pena de que si no actúan de esta forma respondan estos comanditarios solidaria e ilimitadamente con los socios gestores por las operaciones que celebren o ejecuten (Artículo 327 del Código de Comercio).

d. Denominación del aporte:

El aporte de los socios gestores se denomina parte de interés, las cuales otorgan una serie de derechos económicos y políticos:

Como derechos económicos la parte de interés concede participación en las utilidades que genere la sociedad (artículo 332 del Código de Comercio), la posibilidad de negociarlas conforme a lo establecido en la ley y los estatutos, y una cuota en la liquidación de la sociedad una vez pagado el pasivo externo de la misma; y como derechos políticos conceden la posibilidad de participar en la asamblea de accionistas con voz y voto, y el derecho a administrar y representar legalmente a la sociedad.

Ahora bien, el aporte de los socios comanditarios se denomina acciones, las cuales igualmente conceden una serie de derechos económicos y políticos; dentro de los derechos económicos, las acciones conceden participación en las utilidades que genere la sociedad (Artículo 332 del Código de Comercio), la posibilidad de negociar las acciones, y una cuota en la liquidación de la sociedad una vez pagado el pasivo externo de la misma; y como derechos políticos, conceden voz y voto en la asamblea general de accionistas y un derecho de inspección permanente sobre los libros y papeles de la sociedad, resaltando en todo caso que si el socio comanditario tiene un establecimiento de comercio o forma parte de una sociedad con idéntico objeto social al de la sociedad en comandita, se pierde este derecho de inspección (Artículo 328 del Código de Comercio).

e. Cesión del aporte:

La cesión de la parte de interés de los socios gestores requiere de reforma estatutaria (Artículo 329 del Código de Comercio).

Consecuentemente con lo anterior, los pasos para dicha reforma son:

- Convocatoria a la asamblea general de accionistas.
- Reunión de la asamblea general de accionistas donde deben de estar presentes todos los socios gestores y un número plural de accionistas o comanditarios que representen por lo menos la mitad más una de las acciones en que se divide el capital suscrito.
- Se somete a votación la cesión de la parte de interés, aprobándose por unanimidad de los socios gestores y por el voto de por lo menos la mitad más una de las acciones presentes en la reunión (Artículo 349 del Código de Comercio).
- Se expide un acta.
- Se lleva el acta a escritura pública.
- Se inscribe la escritura pública en el registro mercantil (Numeral 9 del artículo 28 del Código de Comercio).

Con todo, si se trata de una sociedad en comandita por acciones constituida a la luz de la Ley 1014 de 2006, dicha reforma se puede llevar a cabo por documento privado inscrito en el registro mercantil.

Y tratándose de las acciones de los comanditarios, estos se consideran títulos valores nominativos, por lo que están llamadas a circular mediante su endoso, entrega e inscripción en el libro de registro de accionistas que lleva la sociedad (Artículo 344 del Código de Comercio).

f. El voto:

El socio gestor tiene un voto (voto por cabeza), mientras que el socio comanditario tiene tantos votos cuantas acciones tenga en la sociedad (cada acción concede un voto). Inciso primero del artículo 336 del Código de Comercio.

Ahora bien, el cuórum deliberatorio y la mayoría decisoria es diferente dependiendo de si se trata de una reforma estatutaria o de una decisión simple, así:

Para las reformas estatutarias el cuórum deliberatorio consiste en la presencia de todos los socios gestores y de un numero plural de accionistas que representen por lo menos la mitad más una de las acciones en que se divide el capital suscrito de la sociedad; y la mayoría decisoria es, salvo pacto en contrario, unanimidad de los gestores y el voto de por lo menos la mitad más una de las acciones presentes en la reunión (Artículo 349 del Código de Comercio).

Y para las decisiones simples el cuórum deliberatorio consiste en la presencia de por lo menos la mitad más uno de los socios gestores y de un numero plural de accionistas que representen por lo menos la mitad más una de las acciones en que se divide el capital suscrito de la sociedad; y la mayoría decisoria es, salvo pacto en contrario, el voto de por lo menos la mitad más uno de los gestores y el voto de por lo menos la mitad más una de las acciones presentes en la reunión.

Las decisiones relativas a la administración de la sociedad solamente la toman los socios gestores (Inciso final del artículo 336 del Código de Comercio).

En síntesis, se puede afirmar que la sociedad en comandita por acciones es una sociedad de personas frente a los socios gestores y una sociedad de capitales frente a los socios comanditarios.

f. Sociedad por acciones simplificada

a. Número mínimo y máximo de socios:

El número mínimo de socios es uno y el número máximo es ilimitado, es decir, la sociedad por acciones simplificada puede surgir, o bien de un contrato como acto o negocio jurídico plurilateral, o bien de un acto jurídico unilateral como la voluntad de una sola persona de constituirla (Inciso 1 de la Ley 1258 de 2008). En palabras de Oscar Humberto González Benjumea:

> Se observa en el legislador del 2008, la intención clara de continuar con la corriente de la unipersonalidad, contemplada en la ley 222 de 1995 y en la ley 1014 de 2006. De esta forma se logra, a todas luces, ampliar las posibilidades de crear empresa; se deja entonces de pensar en la búsqueda afanosa por conseguir a otras personas para conformar una sociedad; se está solamente sujeto a la decisión del socio constituyente. (2017, p. 29).

En similar dirección, aduce Gaviria Gutiérrez:

> Por ello es por lo que la expresión sociedad significa hoy en día, en la mayoría de las legislaciones modernas, simplemente un esquema legal de organización de las empresas, con el doble beneficio de la personalidad jurídica y la responsabilidad limitada, que pueden tener origen tanto en un contrato como en una decisión unilateral. (2013, p. 183).

Es de anotar que, el artículo 22 de la Ley 1014 de 2006, daba cabida a la constitución de sociedades tradicionales del Código de Comercio con una sola persona, ante lo cual el artículo 46 de la Ley 1258 de 2008, estableció un término perentorio de 6 meses para que estas sociedades unipersonales se transformaran en sociedad por acciones simplificadas.

Al respecto, manifestó la Superintendencia de Sociedades en Oficio 220-153297 del 6 de agosto de 2020:

> De otra parte, desde 2008, con la expedición ese año de la Ley 1258 de 2008 que crea la Sociedad por Acciones Simplificada, S.A.S., se otorgó un plazo perentorio de seis meses a las sociedades unipersonales para transformarse en sociedades por acciones simplificadas, plazo que venció el 5 de junio de 2009, resultando posible que, a la fecha de este oficio haya sociedades unipersonales que no adoptaron el tipo de sus sucedáneas por acciones, (...). Respecto de la lectura del inciso segundo del artículo 46 que nos ocupa, es claro afirmar que las sociedades unipersonales que no siguieron los derroteros trazados por la norma en cuestión y, por ende, no se transformaron dentro del término fijado, quedaron disueltas por imposibilidad de desarrollar el objeto social al carecer de estructura societaria alguna y por ende, se encuentran en estado de liquidación, situación que a las luces de lo dispuesto en el artículo 223 del ordenamiento mercantil les impide adelantar operaciones distintas a aquellas dirigidas específicamente a apoyar su proceso liquidatorio.

b. Responsabilidad de los socios por las deudas sociales:

En este tipo societario existe plena separación patrimonial, en la medida en que los socios solo responden hasta el monto de sus respectivos aportes por las deudas a cargo de la sociedad, inclusive el legislador así lo reitera al indicar que ni siquiera los socios responden con su patrimonio personal por las deudas laborales, tributarias o de cualquier otra índole que posea la sociedad (Inciso 2 del artículo 1 de la Ley 1258 de 2008).

Frente a esta limitación de responsabilidad de los socios en la sociedad por acciones simplificada, la Corte Constitucional en Sentencia C-090 del 19 de febrero de 2014, con magistrado ponente Mauricio González Cuervo, esta corporación adujo que:

> El establecimiento del límite de la responsabilidad de los accionistas de una sociedad por acciones simplificadas al monto de los aportes, frente a las obligaciones laborales de la sociedad, no constituye una desprotección de los derechos del trabajador, ni un incumplimiento de las disposiciones constitucionales que amparan el trabajo y la dignidad del trabajador, cuando quiera que existen mecanismos jurídicos para la defensa de los mismos, al tiempo que la separación patrimonial cumple el propósito constitucional de incentivar la creación de empresa y el desarrollo económico del país.
> Con todo, existe una excepción a este régimen limitado de responsabilidad de los accionistas por las deudas sociales, y es cuando se utilice la persona jurídica societaria en fraude a la ley o en perjuicio de terceros, caso en el cual los socios y los administradores sociales que hubiesen realizado, participado o facilitado los actos defraudatorios, responderán solidaria e ilimitadamente con su patrimonio personal por las obligaciones nacidas de tales actos y por los perjuicios que hubiesen ocasionado (Artículo 1 y 42 de la Ley 1258 de 2008); sin perjuicio de que adicionalmente se declare la nulidad absoluta de estos actos defraudatorios.

El literal d del numeral 5 del artículo 24 del Código General del Proceso le otorga facultades jurisdiccionales a la Superintendencia de Sociedades para conocer de los procesos donde se pretenda la declaración de nulidad de los actos defraudatorios mencionados y para conocer de la desestimación de la personalidad jurídica societaria con miras a la persecución del patrimonio personal de los socios por las circunstancias precitadas.

En este orden de ideas, se puede afirmar que el artículo 42 de la Ley 1258 de 2008 consagra la figura de la desestimación de la personalidad jurídica, también conocida como levantamiento del velo corporativo, allanamiento de la personalidad jurídica o, en el derecho anglosajón, como el *lifting of corporate vail, disregard of legal entity*. En palabras de Maximiliano Londoño:

> La desestimación de la personalidad jurídica procede cuando se haya verificado que la SAS ha sido utilizada en fraude a la ley o en perjuicio de terceros. La norma exige que se verifique un uso de la estructura societaria para evadir o burlar la aplicación de la ley o como instrumento para la causación de da-

> ños a terceros, lo cual denota un abuso de la forma societaria y la utilización de la SAS para fines distintos a los que tutela el ordenamiento. (2020, p. 198).

Es de precisar que la aplicación de la figura de la desestimación de la personalidad jurídica no implica la desaparición de la sociedad como persona jurídica, tal y como afirman Leo Robayo y López Castro, en los siguientes términos:

> Como se indicó previamente, la personalidad jurídica de la SAS permanece y lo que se desconoce es la responsabilidad limitada de los accionistas. De esta manera, la característica de la separación patrimonial propia de la sociedad se ignora frente a aquellos accionistas que se aprovecharon ilegítimamente de ella, mientras que la persona jurídica continúa normalmente con el desarrollo de sus operaciones. (2010, p. 251).

En idéntico sentido Ricardo Cony Etchart se refiere a los efectos del levantamiento del velo corporativo de la siguiente manera:

Se trata de una excepción al principio de responsabilidad limitada y como tal se predica un criterio restrictivo en su aplicación.

Es importante señalar que la personalidad jurídica, que corporiza al ente empresario, no desaparece, sino que solo se anulan sus efectos a los fines de alcanzar los bienes y responsabilidad de aquellos socios o administradores (todos o algunos) que el juez disponga en un caso dado. (2023, p. 71).

Por su parte, la Superintendencia de Sociedades en Sentencia número 801-15 del 15 de marzo del 2013, manifestó que:

> Una solución más idónea para contrarrestar el abuso de la sociedad de capital consiste en introducir medidas de fiscalización judicial que permitan controvertir ex post las actuaciones indebidas de los empresarios. Esta alternativa tiene la ventaja de imponerle altos costos solamente a los sujetos que, con su conducta, desborden la finalidad para la cual fue diseñada la aludida figura societaria. Así, por ejemplo, mediante la denominada desestimación de la personalidad jurídica, las autoridades judiciales pueden hacerle extensiva, a los accionistas de una compañía, la responsabilidad por las obligaciones sociales insolutas, en hipótesis de fraude o abuso.

Por último, es de afirmar como la institución de la desestimación de la personalidad jurídica tiene un carácter excepcional debido a la importancia toral que tiene la separación patrimonial y la limitación de la responsabilidad societaria para el acometimiento de actividades negociales, la inversión y la toma de riesgos empresariales.

> La perspectiva denominada "comercialista" destaca la importancia de mantener la excepcionalidad del disregard y preponderar la responsabilidad limita-

> da por cuanto debido a ella "grandes proyectos cobran vida, vastas empresas se ponen en marcha, y se atraen enormes sumas de capital" Así pues, el levantamiento del velo corporativo corresponde a un mecanismo sancionatorio, de aplicación restrictiva a los casos de manifiesta mala fe o animo defraudatorio. En el marco de esta perspectiva, se destacan los supuestos como: (i) la extensión de responsabilidad por uso de la sociedad para la realización de actos defraudatorios a los acreedores o a terceros; (ii) la interposición societaria o el empleo de la sociedad para realizar fraude a la ley y (iii) la desestimación de la personalidad por actos de corrupción y delitos. (Hernández, 2024, p. 77 y 78).

c. Administración y representación legal de la sociedad:

La administración y representación legal en este tipo societario, se encuentra radicada en un mandatario temporal y libremente revocable que es su representante legal, el cual no requiere de suplente, y es elegido en la forma establecida en los estatutos y en su defecto por la asamblea general de accionistas (Numeral 7 del artículo 5 y artículo 26 de la Ley 1258 de 2008).

En las sociedades por acciones simplificadas no es obligatoria la existencia de junta directiva, aunque vía estatutaria se puede establecer su existencia con uno o varios miembros, con o sin suplentes. Adicionalmente, su forma de creación puede ser mediante cociente electoral, mayoría de votos o de cualquier otra forma estipulada en los estatutos (Artículo 25 de la Ley 1258 de 2008).

Como adecuadamente explica Carlos Andrés Arcila Salazar:

> Las sociedades por acciones simplificadas no estarán obligadas a tener junta directiva, lo cual se explica por el carácter cerrado de este novedoso arquetipo societario; no obstante, este órgano puede ser pactado por los accionistas, con la ventaja que dentro de la libertad de estipulación que la ley les confiere podrán establecer la forma de configuración y funcionamiento de las misma. De esta manera, temas como número de miembros, suplencias, convocatorias, quorum, entre otros, quedan a la libre decisión de los asociados, por lo que se podrá, por ejemplo, pactar la existencia de una junta directiva de dos miembros sin suplencias, es decir, se reconoce la utilidad de la figura, pero se atempera su regulación frente al régimen general. (2010, p. 225).

d. Denominación del aporte:

El aporte en las sociedades por acciones simplificadas se denomina acciones, las cuales, por lo menos tratándose de las acciones ordinarias, conceden una serie de derechos económicos y políticos que podemos sintetizar de la siguiente manera:

Como derechos económicos, las acciones otorgan: participación en las utilidades; la posibilidad de negociarlas en principio libremente; y conceden una cuota en la liquidación de la sociedad una vez pagado su pasivo externo.

Y como derechos políticos, las acciones conceden: la participación con voz y voto en la asamblea general de accionistas; y un derecho de inspección de carácter restringido para mirar los libros y papeles de la sociedad, el cual solo se puede ejercer —salvo estipulación estatutaria que establezca un término superior— durante los 5 días hábiles anteriores a la fecha en que hayan de aprobarse balances de fin de ejercicio, operaciones de transformación, fusión o escisión (Artículo 20 de la Ley 1258 de 2008).

Es de anotar igualmente, que el artículo 21 de la Ley 1258 de 2008, admite la posibilidad de que los socios renuncien a su derecho de inspección. Frente a esta posibilidad de renuncia a este derecho político, aduce Gabriel Ricardo Maya Maya:

> El derecho de inspección es un derecho de los accionistas de toda compañía, que debe ser respetado y garantizado por quienes ostentan la calidad de ser administradores de la misma sociedad. No cumplir con la garantía del Derecho de Inspección, genera la ineficacia de las decisiones que se tomen sobre los mismos estados financieros que fueron objeto de la reunión de la asamblea, por ello, la posibilidad que nos brinda la Ley 1258, para renunciar a este derecho se convierte en una herramienta útil, para cuando por demora o tardanza en la preparación de los estados financieros, que es lo que ocurre en muchas de las sociedades, solo son entregados al momento previo de la iniciación de la reunión. (2010, p. 139-140).

Del mismo modo, en este tipo societario se pueden crear diversos tipos de acciones; es decir, a parte de las acciones ordinarias, privilegiadas, con dividendo preferencial y sin derecho a voto, así como las acciones de goce o industria, la Ley 1258 otorgó un amplio margen a la autonomía de la voluntad para que los socios creen los tipos de acciones que más se ajusten a sus necesidades; así, por ejemplo, entre otras, esta normativa plantea la posibilidad de crear clases de acciones como (Artículo 10 de la Ley 1258 de 2008):

- Las acciones con dividendo fijo anual: las cuales como su nombre lo indica conceden participación en el dividendo de forma prevalente (siempre y cuando la sociedad haya obtenido utilidades en el periodo correspondiente), sin que se pierdan los derechos políticos derivados de la acción.

- Acciones de pago: que como su nombre lo indica se pueden crear para solventar obligaciones que tenga a su cargo la sociedad, y en todo caso, teniendo en cuenta que cuando se trate de su utilización para el pago de obligaciones laborales se deben de respetar y limites previstos en el Código Sustantivo del Trabajo para el pago en especie. (Parágrafo del artículo 10 de la Ley 1258 de 2008).

Frente a este tipo de acciones manifiesta Jorge Eduardo Caviedes Devia:

> ...las acciones de pago, lo mismo que las acciones completamente atípicas, están gobernadas principalmente por la autonomía de la voluntad privada, lo que permite regular en los estatutos y en el reglamento de suscripción de acciones aspectos como la temporalidad de las acciones, si conceden o no derechos políticos, si otorgan voto singular o múltiple, si en algún momento pueden convertirse en acciones ordinarias, montos mínimos o máximos de participación en las utilidades, entre otros.
> Por lo tanto, a nuestro juicio sería viable estipular estatutariamente que las acciones de pago estuvieran en cabeza de los acreedores por el tiempo necesario para cubrir la deuda, los intereses causados y una utilidad razonable que funcione como incentivo para aceptar la dación en pago, de tal manera que una vez satisfechas estas pretensiones económicas a través de la distribución de dividendos, las acciones sean readquiridas por la sociedad a título gratuito. El reglamento de suscripción de acciones sería el documento adecuado para precisar las condiciones económicas y su vigencia, con miras a que los títulos se amolden a las particularidades de las distintas deudas que se plantea extinguir. (2020, p. 260).

- Acciones con voto múltiple:

El principio general de que cada acción da derecho únicamente a un voto se desdibuja en materia de sociedad por acciones simplificadas, dado que en este tipo societario se pueden crear acciones que concedan más de un voto, sin que exista límite máximo al número de votos que se pueden otorgar por acción (Artículo 11 de la Ley 1258 de 2011). La Superintendencia de Sociedades en Oficio 220-121211 del 1 de noviembre de 2009, afirmó que:

> Como en la doctrina extranjera se da por sentado, las acciones con voto plural son las que en general confieren al accionista un voto mas fuerte que el que se reconoce al accionista ordinario o común, sin invertir mayores capitales y sin desembolso proporcional. La ley 1258, a diferencia de otras legislaciones foráneas, no limita el número de votos que se puede otorgar por cada acción, lo que implica que en cada caso les corresponderá a los interesados definir estatutariamente las condiciones y características del voto múltiple, cuando quiera que pretenda cogerse esta posibilidad que brinda la ley.
> A título ilustrativo es del caso indicar que el voto múltiple se justifica cuando se pretenden asegurar con una mínima, menor o paritaria inversión, el control en la toma de las decisiones o para evitar modificaciones en las mayorías decisorias en los sucesivos incrementos de capital.

Respecto a este tipo de acciones con voto múltiple, manifiesta Juan Antonio Gaviria Gil:

Las acciones con voto múltiple pueden ser muy eficientes para todos o al menos parte de los accionistas de una compañía. De una parte, y en legislaciones diferentes a la colombiana, son viables en compañías que emiten acciones en bolsa, como ha sido la moda reciente ilustrada en casos como los de Google, Facebook y Lyft. El voto múltiple en una sociedad que ingresa a bolsa permite a sus accionistas fundadores obtener recursos frescos al tiempo que mantienen el control sobre sus creaciones empresariales y evitan una toma hostil sin necesidad de diseñar esquemas de protección costosos o sofisticados como píldoras venenosas y repelentes de tiburones.

De otro lado, las acciones con voto múltiple le permiten a su titular tener el control de una compañía a pesar de contar con una minoría accionaria, algo especialmente útil cuando el inversionista de marras quiere diversificar su riesgo financiero o cuando tiene mucho interés en el poder político, pero poco en las utilidades de la compañía respectiva. Es el caso típico de sociedades familiares en las cuales el padre o madre detenta un pequeño porcentaje manteniendo la mayoría de votos mientras sus hijos experimentan la situación opuesta: una mayoría en el capital, pero con minoría en la democracia societaria. En resumen, los padres pueden transferir la propiedad a sus hijos, pero conservando el control.

e. Cesión del aporte:

Las acciones como títulos valores nominativos que son, se transfieren mediante endoso, entrega e inscripción en el libro de registro de accionistas que lleva la sociedad.

Por otro lado, es de señalar que dado el amplio margen de acción que tiene la autonomía de la voluntad en este tipo societario, donde la mayoría de las normas contenidas en la Ley 1258 de 2008, son de carácter supletivo, es que el artículo 4 prohibía que las acciones y demás valores de la S.A.S. se inscribieran en el registro nacional de valores y emisores, no pudiéndose en consecuencia negociar sus acciones en la bolsa de valores.

Sin embargo, con ocasión de la pandemia del covid-19 y en la búsqueda de mecanismos tendientes a paliar los efectos negativos de la misma en el ámbito empresarial, es que el gobierno nacional expidió en su momento el Decreto 817 de 2020, para que por dos años, los títulos representativos de deuda que emitiera la S.A.S. en el segundo mercado se pudieran inscribir en el registro nacional de valores y emisores, y consecuentemente, negociarse en la bolsa de valores, estableciendo como plazo máximo de la emisión el termino de cinco años.

Así mismo, como afirmábamos en líneas atrás en virtud del artículo 261 del Plan Nacional de Desarrollo (2022-2026) se eliminó la prohibición que tenían las sociedades por acciones simplificadas de poseer la calidad de S.A.S abiertas, con lo cual, este tipo de sociedades podrá inscribirse en el registro nacional de valores y emisores y negociar sus acciones en las bolsas de valores previa reglamentación que para el efecto determine el gobierno nacional a través del Ministerio de Hacienda y Crédito Público.

Por otro lado, si bien las acciones en este tipo societario son en principio libremente negociables, la Ley 1258 de 2008, consagra dos posibilidades de restricción a su negociación vía estatutaria; así, tenemos que en los estatutos se puede pactar la prohibición de negociación de las acciones hasta por un término máximo de diez años, término que podrá ser prorrogado por periodos adicionales de hasta diez años, por voluntad unánime de los socios (artículo 13 de la Ley 1258 de 2008); y también como otra restricción a la negociabilidad, en los estatutos se puede pactar que toda negociación de acciones requiera de la autorización de la asamblea general de accionistas de la sociedad, clausula estatutaria que requiere para su inclusión de unanimidad de los accionistas (artículo 14 y 41 de la Ley 1258 de 2008).

En consecuencia, si se llegase a vulnerar cualquiera de estas restricciones establecidas en los estatutos, la sanción es la ineficacia de pleno derecho de la transferencia accionaria realizada (Artículo 15 de la Ley 1258 de 2008).

f. El voto:

Cada acción da derecho a un voto, salvo que se trate de acciones con voto múltiple (Artículo 11 de la Ley 1258 de 2008). Es de anotar que, cuando se trata de la elección de junta directiva o de cualquier otro órgano colegiado, el voto se puede fraccionar; es decir, que el accionista, con parte de sus acciones, vote en un sentido y, con otra parte, vote en otro sentido; esto se constituye en una excepción en el ámbito general societario, al principio en virtud del cual el accionista, con las acciones de que es titular, sólo puede votar en una única dirección (Artículo 23 de la Ley 1258 de 2008).

En este tipo societario, el cuórum deliberatorio y la mayoría decisoria, funciona exactamente igual, tanto para la realización de reformas estatutarias como para la toma de decisiones simples; así entonces, tenemos que: el cuórum deliberatorio, es —salvo estipulación en contrario— un numero singular o plural de accionistas que represente por lo menos la mitad más uno de las acciones en que se divida el capital suscrito; y la mayoría decisoria, es un numero singular o plural de accionistas que represente por lo menos la mitad más uno de las acciones presentes en la reunión, salvo que vía estatutaria se haya establecido una mayoría decisoria superior (Artículo 22 y 29 de la Ley 1258 de 2008).

Adicionalmente, es de subrayar que las reformas estatutarias se pueden llevar a cabo por documento privado inscrito en el registro mercantil, salvo que esta implique la transferencia de bienes inmuebles, pues en tal caso necesariamente se tendrá que efectuar por escritura pública (Artículo 29 de la Ley 1258 de 2008).

Empero, existen decisiones que requieren del voto unánime de todos los accionistas (Artículo 41 de la Ley 1258 de 2008), tales como:

- Para incluir o excluir la cláusula de prohibición de negociación de las acciones hasta por el termino de 10 años, y la decisión de prorrogar nuevamente la prohibición (Artículo 13 de la Ley 1258 de 2008).
- Para incluir en los estatutos la restricción de negociación accionaria consistente en obtener la autorización de la asamblea general de accionistas cuando se vaya a proceder a la transferencia de las acciones (Artículo 14 de la Ley 1258 de 2008).
- Para incluirse o excluirse de los estatutos las causales de exclusión de accionistas (Artículo 39 de la Ley 1258 de 2008).
- Para incluir o excluir la cláusula compromisoria (Artículo 40 de la Ley 1258 de 2008).

Es de anotar que, en las sociedades por acciones simplificadas también es viable la celebración de acuerdos de accionistas —inclusive entre quienes sean accionistas y a la vez administradores de la sociedad— en virtud de los cuales se comprometan a votar en un determinado sentido dentro de la asamblea general de accionistas; sin embargo, estos acuerdos en las S.A.S. pueden ser mucho más amplios, pues no se restringen únicamente al ejercicio del derecho de voto, sino que también pueden tener relación con aspectos como: la compra o venta de acciones, la preferencia para adquirir participaciones en el capital, restricciones en la enajenación de acciones, y cualquier otro asunto lícito; estos acuerdos para que sean oponibles a la sociedad deben ser depositados en las oficinas donde funcione la administración de la misma, y tener un término máximo de duración de diez años, prorrogables por periodos no superiores a diez años por voluntad unánime de sus firmantes (Artículo 24 de la Ley 1258 de 2008). En palabras de Acero Salazar:

> Así pues, los estatutos sociales contienen el marco jurídico primordial y por tanto, las reglas mínimas que gobiernan la sociedad, sus órganos y sus administradores desde su constitución hasta su liquidación (artículo 110 del Códi-

> go de Comercio y articulo 5 de la Ley 1258 de 2008) así como las relaciones jurídicas entre asociados. No obstante, ello, los estatutos sociales no son el marco regulatorio exclusivo respecto de las relaciones entre accionistas. Por ello y desde hace muchos años, surgieron los acuerdos de accionistas como mecanismo jurídico complementario para gobernar ciertas relaciones jurídicas entre asociados y para adicionar derechos y obligaciones a aquellos contemplados en los estatutos sociales y en la misma ley, para quienes los suscriban y para la sociedad misma en ciertos eventos. (2020, p. 346).

Así, por ejemplo, es viable que dentro de un acuerdo de accionistas de una SAS se pacten las denominadas clausulas *Drag along* (derecho de arrastre) o *Tag along* (derecho de acompañamiento), las primeras establecidas a favor de los socios mayoritarios en virtud del cual en caso de una oferta de adquisición de sus acciones por parte de un tercero, estos puedan a su vez arrastrar a los minoritarios obligándolos a enajenar su participación dentro de la sociedad; y, por el contrario, las *tag along* se pactan en beneficio de los socios minoritarios, facultándolos para que en el evento que los socios mayoritarios decidan enajenar su participación a un tercero, aquellos puedan tener la opción de enajenar igualmente su participación a este tercero en las mismas condiciones o en las que se hayan previamente pactado en el acuerdo de accionistas.

La Superintendencia de Sociedades en Sentencia 801-16 del 23 de abril de 2013, indicó frente a los acuerdos de accionistas que:

> En síntesis, los acuerdos privados celebrados entre accionistas de sociedades colombianas pueden estar sujetos a tres regímenes diferentes. Las reglas previstas para las sociedades por acciones simplificadas admiten la celebración de acuerdos sobre toda clase de asuntos lícitos, los cuales deberán ser acatados por la sociedad siempre que se observen los requisitos del artículo 24 de la Ley 1258. En los acuerdos celebrados por asociados de otros tipos societarios, solo podrán predicarse efectos vinculantes respecto de la compañía en la medida en que se cumplan los requisitos del artículo 70 de la Ley 222 de 1995. Por lo demás, tanto en las sociedades por acciones simplificadas como en los tipos regulados en el Código de Comercio, los acuerdos que no se ciñan a los requisitos especiales de los artículos 24 de la ley SAS o 70 de la Ley 222, solo tendrán efectos entre las partes que los suscribieron.

Por último, es de indicar que la Ley 1258 de 2008, consagra una aplicación concreta en el ámbito del derecho de voto de la figura del abuso del derecho, al establecer su artículo 43 que los accionistas deberán ejercer el voto en interés de la compañía, so pena de que se considere abusivo cuando este se ejerza con el fin doloso de causar daño a la sociedad o a los demás accionistas, o con el fin de obtener una ventaja injustificada para sí o para un tercero, e igualmente resulta abusivo el voto que genere perjuicio a la sociedad o los demás accionistas.

El abuso del derecho de voto tiene como consecuencia que se deban indemnizar los perjuicios causados y que se declare la nulidad absoluta de la decisión por encontrarse viciada de objeto ilícito; para lo cual tiene competencia para conocer en función jurisdiccional de esta acción de nulidad y de indemnización de perjuicios, la Superintendencia de Sociedades (Literal e) numeral 5 del artículo 24 del Código General del Proceso). Con relación al dolo como elemento indispensable en la configuración del abuso del derecho de voto, manifiesta Fernando Castillo Mayorga:

> Ahora, para probar esta intención lesiva, la delegatura ha encontrado indicios relevantes las más variadas circunstancias. De estos criterios, ninguno parece ser indispensable, aunque hay uno que es constante en las sentencias de la Delegatura de Procedimientos Mercantiles de la Superintendencia de Sociedades: la existencia de un conflicto entre los socios, circunstancia que casi siempre está acompañada de otras que acreditan el abuso, pero, en ocasiones, ha sido suficiente para que el juez adopte, al menos, una medida cautelar. Los demás criterios son, algunos más sustantivos y, otros, más formales. En los sustantivos están, por ejemplo, la ausencia de un propósito de negocios discernible que justifique la decisión aprobada por el mayoritario, que la decisión tengo un efecto económico desproporcionado o, en el caso de capitalizaciones, que las mismas se lleven a cabo sin sujeción al derecho de preferencia. En los más formales están, por ejemplo, las circunstancias de tiempo, modo y lugar en que se toma la decisión. Así, por ejemplo, la Superintendencia les ha dado relevancia a circunstancias tales como el carácter intempestivo o sigiloso de la decisión, su aprobación en una reunión por derecho propio o de segunda convocatoria, o que fue convocada en forma distinta a la que la sociedad usaba habitualmente. Igualmente, la falta de documentación del debate puede ser indicio del carácter abusivo. (2020, p. 245-246).

Y la Superintendencia de Sociedades en Sentencia 2019-01-298217 del 8 de agosto de 2019, afirmó que:

> ...la Delegatura ha identificado dos elementos que el accionista demandante debe acreditar para lograr la declaración de que el o los accionistas demandados ejercieron de forma ilegítima su derecho de voto. En primer lugar, se encuentra la exigente carga de probar que el ejercicio del derecho de voto le irrogo perjuicios a la compañía o a alguno de los accionistas o que sirvió para obtener una ventaja injustificada. En segundo lugar, es indispensable probar que el derecho de voto fue ejercido con el propósito de generar esos efectos ilegítimos. Al respecto, además, debe tenerse en cuenta que una decisión puede ser abusiva aun cuando se hayan cumplido todos los requisitos de forma para su adopción.

La exigencia de un requisito objetivo y uno subjetivo para la configuración del abuso del derecho de voto es reiterada por la jurisprudencia arbitral, así en laudo del 18 de diciembre de 2023 se aduce que:

> A raíz de lo dispuesto en la precitada normatividad, la jurisprudencia societaria ha precisado, en reiteradas oportunidades, los dos elementos que obligatoriamente habran de acreditarse en el curso del proceso judicial o tramite arbitral para concluir que una decisión social es abusiva. Así, en primer lugar, el demandante deberá demostrar un elemento objetivo, consistente en la verificación de que se ha causado un perjuicio a la sociedad o a sus accionistas o se ha obtenido una ventaja injustificada como consecuencia de la determinación adoptada. En segundo lugar, ese mismo sujeto deberá acreditar un elemento intencional, esto es, la existencia de una intención de perjudicar o procurar una ventaja injustificada.

Dentro de las facetas que puede asumir un voto abusivo se encuentra aquel realizado por el socio mayoritario en su beneficio y que persigue la ilegitima expropiación patrimonial de los minoritarios o de la misma sociedad, a través de decisiones que tienen por finalidad la extracción ilegitima de flujos de caja de la sociedad, de participaciones en el capital de los socios minoritarios o la extracción de activos de la compañía. (*Tunneling*).

> A pesar de lo anterior, nuestro estudio revela la existencia de un tipo de perjuicio diferente a la extracción económica: la opresión política. Esta se refiere a toda disminución en el conjunto de derechos que tiene el accionista perjudicado para influir en el gobierno de la sociedad o al uso del control del mayoritario para ratificar o hacer más difícil la impugnación de actos extractivos. (Caycedo Veloza y otros, 2024, p. 212).

Finalmente, se subraya que la figura del abuso del derecho no solamente tiene cabida tratándose del voto del socio mayoritario, sino que también es probable su ocurrencia mediante el voto abusivo de los minoritarios (vetos injustificados y con ánimo dañoso) o de socios en paridad.

14. EL APORTE

El aporte consiste en la prestación de dar o de hacer a la que se obligan los socios en virtud del contrato de sociedad; el aporte entonces se constituye en el objeto de este contrato. A cambio del aporte que realiza el socio, este va a recibir una serie de derechos económicos y políticos. Por otra parte, es de resaltar que de conformidad con el artículo 123 del Código de Comercio, ningún socio está obligado a aumentar o a reponer su aporte, salvo que en los estatutos se haya establecido dicha obligación.

La regla general es que el aporte se debe llevar a la sociedad en la forma y época estipulada en los estatutos, pero si estos no dicen nada al respecto, el aporte de bienes muebles se debe de entregar a la sociedad una vez esta se encuentre debidamente constituida, de conformidad con el artículo 124 del Código de Comercio.

Ahora, como frente al momento de pagar el aporte de bienes inmuebles el legislador mercantil guarda silencio, este artículo 124 del Código de Comercio, se le aplicará por analogía a los inmuebles (Artículo 1 del Código de Comercio).

Esta regla general contenida en el artículo 124 del Código de Comercio, se les aplica realmente a las sociedades colectivas, pues estas no tienen norma expresa sobre el momento del pago de sus aportes, lo cual se explica por tratarse de sociedades eminentemente personalistas donde el legislador mercantil omitió referirse a aspectos que tocaran con el ámbito patrimonial de la sociedad. De tal suerte que en los demás tipos societarios sí existe norma expresa sobre el particular; así, tenemos que:

En las sociedades anónimas se debe pagar la tercera parte (del capital suscrito) al momento de la constitución de la sociedad, y se tiene hasta un año para pagar el resto (del capital suscrito). Numeral 5 artículo 110, artículo 130 y artículo 376 del Código de Comercio.

En las sociedades de responsabilidad limitada el aporte se debe de pagar íntegramente al momento de constituirse la sociedad, así como al momento en que se vaya a efectuar un aumento de capital (Artículo 354 del Código de Comercio).

En las sociedades en comandita por acciones el momento del pago del aporte de los comanditarios es similar a como ocurre en las sociedades anónimas, debiéndose pagar por lo menos la tercera parte del aporte al momento de constituirse la sociedad (del capital suscrito) y un plazo máximo de un año para pagar el resto del aporte (del capital suscrito), artículo 130 y 345 del Código de Comercio; y con respecto al pago del aporte de los socios gestores, este se va cumpliendo día a día, por ser un aporte de hacer consistente en la administración y gestión de la sociedad.

En las sociedades en comandita simple, frente al momento del pago de los aportes de los socios comanditarios, su regulación guarda silencio; sin embargo, el artículo 341 del Código de Comercio establece una remisión frente a los comanditarios a las normas de la sociedad de responsabilidad limitada, por lo que el pago de los aportes de este tipo de socios en la comandita simple, se debe de hacer íntegramente al momento de constituirse la sociedad tal y como lo ordena el artículo 354 del Código de Comercio para las sociedades de responsabilidad limitada. En este sentido, declara la Superintendencia de Sociedades en Oficio 220-096593 del 31 de mayo de 2016, que:

> En efecto, para ese fin hay que tener en cuenta que tanto el aumento de capital social como el ingreso de un nuevo socio comanditario, constituyen una reforma estatutaria que debe ser aprobada por el máximo órgano social con el quorum y la mayoría decisoria exigida, esto es, cuando menos por unanimidad de los socios gestores o colectivos y por la mayoría absoluta de votos de los comanditarios, a su vez, debe reducirse a escritura pública en los términos de los artículos 340 y 158 del Código de Comercio; adicionalmente atendiendo que, por disposición de los artículos 341 en concordancia con el 354 del mismo código, el socio comanditario que se vincule estará obligado a realizar el pago del capital social al momento del aumento, como se exige en la sociedad de responsabilidad limitada.

Y frente a los socios gestores, su pago del aporte se va cumpliendo día a día, por ser un aporte de hacer consistente en la administración y gestión de la sociedad. Por último, en las sociedades por acciones simplificadas, la suscripción y pago de los aportes se puede hacer en un término máximo de dos años siguientes a su constitución, sin que se requiera del pago de una cuota inicial al momento de constituirse la sociedad (Artículo 9 de la Ley 1258 de 2008).

a. Incumplimiento en el pago del aporte:

En caso de incumplimiento en el pago de los aportes, los socios pueden utilizar los arbitrios de indemnización pactados en los estatutos, y en ausencia de estos, dice el artículo 125 del Código de Comercio que la sociedad podrá utilizar una de las siguientes alternativas: excluir al socio; reducirle su aporte en el capital al monto de lo que efectivamente haya pagado o esté dispuesto a cumplir; o proceder a hacerle un cobro ejecutivo del pago del aporte, caso en el cual prestará merito ejecutivo la escritura pública o el documento privado de constitución de la sociedad, según el caso.

Con todo, es de anotar que este artículo 125 del Código de Comercio, prácticamente se aplica únicamente a las sociedades colectivas, por cuanto en las sociedades de responsabilidad limitadas el incumplimiento en el pago del aporte acarrea la responsabilidad solidaria de todos los socios como si fuese una sociedad colectiva, y el que la Superintendencia de Sociedades exija bajo el apremio de multas que se cancelen los mismos, so pena de ordenar la disolución y liquidación de la sociedad (Artículo 355 del Código de Comercio).

Este artículo 355 del Código de Comercio, propio de la sociedad de responsabilidad limitada, se le aplica por remisión del artículo 341 del mismo estatuto, a los socios comanditarios ante el incumplimiento en el pago de sus aportes.

Ahora bien, frente al incumplimiento en el pago de los aportes de los accionistas en las sociedades anónimas, existe norma expresa en el artículo 397 del Código de Comercio, el cual plantea que ante esta situación, los derechos derivados de las acciones del socio moroso quedan en suspenso y la sociedad podrá elegir, a través de su junta directiva, cualquiera de los siguientes árbitros indemnizatorios: excluir de la sociedad al moroso, evento en el cual se le entregan las acciones a un comisionista para que las enajene por su cuenta y riesgo; acudir a un proceso ejecutivo para hacer efectivo el pago del aporte; o imputar las sumas que hubiese recibido la sociedad a la liberación del número de acciones que correspondan, previa deducción de un 20% a título de indemnización de perjuicios, que se presumirán causados a favor de la sociedad.

Este mismo artículo 397 del estatuto mercantil, se aplica al incumplimiento en el pago de los aportes de los socios comanditarios en las sociedades en comandita por acciones, por remisión que el artículo 352 del Código de Comercio hace a las normas de la sociedad anónima frente a este tipo de socios en las sociedades en comandita por acciones: e igualmente este artículo 397 se le aplica a los socios incumplidos en las sociedades por acciones simplificadas, por la remisión que el artículo 45 de la Ley 1258 de 2008, efectúa a las sociedades anónimas en lo no previsto expresamente para las S.A.S.

Por otro lado, frente al incumplimiento del pago de los aportes de los socios gestores o de los socios industriales, el estatuto mercantil no contiene regulación alguna, por lo que conforme a la remisión que realiza el artículo 822 del Código de Comercio a las normas del Código Civil, en cuanto a la aplicación de los principios que gobiernan a los actos y contratos en materia civil a los negocios mercantiles cuando estos carezcan de regulación comercial expresa en aspectos como su formación, efectos, sanciones, etc., es que es viable entonces aplicarles a este tipo de socios; el artículo 1610 del Código Civil que se refiere al incumplimiento de obligaciones de hacer, pudiendo entonces la sociedad tomar una de estas dos alternativa: que se apremie al deudor para la ejecución del hecho convenido, o que el aportante moroso indemnice los perjuicios resultantes de la infracción del contrato.

Es de anotar que la alternativa del artículo 1610 numeral 2 del Código Civil, no es aplicable a los socios industriales morosos, por tratarse de un aporte *intuitu personae.*

b. Aporte de dar y aporte de hacer:

El aporte de dar consiste en transferirle a la sociedad dinero o también bienes apreciables en dinero, es decir, puede tratarse de un aporte en especie (Artículo 126 del Código de Comercio).

Cuando se trata de aporte en especie este puede ser de cosas de género, evento en el cual la obligación del aportante se rige por las normas del Código civil sobre este tipo de obligaciones (Artículo 127 del Código de Comercio); y también el aporte en especie puede consistir en un cuerpo cierto, caso en el cual la pérdida del bien por fuerza mayor o caso fortuito ocurrido antes de su ingreso a la sociedad, da derecho al aportante para sustituirla por su valor en dinero o para retirarse de la sociedad, con todo, si dicho aporte era primordial para la explotación del objeto social, la sociedad tendrá que cambiarlo o declarar su disolución.

Así mismo, tratándose del aporte de un cuerpo cierto que se destruye por culpa del aportante antes de su ingreso a la sociedad, implicará que este indemnice a la compañía por los perjuicios que esta hubiese sufrido; esta culpa se presume en cabeza del aportante (Artículo 127 del Código de Comercio).

Cabe destacar que la conservación de la cosa objeto del aporte corresponde al aportante hasta el momento en que efectivamente se entregue a la sociedad, pero si la sociedad se encuentra en mora de recibirla, el riesgo de su pérdida corresponderá a esta; con todo, la mora de la sociedad en recibir el aporte no exonera al aportante de los daños que haya ocasionado con dolo o culpa grave (Artículo 128 del Código de Comercio).

Ahora, al aporte que se vaya a efectuar en especie se le debe de dar el verdadero valor, pues de esto depende el grado de participación del aportante en el capital de la sociedad, y la conformación del patrimonio como prenda general de los acreedores.

De tal suerte, que el artículo 132 del Código de Comercio, establece que el valor del aporte que se vaya a dar en especie por algún socio al momento de la constitución de la sociedad debe ser avaluado en junta preliminar mediante el voto unánime de todos los socios; no obstante, si se trata de una sociedad anónima, la aprobación del avalúo al momento de la constitución no requiere de unanimidad, sino por mayoría simple de la asamblea de accionistas (artículo 68 de la Ley 222 de 1995).

Cuando se trata del aporte de un bien en especie con posterioridad a la constitución de la sociedad, la aprobación del avalúo por parte de los socios requiere de una mayoría calificada del 60 % de las acciones, cuotas o partes de interés, salvo en la sociedad anónima cuya aprobación se realiza por mayoría simple (Artículo 68 de la Ley 222 de 1995).

Adicionalmente, es de tener en cuenta que cuando se trata de una sociedad controlada por la Superintendencia de Sociedades en los términos del numeral 8 del artículo 85 de la Ley 222 de 1995, este avalúo del aporte en especie también lo debe de aprobar esta entidad.

Dada entonces la importancia de darle el valor real a los bienes que se aporten, es que el artículo 135 del Código de Comercio establece que los socios responden solidariamente con su patrimonio personal por el valor atribuido a los aportes en especie a la fecha de la aportación, tanto si se trata de un aporte en especie al momento de la constitución de la sociedad, o si se trata de un aporte en especie durante la vigencia de la sociedad; en otras palabras, frente a terceros, los socios responden solidariamente con su patrimonio personal por la diferencia entre el valor real del bien aportado y el valor del avalúo aprobado.

Dentro de los aportes que se consideran hechos en especie según el artículo 136 del Código de Comercio, tenemos a los establecimientos de comercio, los derechos sobre la propiedad industrial y las partes de interés, cuotas o acciones de otra sociedad.

En este orden de ideas, si lo que se va a aportar a una sociedad es un establecimiento de comercio, el aportante deberá entregarle a la sociedad un balance general acompañado de una relación discriminada del pasivo, certificados por un contador público (artículo 527 del Código de Comercio).

Por las obligaciones del establecimiento de comercio que consten en la relación de pasivos entregada, responderán solidariamente el aportante y la sociedad, cesando la responsabilidad del aportante transcurridos dos meses desde la fecha de la inscripción del aporte en el registro mercantil (Numeral 6 del artículo 28 del Código de Comercio).

Lo anterior, siempre y cuando se haya dado aviso general y particular a los acreedores, y estos no se hayan opuesto en este término a aceptar a la sociedad como su nueva deudora (Artículo 528 del Código de Comercio). Por las obligaciones que no consten en la relación de pasivos entregada, continuará respondiendo el aportante; salvo que la sociedad no demuestre buena fe exenta de culpa en la adquisición, pues en tal caso responderá solidariamente con aquel por estas obligaciones (Artículo 529 del Código de Comercio).

También como menciona el artículo 136 del estatuto mercantil, se consideran como aportes en especie los derechos sobre la propiedad industrial, de tal manera que dentro de estos tenemos a los aportes de nuevas creaciones como: patentes de invención, patentes de modelos de utilidad, diseños industriales, diseños de trazados de circuitos integrados, y secretos industriales o empresariales; así como aportes de signos distintivos, tales como: marcas, lemas comerciales, nombres comerciales, rótulos o enseñas, e indicaciones geográficas. Debiéndose registrar dicha enajenación ante la Superintendencia de Industria y Comercio, para efectos de oponibilidad frente a terceros, en los términos de los artículos 56 y 161 de la Decisión 486 de 2000 de la Comunidad Andina de Naciones.

Adicionalmente, este artículo 136 del Código de Comercio, cataloga como aportes en especie, al aporte de partes de interés, cuotas o acciones que se tengan dentro de otra sociedad, de manera que si lo que se va aportar es una parte de interés o una cuota, dicho trámite requiere agotar el procedimiento de una reforma estatutaria, mientras que si lo que se va a aportar son unas acciones, estas se transfieren mediante endoso, entrega e inscripción en el libro de registro de accionistas que lleve la sociedad receptora del aporte (las acciones se consideran títulos valores cuya ley de circulación es nominativa).

De manera análoga, también se consideran como aportes en especie, los aportes de créditos, y los aportes de contratos:

Si lo que se va a aportar es un crédito que tiene a su favor el aportante, el artículo 129 del Código de Comercio, establece que este solamente será abonado a la cuenta del socio cuando efectivamente haya ingresado a la sociedad; adicionalmente, esta norma consagra que el aportante responde no solamente por la existencia y legitimidad del título, sino también por la solvencia del deudor (a diferencia de lo que ocurre con la cesión de créditos ordinaria, donde el cedente, salvo pacto en contrario, solamente responde por la existencia del mismo al momento de la cesión. Artículo 1965 del Código Civil); por lo que, si el crédito no es pagado por su deudor, el aportante dentro de los 30 días siguientes a su exigibilidad deberá cancelar su valor a la sociedad más los intereses y los gastos de cobranza, so pena, de que la sociedad aplique los arbitrios indemnizatorios derivados del incumplimiento del pago del aporte.

Además, advierte la norma en mención que el crédito deberá ser exigible dentro del año siguiente a la fecha del aporte; no obstante, hay que tener en cuenta que, cuando se trate del aporte de un crédito a una sociedad por acciones simplificadas, el plazo máximo de exigibilidad del crédito podrá ser de dos años, en la medida en que este es el término máximo que consagra el artículo 9 de la Ley 1258 de 2008, para el pago del capital suscrito en este tipo societario.

Al respecto, manifestó la Superintendencia de Sociedades en Oficio 220-000871 del 10 de enero de 2019, que:

> No obstante, y como se reseñó en la doctrina transcrita, en efecto para las sociedades por acciones simplificadas el esquema es diferente, toda vez que la normativa societaria especial contenida en la Ley 1258 de 2008, dispone en gran flexibilidad en materia de capitalización del tipo societario mencionado. Así entonces, el artículo 9 de la ley relacionada, establece que la suscripción y el pago del capital podrá hacerse en condiciones, proporciones y plazos distintos de los previstos en las normas contempladas en el Código de Comercio para las sociedades anónimas, limitando el plazo para su pago que no deberá exceder de los 2 años.
> Por lo anterior, es claro que la regla en la extensión sobre el pago del aporte hecho como crédito, en este caso para las sociedades por acciones simplificadas es mucho más flexible y puede extenderse hasta por 2 años, sin que este plazo se pueda ampliar, debido a que la Ley 1258 de 2008, de manera categórica estipula dicha limitación.

Dentro de los aportes de crédito también se pueden considerar como tales, a los aportes de títulos valores, teniendo en cuenta que el aporte de los mismos a la sociedad, se realiza conforme a su ley de circulación, por lo que sí es un título valor al portador, este se aporta a la sociedad mediante su simple entrega (artículo 668 del Código de Comercio); si es un título a la orden este se aporta mediante su endoso y entrega (artículo 651 del Código de Comercio); y si es un título valor nominativo mediante su endoso, entrega e inscripción en el libro de registro que lleva el creador del título valor (artículo 649 del Código de Comercio).

Acorde entonces con los requisitos planteados para el aporte de un crédito, es que se advierte que este aporte no cabe en las sociedades de responsabilidad limitada, por cuanto en estas el aporte debe de ser pagado íntegramente al momento de constituirse la sociedad; sin embargo, se ha admitido el aporte de un cheque a este tipo societario por considerarse que la naturaleza de estos títulos valores no es la de incorporar un crédito sino la de constituirse en un medio de pago cuyo vencimiento es siempre a la vista. En estos términos, indica la Superintendencia de Sociedades en Oficio 220-126987 del 26 de octubre de 2009, que:

> Del pronunciamiento al que se acaba de hacer referencia, se puede colegir que por regla general, los títulos valores se pueden aportar a cualquier clase de sociedad excepto a las sociedades de responsabilidad limitada. La excepción a dicha regla, la constituye el cheque, el cual por ser un medio de pago puede ser aportado a cualquier compañía, incluso a las de responsabilidad limitada.

Ahora bien, con relación al aporte de contratos el artículo 131 del Código de Comercio señala que, salvo estipulación en contrario, el aportante responderá del cumplimiento de las obligaciones derivadas del mismo; es decir, si el contratante cedido no cumple con las obligaciones derivadas del contrato para con la sociedad, tendrá que entrar a responder frente a esta el aportante-cedente del contrato (esta también es una excepción al tratamiento de la cesión de contratos común u ordinaria, regulada en el Código de Comercio, donde el cedente, salvo estipulación en contrario, solo responde de la existencia y validez del contrato y de sus garantías, pero no del cumplimiento del mismo por parte del contratante cedido. Artículo 890 del Código de Comercio).

Cuando se trate del aporte de derechos reales sobre bienes inmuebles cuya titularidad se encuentre en cabeza de un incapaz, se requerirá el trámite de licencia judicial para su realización. Sentencia C-716 de agosto 23 de 2006 de la Corte Constitucional magistrado ponente Marco Gerardo Monroy Cabra.

Por último, vale la pena acotar aquí la posición que se tiene actualmente frente al aporte de criptomonedas o activos digitales por cuanto en Colombia estas monedas digitales no son reconocidas como una moneda de curso legal, ni como divisas, y tampoco son reconocidas como valores en los términos de la Ley 964 de 2005. Así las cosas, en un primer momento la Superintendencia de Sociedades en Oficio 220-196196 del 30 de septiembre de 2020, mencionó que:

> Mediante la Carta Circular 52 de 2017, la Superintendencia Financiera de Colombia, advirtió que "las operaciones con "Monedas electrónicas-Criptomonedas o monedas virtuales" han sido señaladas por el Grupo de Acción Financiera Internacional (GAFI) en el documento "Directrices para un enfoque Basado en Riesgo para Monedas Virtuales" y por la Oficina Europea de Policía (Europol) en el documento "SOCTA -Europol de 2017", como un instrumento que podría facilitar el manejo de recursos provenientes de actividades ilícitas relacionadas entre otros, con los delitos fuente del lavado de activos, la financiación del terrorismo y la proliferación de armas de destrucción masiva. (...)
> Se recalca en la circular que dicha entidad "no ha autorizado a ninguna entidad vigilada para custodiar, invertir, intermediar ni operar con tales instrumentos, como tampoco para permitir el uso de sus plataformas por parte de los participantes, en lo que se conoce como "Sistema de Monedas Virtuales", y en ese sentido hace un llamado al público en general señalando que "corresponde a cada persona conocer y asumir los riesgos, inherentes a las operaciones que realicen con ese tipo de "monedas virtuales" pues no se encuentran amparadas por ningún tipo de garantía privada o estatal, ni sus operaciones son susceptibles de cobertura por parte del seguro de depósito.
> Por lo anterior, y con base en las advertencias hechas por las distintas autoridades mencionadas, en opinión de esta Oficina Asesora Jurídica, actualmente no es posible aportar criptomonedas, criptoactivos o monedas virtuales como el bitcoin, como especie al capital de una sociedad comercial colombiana, dado que no está permitido su uso legal en Colombia, en los términos anotados.

No obstante, en Oficio 100-237890 del 14 de diciembre de 2020 la Superintendencia de Sociedades, da un giro de 180 grados frente a su posición anterior y admite el aporte de criptoactivos a una sociedad como un aporte en especie y, por lo tanto, sometido al régimen propio para la realización de este tipo de aportes.

Por otro lado, el aporte de hacer, también denominado aporte de industria consiste en el aporte por parte del socio de sus servicios, de su trabajo, de sus conocimientos tecnológicos, de sus secretos industriales o empresariales, de su asistencia técnica, y en general de cualquier prestación de hacer; a los socios que realizan este tipo de aporte se les denomina socios industriales. Este aporte de industria admite dos modalidades:

1. Aporte de industria con estimación anticipada de su valor: en esta modalidad, como su nombre lo indica, al trabajo aportado por el socio se le estima su valor, de tal manera que, en determinado periodo o periodos, la sociedad va a liberar a favor del socio industrial participación en el capital en proporción al valor del trabajo estimado (Artículo 138 del Código de Comercio).

   Este tipo de socios inician entonces como socios industriales, pero terminan como socios capitalistas; por lo tanto, sus derechos van a ser los de un socio capitalista.

   El valor de este aporte de industria se amortiza con cargo a la cuenta de pérdidas y ganancias de cada ejercicio social, en la parte proporcional que a este aporte corresponda (Artículo 139 del Código de Comercio).

2. Aporte de industria sin estimación anticipada de su valor: en esta modalidad el socio aporta su trabajo, su industria, pero en ningún momento va a liberar participación en el capital de la sociedad receptora del aporte.

   Este socio industrial va a gozar de unos derechos diferentes a los de los socios capitalistas, así: va a poder asistir a las reuniones de junta de socios o asamblea general de accionistas, según el caso, con voz pero sin voto; va a tener derecho a recibir utilidades en la forma pactada en los estatutos o si nada se indica en estos, su participación en las utilidades va hacer equivalente a la del socio que mayor aporte a capital efectuó (parágrafo del artículo 150 del Código de Comercio); va a poder administrar la sociedad; y en la liquidación de la sociedad va tener derecho a participar en la distribución de las utilidades, reservas y valorizaciones patrimoniales producidas durante el tiempo en que estuvo asociado.

Los derechos del socio industrial sin estimación anticipada de su valor no podrán abolirse ni modificarse sin su consentimiento expreso, salvo decisión judicial o arbitral que disponga lo contrario (Artículo 137 del Código de Comercio). En las sociedades por acciones frente a este tipo de socios se pueden emitir acciones de goce o de industria (Artículo 380 del Código de Comercio).

3. Restitución y Reembolso del aporte:

Se habla de restitución del aporte cuando al socio se le devuelve el mismo bien que había previamente aportado. Las causales de restitución del aporte se encuentran en el artículo 143 del Código de Comercio, dentro de las cuales tenemos:

- Durante la vigencia de la sociedad, cuando se trate de cosas aportadas en usufructo, si dicha restitución se ha estipulado y regulado en el contrato.

  Es de anotar que el aporte a una sociedad no solamente puede ser a título de transferencia de dominio, sino que también se puede aportar el usufructo sobre un bien, caso en el cual el aportante tendrá la calidad de nudo propietario, y la sociedad de usufructuaria del mismo (Inciso final del artículo 127 del Código de Comercio).

- Durante la liquidación de la sociedad, cuando se haya cancelado su pasivo externo, si dicha restitución se ha pactado expresamente en el contrato.
- Cuando se declare nulo el contrato social respecto del socio que solicita la restitución, siempre y cuando la nulidad no provenga de objeto o causa ilícitos (Artículo 109 del Código de Comercio). Restitución que se llevará a cabo una vez el juez decrete la nulidad.

Por el contrario, se habla de reembolso del aporte cuando al socio se le devuelve un bien diferente al que inicialmente había aportado; por ejemplo, se le devuelve dinero en efectivo.

La regla general es que el reembolso de los aportes únicamente procede al momento de la liquidación de la sociedad una vez ha sido cancelado su pasivo externo (Artículo 144 del Código de Comercio); no obstante, el artículo 241 del Código de Comercio, consagra que en la etapa de la liquidación de la sociedad se podrá distribuir entre los asociados la parte de activos sociales que excedan el doble del pasivo inventariado y no cancelado.

Ahora bien, durante la vida de la sociedad se puede llegar a presentar el reembolso de los aportes; así, el artículo 145 del Código de Comercio consagra la posibilidad de que la Superintendencia de Sociedades autorice este reembolso anticipado de los aportes (numeral 7 artículo 86 de la Ley 222 de 1995), cuando:

1. La sociedad carezca de pasivo externo
2. Una vez hecha la reducción del capital con efectivo reembolso de aportes, los activos sociales representen no menos del doble del pasivo externo
3. Los acreedores sociales acepten expresamente y por escrito dicha disminución de capital con efectivo reembolso de aportes; y si existen acreedores laborales, adicionalmente se requerirá la aprobación del competente funcionario del trabajo.

Como se puede apreciar, este artículo 145 del Estatuto Comercial, lo que pretende es la salvaguarda de los derechos de los acreedores sociales, impidiendo que el patrimonio de la sociedad se pueda ver desmejorado con un reembolso de los aportes durante la vigencia de la sociedad, estableciendo entonces rígidos presupuestos para su procedencia durante esta etapa.

Es de anotar que, dado que la prima en colocación de aportes su naturaleza es la de también ser considerada un aporte, su reembolso se encuentra sometida a las directrices atrás esbozadas aplicables a la disminución del capital con efectivo reembolso de aportes.

Así, en Oficio 220-050613 del 24 de mayo de 2019, la Superintendencia de Sociedades manifestó que:

> En conclusión, de lo anterior, el reembolso de la prima de colocación de acciones, sigue las reglas de la disminución del capital social y en efecto está sometido a las disposiciones de los artículos 144 y 145 del Código de Comercio en cuanto a las autorizaciones generales y/o particulares que se deban impartir por parte de esta entidad, conforme reglamentado en las disposiciones contenidas en el numeral 1 del Capítulo I de la Circular Básica Jurídica No. 100-000005 del 22 de junio de 2017.

Otros casos donde también se puede presentar reembolso de los aportes, ocurre en las sociedades de responsabilidad limitada; así, tenemos que: cuando su junta de socios toma la determinación de excluir a un socio, en los términos del numeral 2 del artículo 358 del Código de Comercio, este tiene derecho a ser reembolsado, dando aplicación a lo establecido en el artículo 145 del Código de Comercio; cuando la junta de socios no aprueba la reforma estatutaria de cesión de las cuotas de uno de los socios a favor de un tercero, esta tiene una de dos alternativas o declarar disuelta la sociedad, o reembolsarle su aporte al socio que pretende salir de la sociedad (Artículo 365 del Código de Comercio); cuando se excede el número máximo de 25 socios, la sociedad puede dentro de los dos meses siguientes, o bien transformarse, o bien disminuir el número de socios, evento en el cual operara el reembolso de los aportes (artículo 356 del Código de Comercio).

Igualmente, otro evento donde puede operar el reembolso de los aportes ocurre cuando en un proceso de fusión, escisión, transformación o cancelación de las acciones en el registro nacional de valores o bolsa de valores, los socios ausentes o disidentes, ejercen el derecho de retiro o receso, y ni los demás socios, ni la sociedad, adquieren la totalidad de las acciones, cuotas o partes de interés, según el caso, del recedente; en este evento, el socio que ejerce el derecho de retiro va a tener derecho al reembolso de sus aportes (Artículo 12 y 16 de la Ley 222 de 1995). En palabras de Rodrigo Puyo:

> El derecho de receso, como expresión de la libertad de asociación en sentido negativo, es una facultad o derecho que la ley concede al socio de terminar su relación jurídica con la sociedad y obtener el reembolso de su participación patrimonial sin que ello acarree la finalización de la vida social, al presentarse una causal legal o estatutaria que le autorice su ejercicio. (2018, p. 252-253).

Ahora bien, en materia de sociedad por acciones simplificadas, la Ley 1258 de 2008, también consagra situaciones donde los socios pueden ejercer el derecho de retiro, y por ende, eventualmente tener derecho al reembolso de sus aportes; así por ejemplo: en las operaciones de fusión, escisión, y transformación de sociedades en las que participe una S.A.S., señala el artículo 30 de la Ley 1258 de 2008, que son aplicables a estas operaciones las normas relativas al derecho de retiro de la Ley 222 de 1995; lo mismo ocurre en materia de enajenación global de activos cuando la S.A.S. se propongan enajenar activos y pasivos que representen el 50% o más del patrimonio líquido de la compañía en la fecha de la enajenación, los socios ausentes o disidentes en caso de desmejora patrimonial podrán ejercer el derecho de retiro en los términos de la Ley 222 de 1995 (artículo 32 de la Ley 1258 de 2008); igualmente, en los casos de fusión abreviada, los socios ausentes o disidentes también van a poder ejercer el derecho de retiro en los términos de la Ley 222 de 1995 (artículo 33 de la Ley 1258 de 2008); cuando en los estatutos de la S.A.S. se pactan causales de exclusión de accionistas, se debe de dar cumplimiento al procedimiento de reembolso establecido en los artículos 14 a 16 de la Ley 222 de 1995 (artículo 39 de la Ley 1258 de 2008); cuando se presenta un cambio de control de una sociedad accionista de una S.A.S., y esta situación se ha establecido expresamente en los estatutos, puede haber lugar a reembolso de los aportes, si la S.A.S. toma la determinación de excluir a la sociedad accionista (Artículo 16 de la Ley 1258 de 2008).

Cuando se da el fenómeno de la reactivación de una sociedad, esto es cuando la asamblea general de accionistas o junta de socios, según el caso, toma la decisión con posterioridad al inicio de la liquidación de la misma de reactivarse, los socios ausentes o disidentes pueden ejercer el derecho de retiro, con la eventual posibilidad de tener derecho al reembolso de sus aportes (Artículo 29 de la Ley 1429 de 2010).

Y en materia de sociedad colectiva, cuando esta no pudiere continuar con los herederos de un socio fallecido y se hubiere estipulado en los estatutos la continuación con los socios sobrevivientes, se deberá reembolsar la parte de interés del socio fallecido a sus herederos (Artículo 321 del Código de Comercio).

15. EL CAPITAL

El capital corresponde a la suma de los aportes de dar, que los socios capitalistas efectúan a favor de la sociedad. Dentro de las características que posee el capital tenemos que es un concepto:

1. Jurídico y estático: al corresponder a la suma de los aportes de dar, el capital no se mueve conforme a las circunstancias económicas que en un momento dado afecten a la sociedad; esto, a diferencia de lo que ocurre con el patrimonio, que por el contrario es un concepto dinámico, flexible, económico; pues este se adapta a las circunstancias económicas que van ocurriendo con la sociedad en un momento dado; así por ejemplo, si se decreta un dividendo el patrimonio disminuye; si se establece una reserva ocasional el patrimonio aumenta; en cambio, el capital va a permanecer igual.
2. Ahora bien, el hecho de que el capital sea estático no significa que este no se pueda mover, pues este aumentará a través de una reforma estatutaria en las sociedades por partes de interés y por cuotas, o a través de la emisión y colocación de nuevas acciones en las sociedades por acciones; así mismo, se podrá disminuir a través de la correspondiente reforma estatutaria en todos los tipos societarios.
3. Contable: en la medida en que el capital es una de las cuentas que hacen parte del patrimonio.

4. Abstracto: en el certificado de existencia y representación legal de las sociedades por acciones aparece las sumas correspondientes al capital, sin que se pueda determinar la proporcionalidad que en el mismo posee cada uno de los asociados.
5. Intangible: por regla general, solo procede la disminución del capital con efectivo reembolso de los aportes a los asociados durante la etapa de liquidación de la sociedad, luego de haberse cancelado su pasivo externo (artículo 144 del Código de Comercio).

El capital cumple tres funciones torales: en la medida en que hace parte del patrimonio de la sociedad se constituye en prenda general de los acreedores de la misma; al constituirse en la suma de los aportes de dar que los socios llevan a la sociedad, permite el desarrollo y ejecución del objeto social de la misma; y se constituye en la medida no solamente de los derechos, sino también de las obligaciones que asumen los socios (esto último por lo menos tratándose de las sociedades en donde existe plena separación patrimonial). Con relación a esta última función del capital expresa Sebastián Balbin:

> El estado de socio se refleja de manera directa en la forma en que el capital se distribuye entre los socios, dando la medida de la intensidad con que sus derechos pueden ser ejercidos. Funciona así la cuenta capital social como una suerte de "sistema métrico interno" que viene a conferir un patron de equilibrio estructurado sobre la base de las participaciones de los sujetos en esta. De allí su importancia principal en el sistema legal y su naturaleza eminentemente societaria, que desplaza a segundo plano aquellas otras funciones de contenido mayormente económico y de aplicación cada vez mas reducida. (2023, p. 152 y 153).

Ahora bien, en las sociedades por acciones, el capital es tripartito, pues se habla de capital pagado, suscrito y autorizado. Entendiendo por capital pagado como la suma de dinero o bienes que los socios han transferido efectivamente a la sociedad; por capital suscrito como la suma de dinero o bienes que los socios se han obligado efectivamente a llevar a la sociedad; y por capital autorizado como la suma de dinero o bienes que los socios sin obligarse planean hacer durante la vida de la sociedad, en otras palabras, el capital autorizado se constituye en una meta, en un ideal.

Así, tenemos que en las sociedades anónimas al momento de constituirla se deberá pagar por lo menos la tercera parte del capital que se suscriba, y el capital autorizado no puede sobrepasar del doble del capital suscrito. Teniendo igualmente en cuenta que cuando el pago del capital suscrito se vaya a realizar por cuotas o instalamentos, este pago no debe sobrepasar el término de un año (Artículo 130 y 376 del Código de Comercio).

Es de anotar que, en las sociedades anónimas, en las suscripciones posteriores, el capital autorizado puede superar el doble del capital suscrito sin límite alguno.

En las sociedades en comandita por acciones, al momento de constituirla se debe pagar por lo menos la tercera parte del capital que se suscriba, y el capital autorizado no puede sobrepasar del doble del capital suscrito; y así mismo, si el pago del capital suscrito se va a realizar por cuotas, este pago no debe sobrepasar el término de un año. En toda suscripción posterior que se realice en las sociedades en comandita por acciones, el capital autorizado no puede exceder del doble del capital suscrito (Artículo 345 del Código de Comercio).

En cuanto a las sociedades por acciones simplificadas, el pago y la suscripción del capital se puede hacer en condiciones, proporciones y plazos diferentes a los establecidos para la sociedad anónima en el Código de Comercio, pero en todo caso, el plazo para el pago de la totalidad del capital suscrito no puede exceder del término de 2 años (Artículo 9 de la Ley 1258 de 2008).

El inciso segundo del artículo 9 de la Ley 1258 de 2008, igualmente permite que vía estatutaria se establezca capital variable, esto es que se pueda pactar en el contrato social, porcentajes mínimos y máximos del capital que puedan ser controlados por uno o varios accionistas, pactando igualmente las consecuencias derivadas del incumplimiento de estos límites de participación, como podría ser la exclusión del accionista.

Es de subrayar, que en las sociedades por acciones prácticamente todos los derechos —salvo las utilidades que se distribuyen con fundamento en el capital pagado, si no se ha estipulado algo distinto (artículo 150 del Código de Comercio)—, los concede es el capital suscrito, así este no se haya cancelado en su totalidad. Y con respecto a las obligaciones, en estos tipos societarios por acciones, donde los asociados no responden solidariamente con todo su patrimonio por las obligaciones de la sociedad, el socio solo responde hasta el monto del capital que suscribió, así este no haya sido aún pagado, al punto que durante la etapa liquidatoria el liquidador debe cobrarles a los socios la parte del capital que suscribieron y que aún no hayan cancelado (Numeral 3 del artículo 238 del Código de Comercio).

Por otro lado, en las sociedades por partes de interés y en las sociedades por cuotas, únicamente se habla de capital social, pudiéndose pagar en la sociedad colectiva éste, en la forma como se haya pactado en los estatutos, o de lo contrario, tan pronto como la sociedad se encuentre debidamente constituida (artículo 124 del Código de Comercio); en las sociedades de responsabilidad limitada el capital social se debe de pagar íntegramente al momento de constituirse la sociedad o al momento de efectuar cualquier aumento del mismo (artículo 354 del Código de Comercio); y en las sociedades en comandita simple, los comanditarios deben de cancelar el capital social de la misma manera que lo efectúan los socios en la sociedad de responsabilidad limitada, esto es, íntegramente al momento de constituirse la sociedad o de cualquier aumento del mismo, lo anterior por la remisión que expresamente hace el artículo 341 del Código de Comercio, a las normas de la sociedad de responsabilidad limitada frente a los socios comanditarios en las sociedades en comandita simple.

Por último, es de destacar que, dentro de los acuerdos de reorganización en un proceso concursal, se puede pactar la posibilidad de capitalizar la sociedad en insolvencia mediante la suscripción y pago de nuevos aportes, caso en el cual se puede realizar ésta en condiciones, proporciones y plazos distintos a los consagrados en el Código de Comercio, eso sí, siempre y cuando el plazo para hacerlo no exceda el previsto para la ejecución del acuerdo (Inciso primero artículo 42 de la Ley 1116 de 2006). Volviendo a las sociedades por acciones, es importante mencionar la teleología del capital autorizado en estos tipos societarios:

Como se indicó supra, el capital autorizado corresponde a la suma de dinero o bienes que los socios sin obligarse proyectan hacer durante la vida de la sociedad, convirtiéndose en una meta, en un ideal, pero también en un techo, en un límite.

Igualmente, el capital autorizado es una autorización que los socios le dan a los administradores de la sociedad para que estos aumenten el capital suscrito sin necesidad de recurrir a una reforma estatutaria.

Dentro de las características del capital autorizado se encuentran: el hecho que el legislador no lo limitó en una cifra especifica; el de carecer de un término obligatorio para que los socios lo suscriban; y el que su aumento siempre exige de una reforma a los estatutos de la sociedad.

Así las cosas, tenemos que la diferencia entre el capital autorizado y el capital suscrito se encuentra constituido por acciones en reserva, de tal manera que cuando la sociedad va a emitir nuevas acciones, simplemente toma estas acciones para que los socios o terceros las suscriban, aumentando consecuentemente el capital suscrito. En este orden de ideas, los pasos para que esta nueva emisión se lleve a cabo son:

1. Los administradores aprueban un reglamento de emisión y colocación de acciones, aprobación que en las sociedades anónimas le corresponde, —salvo pacto en contrario o que se trate de acciones privilegiadas o de goce—, a la junta directiva (artículo 385 del Códi-

go de Comercio). Dicho reglamento se constituye en la oferta de las acciones que se van a emitir, y debe contener, según el artículo 386 del Código de Comercio, lo siguiente:

- La cantidad de acciones que se ofrezcan, que no podrán ser inferior a las emitidas.
- La proporción y forma en que podrán suscribirse: teniendo en cuenta que el artículo 388 del Código de Comercio consagra como elemento de la naturaleza en las sociedades anónimas, el denominado derecho de preferencia en la suscripción, el cual implica que, sobre las nuevas acciones que emita la sociedad van a tener un derecho a suscribirlas de forma preferencial los accionistas, y en proporción a las que posean en la fecha en que se apruebe el reglamento; esto con el fin de mantener la proporcionalidad que tienen los socios en el capital de la sociedad.
- Con todo, si determinada emisión de acciones se va a efectuar sin estar sometida a este derecho de preferencia, en la suscripción, la asamblea de accionistas lo puede eliminar mediante una mayoría calificada de por lo menos 70 % de las acciones presentes en la reunión (Numeral 5 artículo 420 del Código de Comercio).
- El plazo de la oferta, que no será menor de 15 días ni excederá de tres meses: en las sociedades anónimas abiertas el plazo de la oferta no puede ser inferior a 15 días, ni exceder el término de 1 año (artículo 41 de la Ley 964 de 2005).
- El precio a que sean ofrecidas, que no será inferior al nominal: el valor nominal corresponde al capital suscrito o social, según el caso, dividido el número de acciones en circulación, mientras que el valor intrínseco de una acción corresponde al patrimonio dividido el número de acciones en circulación; adicionalmente, una acción puede tener un valor de mercado que tenga en cuenta en su valoración, aspectos más allá de los simplemente contables como el *good wiil* o la buena fama comercial. Ahora bien, el valor por el que se ofrezca una acción por encima de su valor nominal va a una cuenta patrimonial denominada prima en colocación de aportes, en otras palabras, la prima en colocación de aportes es el sobre precio al valor nominal que se contabiliza por separado dentro del patrimonio como reconocimiento a la fortaleza patrimonial que posee la sociedad en un momento dado.

En palabras de Ignacio Sanín Bernal:

> La prima, o premium, o sobreprecio, o premio, cuantifica el reconocimiento que hace un asociado que se vincula a una compañía solvente retribuyendo el comportamiento de quienes aparecen ya como asociados de la compañía y que han hecho un esfuerzo que se concreta en una administración eficiente y exitosa, en resultados positivos producidos en el pasado, en la valorización de los activos fijos, o en el aplazamiento voluntario de la distribución de las utilidades que quedan, por lo tanto, retenidas en el patrimonio. (2001, p. 145-146).

Empero, cuando se trata de una sociedad en insolvencia sometida a un proceso de reorganización empresarial, si el acuerdo de reorganización consagra la posibilidad de capitalizar la sociedad, el precio de las acciones puede ser inferior a su valor nominal, de conformidad con lo establecido en el artículo 42 de la Ley 1116 de 2006.

Y tratándose de sociedades anónimas abiertas, el precio de las acciones que se emitan debe obedecer al resultado de un estudio realizado conforme a procedimientos técnicos reconocidos (literal d) artículo 41 de la Ley 964 de 2005).

- Los plazos para el pago de las acciones: teniendo en cuenta que cuando el reglamento prevea el pago por cuotas, se debe cancelar en las anónimas y en las comanditas por acciones, la tercera parte de su valor al momento de la suscripción, y el plazo máximo para el pago del resto no puede exceder el término de un año (artículo 387 del Código de Comercio). Y en las sociedades por acciones simplificadas el plazo máximo para el pago de las acciones suscritas es de dos años (artículo 9 de la Ley 1258 de 2008).

Es de subrayar que, en las sociedades anónimas abiertas, el plazo para el pago de las acciones cuando el reglamento disponga su cancelación por cuotas no está sometido a los términos establecidos en el artículo 387 del Código de Comercio (Parágrafo 1 literal d) artículo 41 de la Ley 964 de 2005).

2. Los asociados o los terceros que acepten la oferta, esto es el reglamento de emisión y colocación de acciones, celebran con la sociedad el contrato de suscripción de acciones, contrato que posee las siguientes características:

- Es un contrato consensual: este contrato se perfecciona por el simple acuerdo entre la sociedad y el aportante, sobre sus elementos esenciales: el precio y las acciones a suscribir (Artículo 394 del Código de Comercio).

Al respecto Néstor Humberto Martínez aduce que:

> El contrato de suscripción de acciones se perfecciona por el solo consentimiento, o sea, por el acuerdo de voluntades de las partes (art. 1500, Código Civil), el cual se concreta cuando se acepta la oferta respectiva dentro del término de duración de esta (art. 864, Código de Comercio).
>
> Quiso el legislador que en estas materias la formación del negocio jurídico se gobernara por el principio general de la consensualidad. (2020, p. 536).

Y la Superintendencia de Sociedades en Oficio 220-027602 del 5 de abril de 2019, señala que:

> El contrato de suscripción de acciones es un contrato consensual que se perfecciona a partir de la aceptación de la oferta contenida en el reglamento de suscripción de acciones y, por consiguiente, surgen desde ese momento las obligaciones para los contratantes.

- Es un contrato accesorio al contrato de sociedad.
- Es un contrato conmutativo, pues las prestaciones que se derivan del mismo se toman como equivalentes.
- Es un contrato típico y nominado, se encuentra regulado en el Código de Comercio con el nombre de contrato de suscripción de acciones.
- Es un contrato oneroso, pues reporta beneficio para ambas partes, así, en cuanto a la sociedad, esta va a aumentar su patrimonio para un desarrollo más adecuado de su objeto social, así como su aumento también va a facilitar su financiación, en la medida en que la prenda general de sus acreedores va a aumentar; y para el suscriptor este va a ingresar a la sociedad con la posibilidad de participar en la distribución de las utilidades que genere la misma.
- Es un contrato bilateral: el contrato de suscripción de acciones genera obligaciones para ambas partes, así para la sociedad genera la obligación de reconocerle la calidad de accionista al suscriptor, y entregarle el título de acciones correspondiente; y para el suscriptor surgen las obligaciones de pagar su aporte a la sociedad de acuerdo con el reglamento de emisión y colocación de acciones, y la de someterse a los estatutos de la compañía (Artículo 384 del Código de Comercio).
- Es un contrato de adhesión pues el suscriptor se somete a lo consagrado en los estatutos de la sociedad.

Es de tener en cuenta que, en las sociedades por acciones, si estas carecen de acciones en reserva, y se pretende capitalizar (aumentando el capital suscrito) mediante la emisión y suscripción de nuevas acciones, previamente a los pasos indicados anteriormente, hay que realizar una reforma estatutaria para aumentar el capital autorizado para poder así tener acciones en reserva que emitir y ofrecer.

En los demás tipos societarios, esto es las sociedades colectivas, de responsabilidad limitada, y en comandita simple, como únicamente se habla de capital social, su aumento siempre requiere de reforma estatutaria (Artículo 122 del Código de Comercio).

De otro lado, es de tener en cuenta que, dado que el aumento del capital suscrito o del capital pagado, no pasa por Cámara de Comercio, el artículo 1 del Decreto 1154 de 1984, exige que se inscriba en el registro mercantil una certificación del revisor fiscal o contador de la sociedad donde se indique los aumentos tanto del capital suscrito como del capital pagado que se hubiesen producido; inscripción que se debe efectuar dentro del mes siguiente al vencimiento de la oferta para suscribir o al vencimiento del plazo para el pago de las acciones suscritas, según el caso.

Del mismo modo, es de subrayar que la suscripción y pago de nuevos aportes, no es la única manera de aumentar el capital de una sociedad (capitalización externa), sino que también existe la denominada capitalización interna, la cual consiste en transferir sumas de las cuentas del patrimonio al capital, es decir, se trata de un reacomodamiento de las cuentas del patrimonio; esta capitalización interna no requiere de la elaboración de un reglamento de emisión y colocación de acciones para su realización.

> Las capitalizaciones internas pueden implementarse liberando acciones o creando cuotas, manteniéndose el valor nominal de las mismas, pero disminuyéndose su valor intrínseco; o conservando el número de acciones o cuotas, pero aumentando su valor nominal (mediante reforma estatutaria), sin alterar su intrínseco. (...)
>
> ...la capitalización es el aumento de los valores correspondientes a la cuenta patrimonial de capital de una compañía, bien sea trasladando al capital el valor revelado en otras cuentas del patrimonio, mediante nuevo aporte realizado por los asociados o por terceros. Estas dos modalidades se diferencian por su incidencia en el patrimonio; pues en tanto la primera implica movimientos internos en el estado de situación (o balance general) que no modifican el saldo final del patrimonio, ya que lo único que se hace es mover cifras de una cuenta a otra; la segunda conlleva un aumento del valor neto del patrimonio y del monto de los activos, provenientes bien sea de aportes de los socios, o del aporte de terceros que mediante esta operación ingresan a la sociedad y adquieren la calidad de socios o accionistas de acuerdo con el tipo de sociedad de que se trate. (Sanín, 2001, p. 158-159).

En este orden de ideas, dentro de las cuentas patrimoniales que se pueden capitalizar, estarían, por ejemplo: las reservas estatutarias (caso en el cual se requeriría reforma estatutaria para desafectarlas de su calidad de tales); las reservas ocasionales (cuya capitalización en las sociedades por acciones en principio no requiere reforma estatutaria, salvo que el capital autorizado y el capital suscrito de la sociedad estén en el mismo nivel, pues en este caso se requerirá reforma estatutaria para aumentar el capital autorizado; y en la sociedades por cuotas o partes de interés, siempre requeriría reforma estatutaria su capitalización); la prima en colocación de aportes (cuya capitalización en las sociedades por acciones en principio tampoco requiere reforma estatutaria, salvo que el capital autorizado y el capital suscrito de la sociedad estén en el mismo nivel, pues en este caso se requerirá reforma estatutaria para aumentar el capital autorizado; y en la sociedades por cuotas o partes de interés, siempre requeriría reforma estatutaria su capitalización).

Las utilidades del periodo también se pueden capitalizar, caso en el cual el dividendo se pagaría a los socios en forma de acciones liberadas de la misma sociedad, ahora bien, para que esto pueda ocurrir se requiere de una mayoría calificada del 80 % de las acciones presentes en la reunión, dado que, si en la asamblea de accionistas no se logra esta mayoría decisoria, el dividendo únicamente se pagará en acciones liberadas de la misma sociedad, a los accionistas que así lo acepten.

Con todo, si la sociedad donde se pretende capitalizar las utilidades hace parte de un grupo de subordinación en calidad de subordinada, el dividendo solo se podrá pagar en forma de acciones liberadas de la misma sociedad a los accionistas que expresamente así lo hayan aceptado, independientemente de que se haya obtenido la mayoría calificada del 80 % de las acciones presentes en la reunión (Artículo 455 del Código de Comercio).

La razón por la que el legislador exige una mayoría decisoria tan alta radica en el hecho de que dentro de las sociedades muchas veces militan intereses contrapuestos, pues uno es el interés de los socios minoritarios de obtener el pago de su dividendo en dinero en efectivo y otro puede ser el interés de los socios mayoritarios de seguir aumentando su participación en el capital de la sociedad con miras a aumentar el control político dentro de ella, de ahí que para evitar posibles abusos y la imposición a los socios minoritarios de un pago de su dividendo en acciones en contravía de su interés, se establezca esta mayoría calificada del 80 %. Al respecto Pablo Andrés Córdoba, manifiesta que:

> El ordenamiento jurídico colombiano, a lo largo de todo el Libro segundo del Código de Comercio, establece una serie de límites que racionalizan de alguna manera el poder aplastante de la mayoría en la sociedad anónima. (...)

> ...en algunas ocasiones, hace que determinadas decisiones deban ser tomadas con mayorías calificadas, es decir, diferentes a la ordinaria establecida en el artículo 68 de la Ley 222 de 1995, lo que de alguna manera puede implicar que la participación de la minoría en la adopción de dichas decisiones adquiera vital importancia para alcanzar las mayorías requeridas. (2014, p. 536).

Con todo, existen cuentas del patrimonio que no es posible capitalizar, como por ejemplo, la reserva legal, dada su teleología de fortalecer patrimonialmente a la sociedad y de absorber las pérdidas que tenga la sociedad en un momento dado (artículo 456 del Código de Comercio), por lo que si se permitiera su capitalización los socios podrían distribuirse esta reserva luego de capitalizarla mediante una disminución de capital con efectivo reembolso de aportes; igualmente por expresa prohibición legal es ineficaz de pleno derecho todo aumento de capital que se haga con revalúo de activos (Artículo 122 del Código de Comercio).

Por otro lado, es de indicar que existe un tipo de capitalización considerada externa que no requiere de la elaboración de reglamento de emisión y colocación de acciones, y que es la denominada capitalización de acreencias o de créditos.

Mediante este tipo de capitalización, una deuda que posea la sociedad puede ser saldada mediante una dación en pago de acciones, cuotas o artes de interés, según el tipo societario, para lo cual se efectúa un movimiento contable en virtud del cual se cancela el valor de la deuda en el pasivo externo y en ese mismo monto se aumenta el capital suscrito o social de la sociedad, según el caso, liberando acciones, cuotas o partes de interés, para solucionar la deuda a favor del acreedor.

Ante todo, es de tener en cuenta que, para que pueda capitalizarse un crédito y pagarse el mismo mediante la liberación de participaciones a favor del acreedor de la sociedad, se requiere del consentimiento expreso del mismo; al punto que el inciso tercero del artículo 42 de la Ley 1116 de 2006, exige el consentimiento del respectivo acreedor para que la sociedad concursada pueda proceder a solucionar su deuda mediante una dación en pago, en otras palabras, a ningún acreedor se le puede imponer una dación en pago, así haya existido decisión mayoritaria de las partes dentro de un acuerdo de reorganización.

Un notorio ejemplo de eventos donde se produce la capitalización de acreencias corresponde a la adquisición de bonos convertibles en acciones u obligatoriamente convertibles en acciones, pues en principio quienes adquieren bonos emitidos por una sociedad, lo que están efectuando es un préstamo colectivo a cargo de la compañía, crédito que posteriormente al vencimiento del mismo, se capitaliza tornándose los bonos en acciones. (Artículo 6.4.1.1.27. del Decreto 2555 de 2010). Menciona la Superintendencia de Sociedades en Oficio 220-14428 del 30 de abril de 2001, que:

> En efecto, en el oficio citado así como en el 220-16747 de agosto 31 de 1994, esta Entidad expone con amplitud el criterio conforme con el cual en el caso de capitalización de utilidades o en la capitalización de acreencias no se requiere un reglamento de colocación de acciones, entre varias razones, porque esta capitalización surge con un acuerdo previo entre la sociedad y el futuro receptor de acciones que son emitidas no a través de un reglamento, sino derivadas de una decisión previa del máximo órgano social, tomada en los términos de la ley y de los estatutos, la que no responde a los lineamientos de una oferta y por tanto no requiere ajustarse a los requisitos del artículo 385 del Código de Comercio.

Ahora bien, así como el capital se puede aumentar bajo los parámetros vistos supra, el capital también se puede disminuir, caso en el cual siempre se requerirá de una reforma a los estatutos sociales (Artículo 147 del Código de Comercio).

Esta disminución del capital puede ser de carácter externo, cuando hay efectivo reembolso de aportes a favor de los socios, caso en el cual la regla general es que este solo puede ocurrir en la etapa de liquidación de la sociedad una vez pagado su pasivo externo (artículo 144 del Código de Comercio); no obstante, la Superintendencia de Sociedades puede autorizar la disminución del capital con efectivo reembolso de aportes durante la vigencia de la sociedad, si se cumple cualquiera de los requisitos consagrados en el artículo 145 del Código de Comercio; esto es, que la sociedad carece de pasivo externo; que una vez hecha la disminución los activos sociales representen el doble del pasivo externo; o que los acreedores autoricen expresamente y por escrito dicha disminución cualquiera que esta sea; y si existen acreedores laborales, con la autorización adicional de la respectiva autoridad del trabajo.

Adicionalmente, la disminución del capital puede ser de carácter interno; es decir, cuando este se disminuye, pero a costa de otras cuentas del patrimonio —por ejemplo, para absorber las pérdidas del periodo—, sin que se les reembolse aportes a los socios, sino como un simple movimiento de tipo contable o de reacomodación patrimonial. En estos eventos de disminución de capital interna, no se requiere autorización de la Superintendencia de Sociedades, salvo que se trate de una sociedad sometida al régimen de control (Numeral 2 artículo 85 de la Ley 222 de 1995).

Por último, es de destacar una protección que para los acreedores de las sociedades por cuotas y partes de interés consagra el artículo 146 del Código de

Comercio, consistente en que cuando ocurre la disminución del capital con reembolso total de los aportes a favor de alguno o algunos de los asociados, durante la vigencia de la sociedad, estos continuarán obligados por las operaciones sociales contraídas hasta el momento de su retiro, dentro de los límites de la responsabilidad propia del respectivo tipo social al que pertenecían.

16. UTILIDADES

Las utilidades de conformidad con el artículo 98 del Código de Comercio, son un elemento esencial particular del contrato de sociedad, con lo cual su ausencia implica la inexistencia del contrato (Inciso segundo del artículo 898 del Código de Comercio).

Ahora bien, si en los estatutos de la sociedad se pactara que alguno o algunos de los socios no van a recibir utilidades, dicha estipulación estaría viciada de ineficacia, aun si hubiese sido establecida con el consentimiento de los mismos asociados afectados (Inciso 2 artículo 150 del Código de Comercio); cosa distinta ocurre cuando ya una vez causadas a favor de un socio, este renunciaré a las mismas, porque en tal evento su renuncia es plenamente válida (Artículo 15 del Código Civil).

En este orden de ideas, se puede afirmar entonces que las utilidades se constituyen en la causa del contrato de sociedad, en el móvil inmediato que lleva a las partes a celebrar un contrato de sociedad, y consecuentemente, en el elemento que permite distinguir a las sociedades de las entidades sin ánimo de lucro, dado que en aquellas las utilidades están destinadas a distribuirse entre los socios, tanto durante la vida de la sociedad como al momento de su disolución y liquidación. En este sentido, Néstor Humberto Martínez Neira expresa que:

> El ánimo de lucro es el fin, el móvil o la causa del contrato, expresado en el propósito de distribuirse entre los asociados las utilidades derivadas de la explotación de la empresa u objeto social, como lo advierte el artículo 98 del Código de Comercio.
>
> En consecuencia, la sociedad no es un contrato desinteresado desde el punto de vista económico. La explotación del objeto no se hace con fines altruistas, sino para satisfacer el ánimo especulativo de los asociados, que se desprenden de una parte de su patrimonio para efectuar la inversión correspondiente. (2020, p. 111).

Ciertamente, todo tipo de socio tiene derecho a participar en las utilidades que genere la sociedad fruto de la explotación de su objeto social, incluyendo a los socios industriales (sin estimación anticipada de su valor), quienes participarán en las mismas en la proporción que se hubiese pactado en los estatutos, y en ausencia de estipulación al respecto, participarán en las utilidades en igual proporción que el socio que mayor aporte a capital hubiese efectuado en la sociedad (parágrafo del artículo 150 del Código de Comercio).

Las utilidades se reflejan en los estados financieros de la compañía (estado de resultados) cuando los ingresos que genera la sociedad en un ejercicio determinado son mayores a sus egresos, caso en el cual esas utilidades del periodo harán parte del patrimonio de la sociedad, y se distribuirán, salvo pacto en contrario, en proporción a la parte pagada del valor nominal de las acciones, cuotas o partes de interés de cada asociado (Inciso 1 del artículo 150 del Código de Comercio). Con las utilidades, la sociedad puede realizar lo siguiente:

1. Dejarlas en reservas: las reservas son utilidades que, en lugar de ser repartidas, son retenidas por la sociedad para afrontar gastos futuros e inciertos en los que tenga que incurrir; las reservas hacen parte del patrimonio de la sociedad, y se diferencian de las provisiones en cuanto que estas se hacen para cubrir gastos efectivamente ya causados.

Las reservas pueden tener origen en la ley caso en el cual se denomina reserva legal; en los estatutos, que son las denominadas reservas estatutarias; o por decisión de la asamblea o junta de socios del ente, que son las llamadas reservas ocasionales.

Con relación a la reserva legal, esta es obligatoria hacerla en las sociedades anónimas (artículo 452 del Código de Comercio), en las sociedades en comandita por acciones (artículo 350 del Código de Comercio), y en las sociedades de responsabilidad limitada (artículo 371 del Código de Comercio); también es obligatorio efectuarla en las sucursales de sociedades extranjeras (artículo 476 del Código de Comercio).

Esta reserva legal debe ascender al 50 % del capital suscrito tratándose de las sociedades anónimas o comandita por acciones, y al 50 % del capital social en las sociedades de responsabilidad limitada; y su apropiación se realiza tomando el 10 % de las utilidades líquidas de cada ejercicio hasta llegar al tope del 50 % del capital mencionado.

Es de tener en cuenta que, una vez se llega al tope, la sociedad no está obligada a seguir apropiando utilidades con destino a la reserva legal, pero si esta llegare a disminuir, la sociedad deberá volver a apropiar el 10 % de las utilidades líquidas de cada ejercicio con el fin de volver a su límite legal.

La finalidad de la reserva legal es la de fortalecer el patrimonio de la sociedad y la de permitirle sufragar las pérdidas de ejercicios posteriores en que llegaré a incurrir la sociedad (artículo 456 del Código de Comercio); de ahí que no sea viable su capitalización, salvo la parte de la reserva legal que supere el límite fijado en la ley, dado que este exceso se puede capitalizar, o distribuir como utilidad.

Sobre la finalidad de la reserva legal, indica la Superintendencia de Sociedades en Oficio 220-090862 del 28 de abril de 2017, que:

> En esa medida es obvio que la reserva no solo favorece a la sociedad, sino a los acreedores, ya que al aumentarse el patrimonio se crea una mayor solvencia y un mayor crédito, que así le permite a la sociedad disponer de mayores medios para la explotación de sus negocios; pero, simultáneamente, esta mayor solidez patrimonial de la sociedad, también beneficia a los acreedores, que se encontraran con una mayor suma de bienes sobre los que podrán hacer efectivos sus derechos en caso de que la sociedad incumpla las obligaciones contraídas.
>
> En lo que concierne a la sociedad, la reserva cumple su papel de absorber las pérdidas que puedan presentarse, de manera que no lleguen a afectar el capital. Pero también se insiste, es la ventaja de los acreedores, que de esa manera aseguran que no se vea disminuida la prenda general representada en el patrimonio social.

Ahora bien, con relación a la reserva estatutaria, como su nombre lo indica, son aquellas creadas por los estatutos de la sociedad y que se establecen con la finalidad y duración plasmada en los mismos, por lo que consecuentemente tendrán carácter obligatorio mientras se encuentren allí consagradas.

Estas reservas estatutarias se pueden eliminar para proceder a su distribución como utilidades, o también se les puede cambiar de destinación o capitalizarse, pero en todos estos eventos se requeriría de la correspondiente reforma estatutaria (Inciso 1 del artículo 453 del Código de Comercio).

Por su parte la reserva ocasional es la que la asamblea general de accionistas o junta de socios, según el caso, toma la determinación de efectuar en la reunión en la que se aprueba la distribución de utilidades, con lo cual queda consignada en el acta de dicha reunión.

Esta reserva ocasional debe de tener una destinación específica, y solo será obligatoria para el ejercicio en el cual se aprobó, vencido este, la asamblea de accionistas o junta de socios puede cambiarle su destinación, distribuirla como utilidad, o capitalizarlas (Artículo 154 y 453 del Código de Comercio).

2. Readquirir sus propias acciones: la sociedad puede adquirir sus propias acciones contra utilidades del periodo o contra una reserva que

tenga destinada para readquisición de acciones, caso en el cual los derechos derivados de estas acciones readquiridas permanecerán en suspenso mientras la compañía las tenga en su poder.

Dentro de los requisitos para proceder a esta adquisición, se requiere no solamente que se haga con utilidades del periodo o con una reserva para adquisición de acciones apropiada contra utilidades de periodos anteriores, sino que también se requiere que estas acciones se encuentren totalmente liberadas (pagadas). La decisión societaria de readquirir la sociedad sus propias acciones, no se encuentra sometida a mayorías especiales, sino que esta se toma por la asamblea general de accionistas con mayoría simple (Artículo 396 del Código de Comercio, y artículo 68 de la Ley 222 de 1995), y requiere, además, del consentimiento del accionista titular de las acciones objeto de readquisición. En este orden de ideas, manifiesta Pablo Andrés Córdoba refiriéndose a la readquisición de acciones en las sociedades anónimas abiertas:

> Pero no debe olvidarse que la readquisición de acciones viene a ser un contrato de compraventa celebrado entre la sociedad, en este caso la inscrita, con todos o varios de sus accionistas, en el cual las acciones constituyen la cosa que estos venden a aquella.
> En esta medida, estamos ante un contrato de compraventa, que es consensual a menos que se exija para su perfeccionamiento alguna formalidad *ad sustanciam actus,* requisito que en materia de acciones no establece nuestra codificación mercantil, la cual dispone expresamente que el contrato es consensual y que la sociedad no puede negarse a efectuar los registros correspondientes. Entonces, se requiere del consentimiento de ambas partes, siendo incorrecto afirmar que la readquisición se perfecciona con la determinación de la asamblea, esto por cuanto es menester el consenso mutuo sobre el precio y la cosa. (2014, p. 321-322).

Señala la Circular Básica Jurídica de la Superintendencia de Sosedades 100-000008 del año 2022 que los requisitos para readquirir una sociedad sus propios aportes son:

> 1.8 [...]
> 1.8.1 Que la decisión haya sido adoptada por el máximo órgano social con la mayoría prevista en la ley o los estatutos, según el caso:
> 1.8.2 Que en la operación se tomen fondos tomados de las utilidades liquidas; y
> 1.8.3 Que las acciones, cuotas o partes de interés objeto de la compraventa se encuentren totalmente liberadas
> 1.8.4 Que, realizada la readquisición, deberá permanecer el número de asociados necesario para la existencia o transformación de la sociedad y cumplirse los demás requisitos legales o estatutarios.

Con estas acciones readquiridas, la sociedad puede tomar alguna de las siguientes determinaciones (artículo 417 del Código de Comercio):

- Enajenarlas y distribuir su precio como utilidad, salvo que se haya pactado en los estatutos o se haya ordenado por la asamblea una reserva especial para adquisición de acciones, pues en dicho evento se llevara el valor de su enajenación a esta reserva.
- Distribuirlas entre los accionistas en forma de dividendos.
- Cancelarlas y en esa medida aumentar el valor nominal de las demás acciones mediante una reforma estatutaria.
- Cancelarlas y consecuentemente disminuir el capital hasta concurrencia de su valor nominal, mediante la respectiva reforma estatutaria.
- Destinarlas a fines de beneficencia, recompensas o premios especiales.
- Es de subrayar que, de conformidad con el último inciso del artículo 396 del Código de Comercio, la enajenación que efectúe la sociedad de las acciones readquiridas se hará mediante el trámite establecido para la colocación de acciones en reserva.
- Dentro de los eventos en los que es factible que la sociedad utilice este mecanismo de readquisición de acciones, se encuentra cuando en un proceso de fusión, escisión, transformación o cancelación de la inscripción de una sociedad anónima abierta en el registro nacional de valores y emisores, los socios ausentes o disidentes hacen uso del derecho de retiro o receso, caso en el cual sus participaciones pueden llegar a ser readquiridas por la sociedad, si los demás socios no convienen en adquirirlas (Artículo 15 de la Ley 222 de 1995).

3. Capitalizarlas: caso en el cual los dividendos se pagarán en acciones liberadas de la misma sociedad; capitalización que requiere de una mayoría calificada del 80 % de las acciones presentes en la reunión, que de no obtenerse implicará que solo se le pagará el dividendo en acciones liberadas de la misma sociedad a los accionistas que así lo hayan aceptado.

Asimismo, cuando la sociedad esté sometida a una situación de control, es decir, tiene la calidad de subordinada por pertenecer a un grupo de subordinación o a un grupo empresarial, así se haya obtenido la mayoría calificada del 80 % de las acciones presentes en la reunión, solo se pagará el dividendo en acciones liberadas de la misma sociedad, a los socios que expresamente así lo hayan aceptado (Artículo 455 del Código de Comercio).

4. Absorber las perdidas: el inciso segundo del artículo 151 del Código de Comercio prohíbe repartir utilidades mientras no se absorban las pérdidas de ejercicios anteriores que hayan afectado el capital, entendiendo que las pérdidas afectan al capital cuando a consecuencia de estas, el patrimonio disminuya por debajo del monto del capital suscrito o capital social, según el caso (Parágrafo del artículo 151 del Código de Comercio, e inciso final del artículo 155 del mismo Estatuto).
5. Distribuirlas: el proceso de depuración para proceder efectivamente a la distribución de las utilidades entre los socios consta de los siguientes pasos (artículo 451 del Código de Comercio):

- La asamblea general de accionistas o junta de socios aprueba los estados financieros presentados por los administradores en los cuales se reflejan las ganancias que obtuvo la sociedad en el respectivo ejercicio contable.
- Se efectúan las provisiones correspondientes para el pago de impuestos (pasando del concepto de utilidades brutas al de utilidades liquidas netas).
- Si la sociedad arrastra perdidas de ejercicios anteriores que hayan afectado el capital, esto es que, a consecuencia de las mismas el patrimonio disminuyó por debajo del monto del capital suscrito o capital social, según el caso, se absorben estas pérdidas contra utilidades del periodo (Artículo 151 del Código de Comercio).
- Si la sociedad está obligada legalmente a hacer reserva legal, apropiará el 10% de las utilidades líquidas.
- Si la sociedad tiene pactado en los estatutos la creación de reserva o reservas estatutarias deberá apropiar la suma correspondiente, si es del caso.
- Si el órgano social lo considera, apropiará la o las reservas ocasionales correspondientes (una vez se apropian las reservas llegamos al concepto de utilidades liquidas distribuibles).
- Se procede a distribuir las utilidades entre los socios a título de dividendo, para lo cual se debe de tener en cuenta el artículo 155 del Código de Comercio, el cual establece que se debe de distribuir por lo menos el 50% de las utilidades líquidas, de tal suerte que si se pretende distribuir menos de este porcentaje se requiere de una decisión del máximo órgano social tomada con una mayoría calificada, de por lo menos el 78% de las acciones, cuotas o partes de

interés representadas en la reunión; y para distribuir más del 50 % de las utilidades líquidas, se aprueba por el máximo órgano social con una mayoría decisoria simple.

Con todo, en las sociedades anónimas, de conformidad con el artículo 454 del Código de Comercio, si la suma de la reserva legal, estatutaria y ocasional excediere del 100 % del capital suscrito, el porcentaje obligatorio de utilidades líquidas que deberá repartir la sociedad ascenderá al 70 % de las utilidades; caso en el cual para repartir menos de este porcentaje se requerirá de una mayoría decisoria calificada de la asamblea de accionistas de por lo menos el 78 % de las acciones presentes; y a *contrario sensu,* para distribuir más del 70 % de las utilidades, se requerirá de una mayoría simple del máximo órgano social.

Es de anotar que esta mayoría calificada para distribuir menos del 50 % o del 70 % de las utilidades, según el caso, no aplican tratándose de la sociedad por acciones simplificadas, salvo pacto en contrario (Artículo 38 Ley 1258 de 2008). Al respecto, Ramiro Rengifo manifiesta:

> Aunque el artículo 155 es de lectura complicada en cuanto a los casos en que se debe aplicar la mayoría simple o calificada, puede decirse que la asamblea o junta de socios, es competente para aprobar un reparto de utilidades mayor al 50 % por una mayoría simple y, en cambio, se exige la mayoría cualificada del 78 % de las acciones cuotas o partes presentes en la reunión, para aprobar un reparto inferior al 50%
>
> Las anteriores políticas de reparto de utilidades, como es evidente, buscan hacer efectivo el móvil del lucro en la forma de utilidades que da soporte al contrato de asociación, particularmente el de los socios minoritarios que usualmente en el momento de la toma de decisiones, quedan expuestos a la fuerza implacable de las mayorías. Esta idea no preocupo al legislador al momento de expedir la regulación sobre las SAS. Y en el artículo 38, entre varias de las prohibiciones del C. de Co. que eliminó se encuentra la del artículo 155 lo cual significa que en las SAS los accionistas pueden pactar en sus estatutos o aprobar en la asamblea por simples mayorías porcentajes inferiores al 50 % de las utilidades o incluso no repartir utilidades. Esta es una de las varias reglas de la Ley 1258 que la hacen poco amable para accionistas minoritarios. (2012, p. 135-136).

Una vez se aprueba el reparto de utilidades se produce un cambio en el balance contable de la sociedad, con lo cual las utilidades salen del patrimonio y pasan a ser pasivo externo a cargo de la sociedad y en favor de los asociados.

Dichas utilidades se pagarán en forma de dividendos dentro del año siguiente a su decreto, en las fechas que haya señalado la asamblea de accionistas o junta de socios, según el caso. Ahora bien, si la sociedad entra en mora en el pago del dividendo, prestará merito ejecutivo (título ejecutivo complejo) el balance y copia autentica del acta correspondiente a la reunión en la que se aprobó la distribución de los dividendos (Artículo 156 del Código de Comercio).

Por otro lado, cuando al final del ejercicio lo que se produjo fueron pérdidas por cuanto los egresos de la sociedad fueron mayores que sus ingresos, el artículo 456 del Código de Comercio, señala que estas se enjugarán con las reservas que se hayan dispuesto expresamente para tal fin, o en su defecto, con la reserva legal, y si esta fuese insuficiente, se acumularán dichas pérdidas para cubrirlas con utilidades de ejercicios posteriores.

17. ORGANOS DE DIRECCION, ADMINISTRACION Y FISCALIZACIÓN

Al igual que las personas naturales, las personas jurídicas societarias funcionan a través de diversos órganos, es así como su máximo órgano social u órgano de dirección es la asamblea general de accionistas en las sociedades por acciones, o junta de socios en las sociedades por cuotas o partes de interés; sus órganos de administración corresponden al representante legal y a la junta directiva; y su órgano de fiscalización corresponde al revisor fiscal. Al respecto, manifiesta Pablo Rey Vallejo:

Las sociedades, en su condición de personas jurídicas o morales, desarrollan sus actividades empresariales mediante sus órganos y representantes. Como entidades colectivas que carecen de "voluntad natural", propia de las personas físicas, los órganos societarios actúan según las funciones trazadas en la ley y en el contrato de sociedad para cada uno de ellos y comprometen así al organismo societario frente a los socios y a terceros.

La teoría "organicista" refiere a que dentro de la sociedad existen órganos con competencias y funciones definidas específicamente. Por un lado, aquellos que expresan la voluntad de la sociedad y, por otro, los que la ejecutan. También es importante subrayar que los diversos órganos sociales surgen con ocasión de la conformación de la persona jurídica, en virtud de las exigencias que dispone la ley para cada tipo social y en razón del acuerdo de voluntades plasmado por las partes en los estatutos sociales, contenidos en el contrato de sociedad. Los órganos forman un todo inescindible de la sociedad, y sus actos se entienden como propios de la persona jurídica. (2013, p. 475).

a. Asamblea de accionistas o junta de socios

Como afirmábamos supra, la asamblea de accionistas o junta de socios es el máximo órgano de la compañía, a través del cual esta toma las decisiones más importantes para la estructuración jurídica y el establecimiento de las directrices económicas de la sociedad; es así como, dentro de las competencias que tiene este órgano se encuentran las de aprobar los estados financieros, designar a los administradores y aprobar su gestión, considerar las cuentas de fin de ejercicio, resolver sobre la distribución de las utilidades, efectuar las reformas estatutarias, y en general tomar todas aquellas determinaciones relevantes para que la sociedad pueda cumplir con su objeto social satisfactoriamente.

La asamblea de accionistas o junta de socios es un órgano interno de la sociedad, no es de carácter permanente, sino que se integra periódicamente en reuniones ordinarias; y cuando circunstancias urgentes e imprevistas así lo ameriten, en reuniones extraordinarias. Como decíamos anteriormente, al interior de este órgano es que se toman las decisiones más importantes para el funcionamiento de la sociedad, pero para que estas decisiones sean válidas y produzcan plenamente efectos, se requiere que se cumplan unos requisitos para deliberar y que la decisión se tome con las mayorías decisorias propias de cada tipo societario.

En este orden de ideas, tenemos que los requisitos para que la asamblea general de accionistas o junta de socios delibere válidamente son:

- Convocatoria válida: la convocatoria es la citación anticipada que se efectúa a los socios para que asistan a la reunión de la asamblea o junta de socios; esta citación para que sea plenamente válida debe realizarse por el órgano competente, por el medio adecuado y con la antelación señalada en los estatutos o en la ley.

Dentro de los órganos facultados para convocar tenemos a: los administradores, el revisor fiscal y a la Superintendencia de Sociedades (Artículo 181 y 423 del Código de Comercio, y el numeral 8 del artículo 84 y el artículo 87 de la Ley 222 de 1995).

Los órganos anteriormente mencionados tendrán la obligación de convocar cuando lo solicite un número de asociados representantes del 10 % o más del capital social (Artículo 182 del Código de Comercio modificado por el artículo 6 de la Ley 2069 de 2020).

Con ocasión de la pandemia del covid-19, los artículos 6 y 7 del Decreto 176 del 23 de febrero de 2021, señalaban que cuando por alguna medida adoptada por autoridades nacionales o territoriales, hubiese sido imposible celebrar una reunión por derecho propio el primer día hábil del mes de abril de año 2021, cualquier asociado le podía solicitar a la Superintendencia de Sociedades que ordenara al administrador o al revisor fiscal que convocara a una reunión en la que se agotarían los temas de la reunión ordinaria del ejercicio correspondiente y en la que se aplicarán los cuórum y mayorías previstas para las reuniones por derecho propio. El término que se poseía para presentar la solicitud correspondiente ante la Superintendencia de Sociedades era dentro de los 30 días calendario siguientes a la fecha de la reunión que por derecho propio no se pudo realizar; vencido este término no se podía presentar la solicitud y la Superintendencia no podía impartir la orden de convocatoria (Artículo 8 del Decreto 176 del 23 de febrero de 2021).

Con todo, si la solicitud precitada había sido presentada en tiempo, la Superintendencia ordenaba a los administradores o al revisor fiscal que convocaran a una reunión del máximo órgano social, la cual tendría lugar dentro de los 30 días siguientes a la fecha en que había quedado en firme el acto administrativo con la orden correspondiente, advirtiendo que se debía incluir en el orden del día los asuntos propios de la reunión ordinaria del ejercicio que estuviere pendiente de ser estudiado, indicando, igualmente, que además de los medios legales o estatutarios previstos para la convocatoria del máximo órgano social, la misma debía de ser publicada en la página web de la sociedad y en la puerta principal de las oficinas del domicilio principal en las que operara la administración (Artículo 10 del Decreto 176 del 23 de febrero de 2021).

Finalmente, cuando se trata de decidir sobre el ejercicio de la acción social de responsabilidad, los socios que representen por lo menos el 20 % de las acciones, cuotas o partes de interés, en que se halle dividido el capital, se encuentran facultados para convocar a la asamblea de accionistas o junta de socios (Artículo 25 de la Ley 222 de 1995).

En cuanto al medio idóneo para efectuar la convocatoria, se tiene que es el que se haya establecido en los estatutos, y en su defecto, por medio de un aviso en un periódico de amplia circulación en el domicilio social (artículo 424 del Código de Comercio).

Tratándose de las sociedades por acciones simplificadas, la convocatoria al máximo órgano social la efectúa el representante legal mediante comunicación escrita dirigida a cada uno de los accionistas, salvo que se haya pactado algo distinto (Artículo 20 de la Ley 1258 de 2008).

Con relación a la antelación de la convocatoria, en las sociedades tradicionales del Código de Comercio, cuando se trata de reuniones ordinarias, esta se debe de convocar con una antelación de por lo menos 15 días hábiles de antelación, y para reuniones extraordinarias la antelación debe de ser de por lo menos cinco días calendario (Artículo 424 del Código de Comercio). Y tratándose de la S.A.S. la convocatoria debe realizarse con una antelación mínima de por lo menos cinco días hábiles, tanto para reuniones ordinarias como para reuniones extraordinarias (Artículo 20 de la Ley 1258 de 2008).

Con todo, si se van a aprobar balances de fin de ejercicio, operaciones de transformación, fusión, escisión o la cancelación de la inscripción en el registro nacional de valores y emisores de una sociedad anónima abierta, la convocatoria debe de realizarse con por lo menos 15 días hábiles de antelación (Artículo 424 del Código de Comercio y artículo 13 de la Ley 222 de 1995).

Es de anotar que, para la realización de la convocatoria no se tiene en cuenta ni el día de la convocatoria ni el día de la reunión, al respecto la Superintendencia de Sociedades en Sentencia 800-1 del 29 de enero de 2013, expresó que:

> ...al descontar el día en que se entregó el aviso correspondiente y la fecha de la reunión, se tiene que la convocatoria no fue efectuada con la antelación ordenada por los estatutos de Gano Excel S.A., es decir, cinco días comunes (vid. Folio 40).
>
> El apoderado de Crown Heaven Inc. Puso de presente esta circunstancia durante el curso de la aludida reunión extraordinaria, según puede apreciarse en la constancia que forma parte del Acta n° 7 de la asamblea general de accionistas de Gano Excel S.A (Vid. Folios 72 a 74 del expediente). A la luz de lo anterior, el Despacho debe poner de presente que las anotadas falencias en la convocatoria a la reunión del máximo órgano social de la sociedad demandada constituyen presupuestos que dan lugar a la sanción de ineficacia.

Asimismo, es de tener en cuenta que los sábados se tienen en cuenta como días hábiles si la sociedad labora durante estos días. Señala el artículo 21 de la Ley 1258 de 2008, la posibilidad que se tiene en las sociedades por acciones simplificadas de renunciar al derecho a ser convocado, mediante comunicación escrita enviada al representante legal de la sociedad antes, durante o después de la reunión correspondiente. Y en el evento que un socio no fuera convocado a una reunión de la asamblea y de hecho asiste a la reunión, se entiende como que ha renunciado tácitamente a su derecho a ser convocado, a menos, que manifieste su inconformidad con esta falta de convocatoria antes que la reunión se realice.

En cuanto al contenido que debe tener la convocatoria, es de señalar que para las reuniones ordinarias no es necesario colocar el orden del día, y durante las deliberaciones en este tipo de reuniones se puede tratar cualquier asunto así no se haya incluido en el texto de la convocatoria (Artículo 182 del Código de Comercio).

En cambio, tratándose de las reuniones extraordinarias, en su convocatoria si debe de indicarse el orden del día, y no podrán tratarse dentro de estas reuniones temas distintos sin que previamente se hubiese agotado el orden del día y con la aprobación del máximo órgano social (Artículo 182 y 425 del Código de Comercio).

En todo caso, tratándose de sociedades por acciones simplificadas, en la convocatoria hay que incluir el orden del día, tanto para reuniones ordinarias como para reuniones extraordinarias (Artículo 20 de la Ley 1258 de 2008).

Así mismo, se debe incluir el orden del día cuando se va a convocar a un reunión ordinaria o extraordinaria para tratar asuntos como: la fusión, escisión, transformación, y la cancelación de la inscripción en el registro nacional de valores y emisores de una sociedad anónima abierta, indicando igualmente, dentro de la misma, que los socios ausentes o disidentes pueden ejercer el derecho de retiro o receso (Artículo 13 de la Ley 222 de 1995). Y cuando se trata de una sociedad anónima abierta que vaya a aumentar su capital autorizado o disminuir su capital suscrito, se debe de consignar este punto en la convocatoria que se efectúe (Artículo 67 de la Ley 222 de 1995).

- Lugar de la reunión: como requisito para deliberar válidamente, esta debe de verificarse en el domicilio social principal de la sociedad en la fecha, hora y lugar indicado en la convocatoria (Artículo 186 del Código de Comercio).

No obstante, lo anterior, cuando se encuentran reunidas la totalidad de las acciones, cuotas o partes de interés en que se encuentra dividido el capital de la sociedad, la reunión se puede llevar en cualquier lugar sin que se requiera convocatoria previa (Inciso segundo del artículo 182 y artículo 426 del Código de Comercio).

Agréguese a lo anterior, que en las sociedades por acciones simplificadas se consagra la posibilidad que las reuniones del máximo órgano social se efectúen por fuera del domicilio social principal, así no exista cuórum universal, siempre y cuando se observen los requisitos en cuanto a convocatoria y cuórum (Artículo 18 de la Ley 222 de 1995).

- Cuórum deliberatorio: finalmente, debe de existir cumplimiento del cuórum deliberatorio establecido en los estatutos o en la ley para cada tipo societario para que la asamblea o junta de socios pueda comenzar válidamente a deliberar.

Ahora bien, para que la decisión que tome la asamblea general de accionistas o junta de socios, según el caso, sea válida se requiere adicionalmente que se cumpla con las mayorías decisorias establecidas en los estatutos o en la ley para cada tipo societario. Por otra parte, dentro de los tipos de reuniones que se pueden presentar al interior del máximo órgano social tenemos:

Reuniones ordinarias: los artículos 181 y 422 del Código de Comercio señalan que los socios deben reunirse en junta de socios o asamblea general de accionistas, según el caso, por lo menos una vez al año en las fechas fijadas en los estatutos, y en ausencia de estipulación estatutaria al respecto, dentro de los tres meses siguientes al vencimiento de cada ejercicio (el ejercicio de una sociedad va del 1 de enero al 31 de diciembre de cada año).

Ahora bien, existen varios criterios para establecer cuándo estamos en presencia de una reunión de carácter ordinario:

Uno es el criterio temporal, el cual determina que una reunión es ordinaria cuando se lleva a cabo dentro de los tres meses siguientes al vencimiento de cada ejercicio; otro es el criterio objetivo que señala que la reunión será de carácter ordinario si tiene dentro de los temas a tratar los relativos a: examinar la situación de la sociedad, designar los administradores de su elección, aprobar la gestión de los administradores, determinar las directrices económicas de la compañía, considerar las cuentas y balances de fin de ejercicio, y resolver sobre la distribución de utilidades; y, por último, existe un criterio mixto que básicamente es una mezcla del criterio objetivo y temporal, de tal suerte que si la reunión se lleva a cabo dentro de los tres meses siguientes al vencimiento del ejercicio para tratar los asuntos supra indicados, la reunión será ordinaria.

Con todo, es de indicar que el criterio prevalente es el mixto, así la jurisprudencia del Consejo de Estado, Sala de lo Contencioso Administrativo, Sección Primera, Sentencia 5475 del 25 de febrero de 2000, indicó que son ordinarias las reuniones que se realizan:

> ...por lo menos una vez al año en las fechas señaladas en los estatutos o en la ley, previa convocatoria del liquidador, con el fin de someter a consideración del máximo órgano rector los estados financieros de fin de ejercicio, así como el informe detallado sobre el estado y desarrollo del proceso liquidatorio.

Es de indicar, que con ocasión de la pandemia del covid-19, el Gobierno nacional expidió el Decreto 176 de 2021, el cual en sus artículos 1 y 2 indicaba los plazos para la realización de las reuniones ordinarias correspondientes a los años 2019 y 2020, de tal suerte que las reuniones ordinarias correspondientes al cierre del ejercicio contable del año 2019 que con ocasión de la pandemia no se habían efectuado, se tendrían que haber llevado a cabo, a más tardar, el 31 de marzo de 2021, y las reuniones ordinarias correspondientes al cierre del ejercicio contable del año 2020, se tendrían que haber llevado a cabo a más tardar el 31 de marzo de 2021.

Y en todo caso señalaba el artículo 5 del precitado decreto, que si se trataba de una reunión ordinaria en el cual se debían de agotar temas de dos ejercicios, esto es, del año 2019 y 2020, el desarrollo de la reunión debía de haber agotado primero los asuntos relacionados con el ejercicio del año 2019 y luego los del ejercicio 2020.

Reuniones Extraordinarias: son aquellas que se realizan para tratar temas urgentes e imprevistos de la compañía, con lo cual no se encuentran sometidas ni a tiempo ni a temario especifico (inciso 2 del artículo 181 y artículo 423 del Código de Comercio). Así mismo, existen diferentes tipos de reuniones especiales del máximo órgano social, tales como:

Reuniones por derecho propio: cuando los socios no han sido convocados a una reunión ordinaria, la asamblea o junta de socios, según el caso, se reunirá por derecho propio el primer día hábil del mes de abril, a las 10 a. m., en las oficinas donde funcione la administración de la sociedad en el domicilio principal (Artículo 422 del Código de Comercio).

En estas reuniones por derecho propio se puede deliberar y decidir con un numero plural de socios independientemente de la cantidad de acciones que representen en el capital (inciso 2 del artículo 429 del Código de Comercio).

Como se puede apreciar, con la reunión por derecho propio lo que se pretende es que la sociedad no quede paralizada por la ausencia de convocatoria a reunión ordinaria por parte de la administración, y así poder darle tramite al temario propio de este tipo de reuniones.

Reuniones de segunda convocatoria: esta ocurre cuando se convoca a una reunión ordinaria o extraordinaria y esta no puede llevarse a cabo por falta de cuórum, con lo cual se deberá convocar a una nueva reunión, la que deberá realizarse no antes de los diez días, ni después de los 30 días, contados a partir de la fecha de la reunión fallida (se trata de días hábiles de conformidad con la regla de plazos planteada en el parágrafo 1 del artículo 829 del Código de Comercio). Frente a este tipo de reuniones, indica Jorge Hernán Gil Echeverry, que:

> Realmente las reuniones de segunda convocatoria tienen la misma calidad de ordinaria o extraordinaria de la reunión que reemplazan, no importa que se verifiquen fuera del termino estatutario o del periodo de los tres primeros meses siguientes al vencimiento del ejercicio social. (2012, p. 616).

En esta reunión de segunda convocatoria se puede deliberar y decidir con la presencia de un número plural de socios, cualquiera que sea la cantidad de acciones que representen dentro del capital. Con todo, si se trata de una reunión de segunda convocatoria de una sociedad anónima abierta, se podrá deliberar y decidir con la presencia de uno o varios accionistas, cualquiera que sea el número de acciones que representen dentro del capital (Artículo 429 del Código de Comercio).

Conviene señalar que, en las sociedades por acciones simplificadas se puede incluir en el texto de la primera convocatoria a una reunión ordinaria o extraordinaria, la fecha en que habrá de realizarse una reunión de segunda convocatoria en caso de no poderse realizar la primera reunión por falta de cuórum; caso en el cual hay que tener en cuenta que, esta segunda reunión no podrá ser fijada para una fecha inferior a los diez días hábiles siguientes a la primera reunión, ni posterior a los 30 días hábiles contados desde ese mismo momento (Artículo 20 de la Ley 1258 de 2008).

Reuniones universales: son aquellas que se efectúan por fuera del domicilio social principal o dentro de este, sin convocatoria previa. Para que una reunión de estas características sea válida y pueda producir plenos efectos, se requiere que en la misma se encuentren presentes todas las acciones, cuotas o partes de interés en que se divide el capital, y que exista entre los socios el ánimo de llevar a cabo una reunión del máximo órgano social (inciso 2 del artículo 182 y artículo 426 del Código de Comercio).

Reuniones preliminares: el artículo 132 del Código de Comercio establece que, el valor del aporte que se vaya a dar en especie por algún socio al momento de la constitución de la sociedad debe ser avaluado en junta preliminar mediante el voto unánime de todos los socios; no obstante, si se trata de una sociedad anónima la aprobación del avalúo al momento de la constitución no requiere de unanimidad, sino por mayoría simple de la asamblea de accionistas (artículo 68 de la Ley 222 de 1995).

Reuniones finales: esta ocurre en la etapa de la liquidación de la sociedad cuando el liquidador de la sociedad la convoca con miras a que sean aprobadas las cuentas de la liquidación y el acta final de liquidación. En estas reuniones se delibera y decide con un numero singular o plural de socios independientemente del número de acciones, cuotas o partes de interés que representen dentro del capital.

Ahora bien, si a esta reunión final no concurre ningún asociado, el liquidador convocara a una segunda reunión (reunión de segunda convocatoria en la liquidación), la cual deberá efectuarse dentro de los diez días siguientes a la reunión fallida, y si a esta no asiste ningún asociado, se tendrán por aprobadas las cuentas de la liquidación, sin que posteriormente puedan ser impugnadas (Artículo 248 del Código de Comercio).

Reuniones no presenciales: son aquellas en las que no se da la presencia física de los asociados, dentro de este tipo de reuniones tenemos a las reuniones virtuales y a las reuniones epistolares.

Las reuniones virtuales son aquellas que se llevan a cabo a través de un medio de comunicación simultaneo o sucesivo. Dentro de los requisitos para su validez y eficacia, se encuentra el que se utilice un medio de comunicación susceptible de probarse y que los socios puedan deliberar y decidir de forma simultánea o sucesiva; en este último caso la sucesión debe de ocurrir de forma inmediata.

Ahora bien, el artículo 19 de la Ley 222 de 1995, indicaba que se requería de la presencia de todos los socios para llevar a cabo este tipo de reunión virtual; sin embargo, con ocasión de la pandemia del covid-19 se expidió el Decreto 398 de 2020, aún vigente, el cual indica en su artículo 2.2.1.16.1 que cuando el artículo 19 de la Ley 222 de 1995 se refiere a todos los socios, se debe de entender que se trata de quienes participan en la reunión no presencial, siempre y cuando se cuente con el número de participantes necesarios para deliberar según lo establecido legal o estatutariamente; en otras palabras, las disposiciones legales y estatutarias sobre convocatoria, cuórum y mayorías de las reuniones presenciales son aplicables a las reuniones virtuales del artículo 19 de la Ley 222 de 1995.

Es de anotar igualmente, que hoy en día las reuniones del máximo órgano social pueden ser presenciales, no presenciales, o también pueden ser mixtas, esto es las que permiten la presencia física y virtual de los socios y sus apoderados (Parágrafo del artículo 2.2.1.16.1 del Decreto 398 de 2020.

Por otro lado, tratándose de las reuniones epistolares o escritas, son aquellas en las cuales todos los socios expresan el sentido de su voto por un medio escrito bajo los parámetros y requisitos contemplados en el artículo 20 de la Ley 222 de 1995, entre ellos, el hecho que, si los asociados hubiesen expresado el sentido de su voto en documentos separados, todos los votos deberán recibirse en un término máximo de un mes, contado a partir de la primera comunicación escrita recibida.

Las decisiones que se tomen en las reuniones no presenciales, que no cumplan con los presupuestos exigidos en los artículos 19 y 20 de la Ley 222 de 1995, según el caso, estarán viciadas de ineficacia de pleno derecho (Parágrafo del artículo 21 de la Ley 222 de 1995).

Finalmente, es de anotar, frente a las reuniones no presenciales, que el artículo 19 de la Ley 1258 de 2008, concedió un amplio margen de autonomía a los socios en la sociedad por acciones simplificadas para establecer la manera como se deben de desarrollar este tipo de reuniones en este tipo societario, y en el evento de que estatutariamente no se haya pactado nada al respecto, se le aplicarán a las reuniones no presenciales de las S.A.S. las normas de los artículos 19, 20 y 21 de la Ley 222 de 1995. Es preciso señalar una serie de aspectos para tener en cuenta en las reuniones del máximo órgano social, tales como:

- El socio podrá asistir a la reunión, bien personalmente o a través de un representante, en este último caso deberá otorgar un poder por escrito en el que expresamente indique: el nombre del apoderado, la persona a quien el apoderado puede sustituir, la fecha o época de la reunión o reuniones para las que se confiere, y los demás requisitos que señalaren los estatutos.

  Se resalta que, en virtud del principio de la equivalencia funcional, un mensaje de datos equivale a un escrito (Artículo 6 de la Ley 527 de 1999).

- Salvo los casos de representación legal, los administradores y empleados de la sociedad no podrán representar en las reuniones de la asamblea o junta de socios acciones distintas de las propias, mientras estén en el ejercicio de sus cargos, ni sustituir los poderes que se le confieran, ni tampoco podrán votar los balances y cuentas de fin de ejercicio ni las de la liquidación (Artículo 185 del Código de Comercio).

  Esta prohibición se encuentra suprimida en la sociedad por acciones simplificada, salvo que expresamente se incluya vía estatutaria (Artículo 38 de la Ley 1258 de 2008).

- Con el número de votos del que se sea titular se debe de votar en un mismo sentido, es lo que se denomina el principio de la unidad del voto en materia societaria. Ahora bien, tratándose de las sociedades por acciones simplificadas el artículo 23 de la Ley 1258 de 2008, permite el fraccionamiento del voto cuando se trate de la elección de la junta directiva o de otros cuerpos colegiados.

- Si bien en principio, quien ejerce el derecho de voto es su titular, bien sea directamente o a través de su representante, pueden presentarse situaciones en las cuales el derecho de voto lo ejerza una persona distinta al titular de las acciones, así, por ejemplo: tratándose de acciones dadas en prenda, si expresamente se le concedieron al acreedor prendario los derechos inherentes a la calidad de accionista (artículo 411 del Código de Comercio); cuando se trata de acciones dadas en usufructo, el usufructuario puede ejercer todos los derechos derivados de las acciones entregadas, salvo las de enajenarlas o gravarlas, y el de su rembolso al tiempo de la liquidación de la sociedad (artículo 412 del Código de Comercio); tratándose de acciones dadas en anticresis, cuando expresamente se le haya conferido al acreedor anticrético la posibilidad de ejercer el derecho al voto derivado de las acciones (artículo 413 del Código de Comercio).

Igualmente, puede ocurrir que, las acciones se le hayan entregado en virtud de un contrato de fiducia mercantil a una sociedad fiduciaria, para que esta constituya un patrimonio autónomo con las mismas, y las administre ejerciendo los derechos derivados de las acciones en favor de un beneficiario o fideicomisario, que puede ser el mismo constituyente de la fiducia o un tercero (Artículo 1226 del Código de Comercio, y artículo 12 de la Ley 1258 de 2008).

- Las decisiones que tome la asamblea general de accionistas o junta de socios, según el caso, se harán constar en un acta, la cual debe de contener los requisitos contenidos en los artículos 189 y 431 del Código de Comercio.

Y tratándose de las reuniones no presenciales de los artículos 19 y 20 de la Ley 222 de 1995, las actas se deben de elaborar y asentar en el libro de actas de asamblea de accionistas o junta de socios, dentro de los 30 días siguientes a aquel en que concluyó el acuerdo (Artículo 21 de la Ley 222 de 1995).

El libro de actas de asamblea general de accionistas o junta de socios se encuentra sujeto a inscripción en el registro mercantil (Artículo 28 numeral 7 del Código de Comercio, modificado por el Decreto 19 de 2012).

Por otro lado, las decisiones que se tomen al interior de la asamblea general de accionistas o junta de socios pueden encontrarse viciadas por el no cumplimiento de alguno de los presupuestos legales o estatutarios para su validez o eficacia, así, tenemos que estas pueden adolecer de:

- Ineficacia: el artículo 190 del Código de Comercio indica que las decisiones tomadas en una reunión de la asamblea o junta de socios que fuere en contra de lo dispuesto en el artículo 186 del mismo estatuto, serán ineficaces, lo que se traduce en que las reuniones que se efectúen por fuera del domicilio social principal, o cuya convocatoria fue mal realizada por no provenir del órgano competente, por un medio inadecuado o sin la antelación requerida, o que se efectuó sin el cuórum deliberatorio requerido establecido en la ley o en los estatutos, no producirán efecto alguno.

Así mismo, se sanciona con ineficacia los supuestos en los cuales se convoca a una reunión de la asamblea o junta de socios, según el caso, para tratar una operación de fusión, escisión, transformación o cancelación de inscripción en el registro nacional de valores y emisores, y no se coloca expresamente este punto en el orden del día de la convocatoria, o no se indica en la misma que los socios ausente o disidentes van a poder ejercer el derecho de retiro o receso (artículo 13 de la Ley 222 de 1995).

Igualmente, de conformidad con el parágrafo del artículo 21 de la Ley 222 de 1995, se sancionan con ineficacia las reuniones no presenciales que se efectúen sin el cumplimiento de los presupuestos contenidos en el artículo 19 y 20 de la Ley 222 de 1995.

Y de conformidad con el artículo 433 del Código de Comercio, tratándose de las sociedades anónimas, se sancionan con ineficacia las decisiones tomadas por la asamblea general de accionistas en contravía de los artículos 419 a 432 del mismo estatuto, lo que implica que también incluye la no observancia de las mayorías decisorias establecidas en la ley o en los estatutos de la sociedad.

Ahora bien, de acuerdo con lo consagrado en el artículo 897 del Código de Comercio, la ineficacia es una sanción que opera de pleno derecho, esto es, que a diferencia de la nulidad no requiere de declaración judicial; ahora bien, la Superintendencia de Sociedades está facultada para reconocer en ejercicio de funciones administrativas los presupuestos generadores de ineficacia establecidos en el ámbito societario (parágrafo 1 del artículo 87 de la Ley 222 de 1995).

- Nulidad absoluta: de acuerdo con el artículo 190 del Código de Comercio, estarán viciadas de nulidad absoluta las decisiones del máximo órgano social tomadas sin el cumplimiento de las mayorías decisorias establecidas en los estatutos o en la ley, y aquellas decisiones que excedieren los límites del contrato social.

Declarada la nulidad de una decisión de la asamblea, los administradores tomarán las medidas necesarias para que se le dé cumplimiento a la sentencia judicial que la declara, so pena de que respondan con su patrimonio personal por los perjuicios que causen con la omisión culposa de dichas medidas (artículo 192 del Código de Comercio).

Con todo, si la sociedad sufriere perjuicios con la sentencia declaratoria de la nulidad de la decisión, estos les serán resarcidos de forma solidaria por los administradores que hayan dado cumplimiento a la decisión, quienes podrán repetir en contra de lo socios que la tomaron (artículo 193 del Código de Comercio).

- Inoponibilidad: frente a esta sanción, es de tener en cuenta lo que afirma Jorge Hernán Gil Echeverry:

> Sea lo primero anotar que la institución jurídica de la inoponibilidad en materia mercantil abarca un mundo más extenso que el simple efecto de un registro de un acto o contrato en un sistema público, y en tal virtud se habla de la inoponibilidad registral (art. 901, C de Co.), la inoponibilidad negocial (art. 841, C. de Co.) y la inoponibilidad decisoria (art. 190, C. de Co.). (2020, p. 1).

En este orden de ideas, la inoponibilidad decisoria tiene lugar cuando la decisión que se toma al interior de una reunión de la asamblea general de accionistas o junta de socios, según el caso, no tiene un carácter general, caso en el cual esta decisión no se le podrá oponer o hacer exigible a los socios ausentes o disidentes (Artículo 190 del Código de Comercio). Con respecto al carácter general de las decisiones, manifiesta Enrique Gaviria Gutiérrez:

> La sociedad que surge del consenso de los socios ha de ser la que reciba el efecto favorable de los actos de la asamblea o junta de asociados, sobre todos los cuales repercutirá en seguida esa consecuencia social provechosa, no con igualdad aritmética, desde luego, sino en proporción a sus respectivas participaciones.
>
> Si así no sucede porque la operación aprobada sólo beneficia a uno de los socios o a un grupo de ellos, causando daño a la sociedad y por ende a los restantes miembros de ésta, la respectiva decisión carecerá de efecto general y será entonces ilegal. (2004, p. 113).

Ahora bien, como mecanismo procesal, el artículo 191 del Código de Comercio legitima a los administradores, al revisor fiscal, y a los socios ausentes o disidentes, para que ejerzan la acción de impugnación de decisiones sociales, cuando estas no se ajusten a las prescripciones legales o estatutarias.

Esta acción de impugnación posee un término para su ejercicio sumamente corto, pues solamente se puede ejercer dentro de los dos meses siguientes a la fecha de la reunión, y si la decisión se encuentra sujeta a inscripción en el registro mercantil, los dos meses se cuentan a partir de la fecha de la inscripción, so pena, de caducidad de la acción (artículo 191 del Código de Comercio, y artículo 382 del Código General del Proceso).

La legitimación por pasiva de la acción de impugnación de decisiones sociales la tiene la sociedad, y en la correspondiente demanda se podrá pedir la suspensión provisional de los efectos del acto impugnado (artículo 382 de la Ley 1564 de 2012).

De esta acción de impugnación de decisiones sociales, conoce en trámite de proceso verbal, a prevención, el juez civil del circuito del domicilio principal de la sociedad (artículo 20 numeral 8 del Código General del Proceso), o la Superintendencia de Sociedades en ejercicio de funciones jurisdiccionales (Literal C numeral 5 artículo 24 de la Ley 1564 de 2012).

Es de anotar que también es posible llevar a conocimiento de un tribunal arbitral la impugnación de decisiones sociales, si se pactó la correspondiente cláusula compromisoria en los estatutos sociales (Artículo 118 Ley 1563 de 2012 que derogó al artículo 194 del Código de Comercio).

Por último, es de destacar, con relación a la acción de impugnación de decisiones sociales, que esta procede tratándose de decisiones viciadas de nulidad, pues tanto la ineficacia como la inoponibilidad operan de pleno derecho por lo que no requieren de declaración judicial. Al respecto, manifestó la Sala de lo Contencioso Administrativo, Sección Primera, en Sentencia del 25 de agosto de 1975, que:

> En tal virtud debe entenderse que el derecho de impugnación previsto en el artículo 191 del Código de Comercio solo es ejercitable contra los actos viciados de nulidad, es decir, los que se adopten sin la mayoría requerida pero dentro de una reunión realizada con el quórum legal o estatutario, o excediendo los límites del Contrato Social.

Y en idéntico sentido aduce la Superintendencia de Sociedades en sentencia 2019-01-248123 de 18 de junio de 2019, que:

> Para resolver la controversia antes descrita, resulta pertinente anotar, como ya lo ha hecho este Despacho en múltiples oportunidades, que "la acción de impugnación se ha previsto en nuestro ordenamiento como un mecanismo para controvertir falencias formales en la adopción de decisiones del máximo órgano social". En verdad, los artículos 190 y 191 del Código de Comercio establecen que esta acción únicamente procede cuando se "adopten [decisiones sociales] sin el número de votos previstos en los estatutos o en las leyes, o excediendo los límites del contrato social".

b. Junta directiva

La junta directiva se constituye en un órgano de administración interna, cuyos miembros carecen de facultades de representación legal de la sociedad, y sus funciones se plasman en los estatutos; ahora bien, salvo estipulación en contrario, se encuentran facultadas para ordenar que se ejecute o celebre cualquier acto comprendido dentro del objeto social y para tomar las determinaciones necesarias para que la compañía pueda darle cumplimiento a su objeto social (Artículo 438 del Código de Comercio).

Este órgano solamente es obligatorio en las sociedades anónimas, en las demás sociedades se trata de un órgano facultativo, es decir, solo si en los estatutos así se establece, habrá lugar a la creación de junta directiva. Con relación a este órgano social, expresa Nicolas Uribe Lozada:

> La doctrina ha catalogado las juntas directivas como un órgano o cuerpo intermedio entre el máximo órgano social (junta de socios o asamblea de accionistas según el caso) y el órgano de representación externa. La junta directiva tiene por propósito coadyuvar las gestiones y responsabilidades del representante legal, bajo una orbita de consejo, asesoría, o apoyo, que de paso dota de confianza a los asociados que no intervienen en la gestión social. (2013, p. 46).

Ahora bien, el mecanismo de elección de la junta directiva es el de cociente electoral (artículo 436 y 197 del Código de Comercio); y, tratándose de un órgano colegiado, éste se debe de conformar con por lo menos tres miembros principales con sus tres respectivos suplentes, quienes a falta de estipulación se entenderán como suplentes numéricos (artículo 434 del Código de Comercio).

Con todo, cuando en las sociedades por acciones simplificadas se decide la creación estatutaria de junta directiva, este órgano se puede crear por un mecanismo distinto al del cociente electoral, y adicional a ello puede conformarse con un solo miembro con o sin suplente (artículo 25 de la Ley 1258 de 2008).

La junta directiva es elegida por la asamblea general de accionistas, y el periodo de sus miembros es generalmente de un año; sin embargo, estos pueden ser reelegidos o removidos de su cargo libremente en cualquier tiempo (Artículo 198 y 436 del Código de Comercio). Adicionalmente, la designación de sus miembros es un acto sujeto a inscripción en el registro mercantil (Artículo 163 del Código de Comercio).

Dentro de las incompatibilidades y restricciones que se tienen para ser miembro de una junta directiva se encuentran:

- En las sociedades por acciones, ninguna persona puede ser designada ni ejercer, en forma simultánea, un cargo directivo en más de cinco juntas directivas, en el evento de infringirse esta disposición acarreará la vacancia de los cargos que excedieren dicho límite (artículo 202 del Código de Comercio). Esta restricción no existe en la sociedad por acciones simplificadas, salvo que se haya pactado lo contrario (artículo 38 de la Ley 1258 de 2008).
- El revisor fiscal de la sociedad o de alguna de sus subordinadas, no puede ser a su vez miembro de la junta directiva (Artículo 205 del Código de Comercio).
- No pueden existir en las juntas directivas una mayoría conformada con personas ligadas entre sí, por matrimonio o parentesco dentro del tercer grado de consanguinidad o segundo de afinidad o primero civil, excepto en las sociedades catalogadas como de familia (Artículo 435 del Código de Comercio). Esta restricción igualmente fue abolida tratándose de las sociedades por acciones simplificadas, salvo pacto en contrario (artículo 38 de la Ley 1258 de 2008).

Con relación a su funcionamiento, la junta directiva no es un órgano permanente de la sociedad, por lo que se reunirá cuando sea convocada por ella misma, por el representante legal, el revisor fiscal, o por dos de sus miembros principales; y deliberará y decidirá válidamente con la presencia y los votos de la mayoría de sus miembros, salvo que vía estatutaria se haya pactado un cuórum o una mayoría superior (Artículo 437 del Código de Comercio).

c. Representante legal

El representante legal se constituye en un órgano de administración externa, quien es el encargado de adquirir derechos y contraer obligaciones para la sociedad, en otras palabras, dada la imposibilidad física de la persona jurídica para actuar directamente, esta lo debe de hacer a través de un órgano que actúe en su nombre y representación (numeral 12 del artículo 110 del Código de Comercio).

Es preciso señalar que, en ciertos tipos societarios, la administración y representación legal la tienen todos y cada uno de los socios, con lo cual se trata de un derecho derivado de la calidad de asociado de la compañía, esto es así, tratándose de las sociedades colectivas, de responsabilidad limitada, y en comandita simple y por acciones tratándose de los socios gestores o colectivos.

En los demás tipos societarios (sociedades anónimas y sociedades por acciones simplificadas) la representación legal de la sociedad la tienen mandatarios temporales y libremente revocables, nombrado en las sociedades anónimas por la junta directiva con su respectivo suplente o suplentes (artículo 440 del Código de Comercio); y por la asamblea general de accionistas o por el accionista único en las sociedades por acciones simplificadas, sin necesidad de que tenga un suplente (Artículo 26 de la Ley 1258 de 2008).

De conformidad con los artículos 164 y 442 del Código de Comercio, la calidad de representante legal la posee quien se encuentre inscrito en el registro mercantil (registro de carácter constitutivo), y conservara tal carácter hasta tanto no se registre un nuevo nombramiento o elección o hasta tanto no se le haya cancelado su inscripción como representante legal.

Es de anotar que, mediante Sentencia C-621 del 29 de julio de 2003, con Magistrado Ponente Marco Gerardo Monroy Cabra, la Corte Constitucional declaró la constitucionalidad condicionada de los artículos 164 y 442 del Código de Comercio, y, en tal sentido, manifiesta esta corporación que:

> Como puede verse, el alcance normativo de las anteriores disposiciones consiste en establecer que la designación de representantes legales y revisores fiscales sólo produce efectos jurídicos cuando ha sido inscrita en el registro mercantil. Ahora bien, cuando por cualquier causa (renuncia, remoción, muerte, etc.), la persona cuyo nombre aparece inscrito deja de ocupar cargo, el sólo registro de este hecho no es suficiente para que cesen sus obligaciones y responsabilidades como tal, pues lo que determina esta cesación no es el registro de la renuncia, remoción, muerte, incapacidad o cualquier otra circunstancia que ponga fin al ejercicio de sus funciones, sino la inscripción como representante legal o revisor fiscal de la persona llamada a remplazarlo. En efecto, a pesar de que el artículo 163 del Código de Comercio permite el registro de la revocación de los administradores o revisores fiscales, no es esta inscripción la que pone fin a las obligaciones y responsabilidades de quienes ejercen estos cargos, sino que, por mandato de las normas acusadas, solamente el *"registro de un nuevo nombramiento"* desvincula definitivamente tal responsabilidad suya frente a la sociedad.

El nombramiento del representante legal no constituye una reforma a los estatutos de la sociedad, pero el acta de su designación se debe de inscribir en el registro mercantil. Lo mismo ocurre tratándose de su revocación (Artículo 163 del Código de Comercio).

En cuanto a las facultades del representante legal, este se encuentra facultado para celebrar o ejecutar todos los actos y contratos que se encuentren comprendidos dentro del objeto social de la compañía o que se relacionen directamente con el funcionamiento de la sociedad, con lo cual, toda limitación o restricción a sus facultades deberá constar en los estatutos y encontrarse debidamente inscrita en el registro mercantil para efectos de oponibilidad frente a terceros (Artículo 196 del Código de Comercio y artículo 26 de la Ley 1258 de 2008).

De conformidad con el artículo 117 del Código de Comercio, se puede inferir que existe libertad probatoria para establecer la calidad de representante legal de una sociedad; sin embargo, es de destacar que, la manera más idónea para probar la calidad de representante legal de una compañía es a través del certificado de existencia y representación legal expedido por la Cámara de Comercio del lugar de su jurisdicción.

Por último, es de indicar que cuando una sociedad se encuentra en estado de disolución y liquidación, quien asume las funciones de representación legal de la sociedad es el liquidador debidamente designado (artículo 227 del Código de Comercio).

Por otro lado, quienes tienen la calidad de administradores de una sociedad se encuentran sometidos a todo un régimen de responsabilidad especial, para lo cual hay que partir de la base que, la legislación mercantil indica quiénes se consideran administradores, así, el artículo 22 de la Ley 222 de 1995, afirma que son administradores: el representante legal, el liquidador, el factor (en virtud del contrato de preposición que es aquel que tiene por objeto la administración de un establecimiento de comercio o de una parte o ramo de la actividad del mismo, donde el factor actúa como mandatario con representación del preponente; artículos 1332 y siguientes del Código de Comercio), los miembros de junta o consejos directivos y quienes de acuerdo con los estatutos ejerzan o detenten esas funciones.

Con todo, el parágrafo del artículo 27 de la Ley 1258 de 2008, consagra la figura del administrador de facto o, de hecho, en virtud de la cual una persona sin tener la calidad de administrador de la compañía se inmiscuye efectivamente en actos positivos de gestión y dirección de la misma, con lo cual quedará sujeto al régimen de responsabilidad propio de los administradores. Es así, como Oscar Humberto González Benjumea advierte que:

> La persona que actúa como administrador, independientemente de su condición, es decir que sea de derecho o de hecho, previa verificación en este último de tal calidad de administrador, debe ser sujeto de imputación de la responsabilidad que para el administrador de derecho ha regulado el legislador. La citada condición no tolera fraccionamientos ni identificaciones difusas, debiendo generar per se responsabilidades directas; de tal suerte que el administrador de hecho debe responder no por lo que formalmente es, sino por lo que efectivamente haya hecho. (2018, p. 55).

En este orden de ideas, un socio mayoritario, accionistas fundadores, un contratista de la compañía, inclusive un padre de familia en una sociedad de familia donde ni siquiera posea la calidad de asociado, etc., pueden eventualmente verse inmersos en el régimen de responsabilidad propio de los administradores, si, de hecho, se involucran en actos positivos de administración y dirección de una sociedad. Al respecto, manifestó la Superintendencia de Sociedades en sentencia del 26 de marzo de 2019, que:

> En verdad, es bastante habitual que en sociedades de capital concentrado los mayoritarios suelan ocupar cargos en la administración en forma directa o, a lo menos, se inmiscuyan determinantemente en la gestión social. (...)
> Aunque podría pensarse que los mayoritarios cuentan con importantes incentivos para fiscalizar de cerca la actividad de los gestores y asegurar que obren con prudencia y lealtad, su posición de control dentro de la compañía puede hacerlos propensos al oportunismo. Podrían entonces, en vez de procurar los mejores intereses sociales, influir en los administradores para asegurar la obtención ilegitima de beneficios privados del control y expropiar a los minoritarios. (...)

Ahora bien, el ejercicio informal de la gestión social podría igualmente provenir de sujetos que no detentan alguna porción en el capital de la compañía. Esta práctica, que también es de relativa frecuencia en sociedades cerradas, implica que individuos formalmente ajenos a la administración de la sociedad, ejercen el control de los asuntos administrativos. (...)

> De ahí la importancia de la figura del administrador de hecho, por cuya virtud es posible aplicar las reglas inherentes a los administradores sociales a todos aquellos sujetos que, por fuera del ámbito de sus potestades legitimas dentro de la compañía, se comportan como verdaderos gestores de los asuntos sociales. Al hacérseles exigibles ciertos deberes a dichas personas, asi como hacerles extensivas las responsabilidades propias del cargo de administrador, se mitigan los problemas de agencia que predominan, no solo en sociedades de capital disperso, sino también en aquellas tendientes a la concentración de capital.

Por otro lado, frente a esta figura del administrador de hecho, indica Alberto Bravo Rey que este admite dos modalidades:

> Lo primero que debemos advertir es que la doctrina y la jurisprudencia internacional reconoce dos tipos de administradores de hecho. En primer lugar, aquel que actúa como administrador y se presenta como tal, sin haber sido válidamente nombrado, y, en segundo lugar, quien influencia la actuación de los administradores debidamente nombrados. (2020, p. 160).

Y más adelante, indica este mismo autor refiriéndose a la diferencia que existe entre la administración de facto o de hecho y el control que ejerce una matriz en un grupo de subordinación o empresarial, que:

> Como se indicó, el administrador de hecho es quien se inmiscuye en actividades positivas de gestión, administración o dirección. Por su parte, el controlante es aquel que somete el poder de decisión de la sociedad a su voluntad. Ciertamente la definición de control parece mucho más contundente, no se trata de una simple intromisión o interferencia, sino del sometimiento del poder de decisión de la sociedad, lo cual significa pérdida de la autonomía de esta última. (2020, p. 161).

Es claro entonces que existe una línea muy difusa para delimitar diáfanamente cuando en los grupos empresariales y de subordinación la matriz puede ostentar adicionalmente la calidad de administrador de hecho, argumentándose en todo caso, que la controlante tendrá la calidad de tal si aparte del control, se inmiscuye en la gestión de la subordinada en perjuicio de sus intereses.

Finalmente, frente al administrador de hecho, la Superintendencia de Sociedades en Sentencia del 15 de octubre de 2015 radicado 2014-801-55 plantea que esta figura solo tiene cabida actualmente tratándose de las sociedades por acciones simplificadas dada su consagración expresa en la Ley 1258 de 2008.

Dentro de los criterios que ha venido estructurando la doctrina y la jurisprudencia para establecer cuando estamos en presencia de un administrador de facto se encuentran, entre otros, ordenar la gestión de los administradores de derecho, obligar a la compañía a adquirir onerosas obligaciones, ser reconocido por la sociedad como administrador, adoptar decisiones importantes para la sociedad, y presentarse ante la comunidad en general como administrador de la compañía.

Ahora bien, para establecer cómo opera el régimen de responsabilidad de los administradores, se debe de partir que estos se encuentran sometidos a una serie de deberes generales y a una serie de deberes particulares. En este sentido, el artículo 23 de la Ley 222 de 1995, señala como deberes generales de los administradores, el que estos deben obrar de buena fe, con lealtad y con la diligencia de un buen hombre de negocios; y además sus actuaciones deben cumplirse en interés de la sociedad, teniendo en todo caso en cuenta el interés de los socios.

Ahora bien, la buena fe que se le exige observar a los administradores en el cumplimiento de su labor es una buena fe objetiva, esto es un obrar con probidad, con rectitud, con total respeto a los estatutos sociales y a las normas societarias. De ahí que, frente a este deber de buena fe, expresa Nicolás Uribe Lozada:

> Para finalizar, vale la pena recalcara que en función del principio de la buena fe, actuar conforme a derecho no sólo implica ceñirse a las normas positivas consignadas en los códigos y, en general, conforme lo señalado en las normas escritas o consuetudinarias, adicionalmente implica actuar conforme al contenido de los acuerdos y convenciones suscritos por las partes, pues como es bien sabido en el derecho privado (Art. 1602 del C.C. y 4 del C. de Co.) los contratos válidamente celebrados son ley para las partes. En materia de sociedades muy especialmente la actuación de los administradores deberá ceñirse igualmente a lo contemplado en los estatutos sociales. (2013, p. 78).

Y con relación al deber de lealtad, manifiesta este mismo autor que:

> ...ser leal con la sociedad implicará en muchos casos que el administrador deba abstenerse de incurrir en una serie de conductas que pudieran resultar conflictivas y, por ende, lesivas de los intereses de esta. el actuar diligente, próvido y de buena fe del administrador en aras de poder considerarse como leal, deberá siempre consultar y poner en un primer plano los mejores intereses de la sociedad.
>
> Ahora bien, ¿Qué debe entenderse por interés social? La doctrina ha considerado que el interés social, no es otra cosa, que procurar la obtención del máximo beneficio económico posible mediante el efectivo ejercicio del objeto social. En otras palabras, es el efectivo y eficiente desempeño de la empresa mercantil. En este punto es importante resaltar que, si bien en principio los intereses de los asociados deberían coincidir en el interés social o interés de la sociedad, en la práctica no siempre es así. En esos casos, cuando no hay coincidencia de intereses, es importante tener presente que el deber de los administradores será en primera medida proteger y velar por el interés de la sociedad y no por el de cada uno de sus socios. (2013, p. 95-96).

Y frente al deber de actuar con la diligencia de un buen hombre de negocios, este implica que el patrón de conducta a observar por el administrador no es la de un buen padre de familia como ocurre en el ámbito del derecho civil, sino la de una persona que asume riesgos, que se arriesga en las decisiones negociales, pero en todo caso de una manera controlada; es decir, informándose previa y adecuadamente de todas las aristas del negocio a celebrar. Al respecto, expresa Nicolas Polania Tello que:

> De esta manera, se ha creado un ámbito de reconocimiento judicial de una realidad inobjetable en el tráfico jurídico contemporáneo: que los administradores deben tomar decisiones de negocios rápidas con base en la información disponible, lo que los deja en una posición débil frente a juicios de responsabilidad posteriores promovidos por accionistas perjudicados con sus decisiones, teñidos de sesgos retrospectivos. Ahora bien, la morigeración pretoriana del deber de diligencia encuentra su necesaria contrapartida en un ensanchamiento de las reglas derivadas del deber de lealtad, que tiende a proscribir conductas abusivas, oportunistas y desleales de los administradores, e incluso de los socios mayoritarios. (2018, p. 213-214).

Por otra parte, los deberes específicos de los administradores, -que igualmente se encuentran establecidos en el artículo 23 de la Ley 222 de 1995- no son más que un desarrollo de los deberes generales de conducta reseñados, dentro de los cuales tenemos:

- Realizar los esfuerzos conducentes al adecuado desarrollo del objeto social.
- Velar por el estricto cumplimiento de las disposiciones legales o estatutarias.
- Velar por que se permita la adecuada realización de las funciones encomendadas a la revisoría fiscal.
- Guardar y proteger la reserva comercial e industrial de la sociedad.
- Abstenerse de utilizar indebidamente información privilegiada.
- Dar un trato equitativo a todos los socios y respetar el ejercicio del derecho de inspección de todos ellos.
- Abstenerse de participar por sí o por interpuesta persona en interés personal o de terceros, en actividades que impliquen competencia con la sociedad o en actos respecto de los cuales exista conflicto de interés, salvo autorización expresa de la junta de socios o asamblea general de accionistas.

Frente a este último deber específico de abstención que posee el administrador de evitar realizar actos que impliquen competencia con la sociedad o que impliquen incurrir en conflicto de interés, es un deber que no es de carácter absoluto, pues dicho administrador podrá efectuarlos, siempre y cuando medie la debida autorización expresa concedida por la asamblea general de accionistas o junta de socios; autorización que en todo caso, solo podrá otorgarse cuando el acto no perjudique los intereses de la sociedad. (Ultimo inciso del artículo 23 de la Ley 222 de 1995 y decreto 46 de 2024). Ahora bien, por conflicto de interés se entiende en palabras de Jorge Hernán Gil Echeverry:

> El conflicto de interés societario, como su nombre lo indica, corresponde a una contraposición entre el interés social de la sociedad administrada, y el interés directo o por interpuesta persona, de un administrador. (...)
> Sin embargo, a título general, bien puede afirmarse que habrá conflictos de intereses siempre que el administrador pretenda celebrar, ordenar, o ejecutar un acto o contrato con la sociedad, teniendo un interés directo o por interpuesta persona, en el mismo acto o contrato. Dicho interés contrapuesto, que puede tener un efecto positivo o negativo (por ejemplo, disminuir las pérdidas del administrador o del tercero contratante), inclusive puede presentarse cuando una misma persona sea representante legal de dos sociedades dife-

> rentes, las cuales pretendan negociar entre sí, evento en el cual, debe obtener la previa autorización de ambas empresas. (...)
> Desde ahora debe quedar claro que la sola existencia de un conflicto de interés no significa, necesariamente, que la operación proyectada tenga la virtud de resultar perjudicial para la sociedad administrada, relación jurídica que bien puede ser beneficiosa para la empresa. Esta es la razón por la cual la ley no proscribe totalmente los actos o contratos conflictuales, sino que los sujeta a la previa autorización del máximo órgano social, y los condiciona al hecho de que no sean perjudiciales a la sociedad. (2015, p. 309-310-311).

Y Andrés Gaitán Rozo manifiesta que:

> Existe un conflicto de interés si el administrador cuenta con un anhelo que pueda afectar su juicio objetivo en el curso de una operación determinada, así como cuando se presentan circunstancias que configuran un verdadero riesgo de que el discernimiento del administrador se vea comprometido.
> La Superintendencia de sociedades (2018) ha detallado algunos posibles eventos de conflictos de interés:
> 1. Cuando un pariente del administrador contrata con la sociedad o tiene un interés económico en la operación.
> 2. Cuando el administrador celebra operaciones con personas naturales o jurídicas con las cuales tenga una relación de dependencia
> 3. Cuando el administrador demanda a la sociedad
> 4. Cuando el administrador celebra conciliaciones laborales a su favor
> 5. Cuando el administrador gira títulos de la compañía a su favor
> 6. Cuando los administradores aprueban la determinación del ajuste del canon de arrendamiento de bodegas de su propiedad
> 7. Cuando los miembros de la junta directiva aprueban sus honorarios si dicha facultad no les ha sido expresamente delegada en los estatutos (Oficio 220-055984). (2020, p. 149-150).

Por su parte, el Decreto 46 de 2024 frente al tratamiento del conflicto de interés y los actos de competencia en que eventualmente puede incurrir el administrador societario destaca, entre otros aspectos, que:

> Existe conflicto de interés cuando exista por parte del administrador un interés directo o indirecto que pueda comprometer su criterio o independencia en la toma de decisiones en interés de la sociedad, en lo relativo a uno o varios actos, en los que sea parte o este involucrada la sociedad en la que el administrador ejerce sus funciones; por su parte se considera que un administrador le hace competencia a la sociedad cuando efectúa actos concurrenciales directamente o por interpuesta persona en un mismo mercado del de la sociedad o cuando toma el administrador para sí, directamente o por interpuesta persona, una oportunidad de negocios que hubiera estado al alcance de la sociedad que administra.
> - Los actos que pueden configurar conflicto de interés o competencia con la sociedad no son de carácter taxativo
> - No es necesario que el acto de competencia en que eventualmente pueda incurrir el administrador sea anticompetitivo o desleal para estar sometido al régimen de autorización.

- Establece en su artículo 2.2.2.3.3 una lista no taxativa de partes a través de las cuales el administrador societario podría estar inmerso en conflicto de interés o competencia con la sociedad por interpuesta persona.
- Se establece el procedimiento que debe agotar el administrador para obtener la autorización por parte del máximo órgano social para incurrir en un acto de competencia o conflicto de interés con la sociedad, indicándose el deber de información que compete al administrador y el hecho que la asamblea podrá otorgar la autorización correspondiente siempre y cuando no se perjudiquen los intereses de la sociedad, pues en caso contrario los socios que hayan autorizado el acto de competencia o conflicto de interés responderán por los perjuicios causados a la sociedad, a los socios o terceros, salvo que el administrador no haya cumplido adecuadamente con su deber de información.

Lo anterior sin perjuicio de la declaratoria de nulidad de los actos amparados en tales decisiones por violación de la ley.

- Se admite la posibilidad de que el máximo órgano social imparta autorizaciones generales a los administradores para actos jurídicos comprendidos dentro del giro ordinario de la sociedad dentro de un determinado periodo social siempre y cuando se especifiquen claramente los actos comprendidos por la autorización general, su naturaleza, sus partes y la temporalidad de los mismos.

En caso de autorizaciones generales los administradores deben llevar un registro de las operaciones que realicen y que se encuentren comprendidas dentro de este tipo de autorización y presentarlo en la reunión ordinaria del periodo siguiente del máximo órgano social.

Teniendo entonces claros los deberes de los administradores planteados supra, el artículo 200 del Código de Comercio, modificado por el artículo 24 de la Ley 222 de 1995, consagra el régimen de responsabilidad especial al que se encuentran sometidos los administradores el cual goza de las siguientes características:

- Se trata de un régimen de responsabilidad de carácter subjetivo, por cuanto se exige dentro de los elementos configurantes de su responsabilidad, un factor de imputación de tipo netamente subjetivo, como lo es la culpa o el dolo en el actuar del administrador, con lo cual, el demándate-victima deberá establecer: la conducta cometida por el administrador, el daño, el nexo de causalidad entre la conducta y el daño ocasionado; y adicional a ello, que la conducta fue realizada por el administrador con dolo o culpa.

Con relación al criterio de imputación subjetivo, señala Gustavo Beltrán Valencia:

> El factor de imputación es el fundamento que el ordenamiento jurídico tiene en cuenta para que se establezca jurídicamente la obligación de reparar un daño causado en cabeza de una persona.

> Dependiendo de si estamos ubicados en un tipo de responsabilidad subjetiva u objetiva, el factor de atribución será igualmente subjetivo u objetivo, pues cuando nos referimos a responsabilidad subjetiva el fundamento que tiene en cuenta el ordenamiento jurídico para establecer la obligación de reparar es que el agente causante del perjuicio haya actuado o bien con culpa o bien con dolo, ambos, factores atributivos de carácter subjetivo, en la medida que en ambos se requiere efectuar un juicio de valor sobre la conducta desarrollada por el agente causante del daño.
> El Código Civil asimila la culpa al descuido o la negligencia cuando señala que:" es la falta de aquella diligencia y cuidado que los hombres emplean ordinariamente en sus propios negocios". Y el mismo estatuto civil define el dolo como "la intención positiva de inferir injuria a la persona o propiedad de otro". Quiere decir lo anterior que, ante la ausencia de dolo o culpa en un tipo de responsabilidad subjetiva, no se podrá imputar jurídicamente responsabilidad ni, por ende, obligación de indemnizar al causante del daño, por ausencia de un factor de atribución de carácter subjetivo. (2016, p. 29).

- Se establece una responsabilidad solidaria e ilimitada de los administradores por los daños que con dolo o culpa le causen, o bien a la sociedad, o bien a los socios, o bien a terceros, con lo cual el perjudicado podrá perseguir la totalidad de la indemnización de los perjuicios sufridos, persiguiendo el patrimonio de todos, o de algunos o de algún administrador, sin que a estos le sea dable proponer el beneficio de división de la obligación, o de excusión (Artículo 1571 del Código Civil).
- En los casos en los cuales el administrador haya incumplido o se haya extralimitado en sus funciones, haya violado la ley o los estatutos, o cuando haya propuesto o ejecutado la distribución de utilidades en contravía de los dispuesto en el artículo 151 del Código de Comercio (esto es, sin que estas se hayan justificado en balances reales o fidedignos o sin haber previamente absorbido las pérdidas de ejercicios anteriores que hubiesen afectado el capital), se presumirá la culpa del administrador, con lo cual se invierte la carga de la prueba a favor de la víctima, pues esta no tendrá que probar el actuar doloso o culposo del administrador, sino que para exonerarse de responsabilidad, el administrador tendrá que desvirtuar dicha presunción demostrando que actuó con la debida diligencia y cuidado en el cumplimiento de sus funciones. Se trata entonces de una presunción de orden legal, pues admite prueba en contrario.

En el evento de presunción de culpa por no haber observado el administrador lo consagrado en el artículo 151 del Código de Comercio, este responderá por las sumas dejadas de repartir o distribuidas en exceso y por los perjuicios a que haya lugar.

Por presunción, se entiende según Gustavo Beltrán Valencia: "... aquel juicio lógico que el operador jurídico, llamado legislador, juez o abogado, efectúa, teniendo en cuenta las reglas generales de la experiencia, para tener como cierto o como probable un hecho, partiendo de hechos debidamente probados". (2016, p. 42).

- El administrador, a quien se le endilga responsabilidad, no solamente se puede exonerar de la misma demostrando que actuó con diligencia y cuidado, sino también demostrando una causa extraña generadora del perjuicio, que consecuentemente destruya el nexo de causalidad, tales como: fuerza mayor o caso fortuito, hecho o culpa exclusiva de un tercero, hecho o culpa exclusiva de la víctima; adicionalmente el administrador se exonera de responsabilidad si no ha tenido conocimiento de la acción u omisión, o ha votado en su contra, siempre y cuando no la ejecute.
- Si el administrador es persona jurídica, la responsabilidad respectiva será de ella y de quien actúe como su representante legal (Penúltimo inciso del artículo 200 del Código de Comercio).
- Serán ineficaces de pleno derecho, sin necesidad de declaración judicial, las cláusulas estatutarias que exoneren de responsabilidad a los administradores o que limiten la misma al valor de la cobertura de los seguros o garantías que hayan otorgado para ejercer sus funciones (Inciso final del artículo 200 del Código de Comercio, y artículo 897 del Código de Comercio).

En contravía de este régimen de responsabilidad especial de los administradores establecido en el artículo 200 del Código de Comercio, en donde como decíamos se consagra en determinadas circunstancias una presunción de culpa en contra del administrador, facilitando para la víctima la configuración de la responsabilidad patrimonial en cabeza del administrador, el Decreto 046 de 2024 trajo consigo el régimen anglosajón del *Business Judment Rule,* bajo la denominación de la deferencia al criterio empresarial del administrador[6]. Frente a la deferencia al criterio empresarial señala Juan Antonio Gaviria Gil:

---

[6] No obstante, su consagración expresa en el Decreto 046 de 2024, en el ámbito jurisprudencial son variadas las providencias proferidas por la Superintendencia de Sociedades en ejercicio de funciones jurisdiccionales donde se hace uso de la figura, e igualmente la Corte Suprema de Justicia en sentencia SC2749 del año 2021 hace aplicación de la misma.

> En Estados Unidos, la conocida Business Judment Rule, conocida como la regla de la discrecionalidad en español, indica que salvo en incumplimientos de deberes fiduciarios, los jueces no deben declarar civilmente responsables a los administradores de una compañía por decisiones que, a posteriori, fracasaron, pero que, en su momento, cuando se tomaron, se consideraba razonablemente que podían ser exitosas. En otras palabras, la suerte de los negocios debe decidirse en las salas de junta directiva y no en las de los juzgados. (2024, p. 76 y 77).

En términos generales lo que se plantea con esta regla es que los jueces *ex post* no deben entrar a controvertir y deben de respetar las decisiones de negocios que hayan tomado los administradores en el ejercicio de su gestión, aun en el evento de que estas decisiones no hayan redundado en beneficio para la sociedad; con lo cual, los jueces solo se pueden inmiscuir en la actuación del administrador para entrar a endilgarles responsabilidad patrimonial, cuando estos tomaron la decisión sin informarse, de mala fe, de forma ilegal, o en conflicto de interés.

Así las cosas, con este régimen de la deferencia al criterio empresarial la víctima, sea la sociedad, los socios, o terceros, queda sometida a una carga probatoria mucho más severa, en tanto debe demostrar que el administrador actuó de mala fe, de forma ilegal, no informada o en conflicto de interés para que el juez societario entre a analizar su posible responsabilidad patrimonial por los daños ocasionados.

Como manifiesta Lina María López Gómez: "En resumen, la BJR es una regla de valoración que a través de una presunción de hecho favorece a los administradores que, sin haber violado sus deberes fiduciarios, han sido demandados por decisiones de negocio". (2023, p. 177).

De cualquier forma, este Decreto 046 corre el riesgo de ser eliminado de nuestro sistema jurídico comercial en la medida en que reglamenta una figura (criterio de deferencia al criterio empresarial) que no se encuentra expresamente consagrada en nuestro régimen jurídico societario.

Ahora bien, cuando los perjuicios por el actuar doloso o culposo del administrador los sufre alguno de los socios o un tercero, estos poseen una acción individual de responsabilidad de carácter extracontractual; y en cambio, cuando los perjuicios los tiene es la sociedad, el legislador mercantil le concedió una acción especial, que es la denominada acción social de responsabilidad (artículo 25 de la Ley 222 de 1995). Al respecto, señala Juan Pablo Calle Gallego:

> De la mano con la responsabilidad del administrador, la ley 222 consagra las vías procesales para el saneamiento de los perjuicios de aquellos que se vieron afectados por el actuar de los administradores.
> En primer lugar, de la lectura de los artículos estudiados y desarrollados en el apartado del régimen de administradores, se desprende la acción individual. Dicha acción la detenta el socio o accionista perjudicado y debe contar con una legitimación para actuar. La legitimación para actuar se comprende del perjuicio causado al actor, la violación del deber de conducta por parte del administrador y el nexo causal entre estos dos conceptos. Aquí lo que se busca es la reintegración del patrimonio personal.
> Por otro lado, y expresamente establecida en el artículo 25 de la ley 222 se encuentra la acción social de responsabilidad. Esta acción pretende reintegrar el patrimonio de la sociedad que se vio afectado por la acción u omisión del administrador. (2020, p. 11).

Dentro de las características de esta acción social de responsabilidad, tenemos a las siguientes:

- La legitimación por activa para el ejercicio de esta acción la posee la compañía, y los legitimados por pasiva serán los administradores a quienes se les pretende declarar su responsabilidad por los daños ocasionados a aquella.

  El órgano social facultado para tomar la decisión de iniciar esta acción es la asamblea general de accionistas o junta de socios, según el caso, con una mayoría decisoria de por lo menos la mitad más uno de las acciones, cuotas o partes de interés representadas en la reunión; así mismo, la decisión la puede tomar este órgano social así no conste en el orden del día.

- La decisión de la asamblea general de accionistas o junta de socios de iniciar la acción social de responsabilidad implicará la remoción del administrador de su cargo, con lo cual, es dable pensar que, la compañía debe tener motivos serios y fundados para el ejercicio de la acción, y no que, por el contrario, se convierta simplemente en un mecanismo utilizado de manera abusiva por la sociedad tendiente a remover al administrador de su cargo.

- Además de los órganos que comúnmente se encuentran facultados para convocar a reunión de la asamblea de accionistas o junta de socios, cuando se trata de estudiar la posibilidad del ejercicio de la acción social de responsabilidad, el legislador también faculta, para convocar a la reunión del máximo órgano social, a un número de socios que representen por lo menos el 20 % de las acciones, cuotas o partes de interés en que se halle dividido el capital social.

- Cuando adoptada la decisión por el máximo órgano social de ejercer la acción social de responsabilidad, esta no se inicie dentro de los tres meses siguientes a la determinación, dicha acción podrá ser ejercida en interés de la sociedad por cualquier administrador, el revisor fiscal o por cualquiera de los socios.

  Así mismo, y dado que lo que se pretende con el ejercicio de esta acción es que el administrador indemnice los perjuicios que sufrió la sociedad como consecuencia de sus actuaciones u omisiones dolosas o culposas, restableciéndose consecuentemente el patrimonio de la sociedad, es que también el legislador legitimó para el ejercicio de esta acción, en interés de la sociedad, a los acreedores sociales que representen por lo menos el 50 % del pasivo externo de la sociedad, cuando el patrimonio de esta no sea suficiente para satisfacer sus acreencias.

- Señala el inciso final del artículo 25 de la Ley 222 de 1995, que el ejercicio de esta acción social se entiende sin perjuicio de los derechos individuales que correspondan a los socios o a terceros.

- Los órganos competentes para conocer del ejercicio de esta acción son la Superintendencia de Sociedades en ejercicio de funciones jurisdiccionales, y el juez civil del circuito (literal b) numeral 5 del artículo 24 y numeral 4 del artículo 29 del Código General del Proceso), mediante el trámite del proceso verbal sumario (artículo 233 de la Ley 222 de 1995). El término de prescripción de esta acción es de cinco años (artículo 235 de la Ley 222 de 1995).

Ahora bien, con relación a la manera como se encuentra diseñada la acción social de responsabilidad en nuestro sistema jurídico societario, se han presentado diversas críticas, entre las cuales se resalta el hecho de que la decisión de ejercerla la toma el máximo órgano social con una mayoría simple, lo cual no se compadece con las estructuras societarias en Colombia donde hay un capital marcadamente concentrado que hace que sea el socio mayoritario el que influya en la elección de los administradores, con lo cual se torna sumamente improbable que este mismo socio apruebe una acción social en contra de los administradores por él designados y que se encuentran claramente alineados con sus intereses. En tal sentido aborda el asunto Laura Victoria Castellanos Hernández al decir que:

> En efecto, que la legitimación de esta acción esté únicamente en cabeza de la sociedad a través de su máximo órgano supone que la decisión para su instauración dependa de la voluntad de los socios de control, es decir, que esté alineada con los intereses del socio mayoritario que ha influido en el

> nombramiento y permanencia del administrador en cuestión, o peor aún, que ostenta la calidad de socio y administrador al mismo tiempo. (2022, p. 2).

Para hacerle frente a esta situación es que el Decreto 046 de 2024 consagro la denominada por la doctrina como acción derivada la cual facilita el ejercicio de la acción social de responsabilidad al legitimar para su ejercicio de forma directa a cualquiera de los socios en interés de la sociedad, lo anterior siempre y cuando no se hubiese iniciado dicha acción por la sociedad.

d. Revisor fiscal

El revisor fiscal es un órgano de fiscalización de la sociedad encargado, entre otras, de vigilar que las operaciones que esta efectúa se ajusten a la ley y los estatutos, de inspeccionar los libros de comercio y demás documentos de la compañía, para establecer que estos efectivamente se enmarcan dentro de los parámetros legales; y asimismo, el revisor fiscal se encarga de emitir certificaciones, informes y dictámenes sobre los estados financieros para comprobar que estos se ajustaron a las reglas de contabilidad aceptadas (Artículos 207 y 208 del Código de Comercio).

De todos estos aspectos, el revisor fiscal rinde informe al máximo órgano social de la compañía, esto es, a la asamblea general de accionistas o a junta de socios, según el caso (Artículo 209 del Código de Comercio). Así mismos, establece el parágrafo 1 del artículo 2.2.2.3.4 del Decreto 046 de 2024 que si el revisor fiscal tiene conocimiento de un actuar de un administrador en conflicto de interés con la sociedad que administra o que implique competencia con la sociedad, debe de ponerlo en conocimiento por escrito al máximo órgano social y al representante legal de la compañía.

Es de anotar que durante la etapa liquidatoria de la sociedad, el revisor fiscal continúa ejerciendo sus funciones. Únicamente se encuentran obligadas a tener revisor fiscal (artículo 203 del Código de Comercio): las sociedades anónimas y las sociedades en comandita por acciones; las sociedades en las que, por ley o por vía estatutaria, la administración no corresponda a todos los socios, cuando así lo disponga cualquier número de socios excluidos de la administración que representen no menos del 20 % del capital; las sucursales de sociedades extranjeras; y en virtud del parágrafo 2 del artículo 13 de la Ley 43 de 1990, estarán también obligadas a designar revisor fiscal, las sociedades comerciales cuyos activos brutos al 31 de diciembre del año inmediatamente anterior sean o excedan el equivalente a 5000 mil salarios mínimos legales mensuales vigentes, o cuyos ingresos brutos durante este mismo periodo de tiempo hayan sido o excedido la suma de 3000 mil salarios mínimos legales mensuales vigentes.

El órgano competente para su designación es la asamblea general de accionistas o junta de socios, mediante mayoría absoluta; no obstante, tratándose de las sociedades en comandita por acciones, su designación corresponde a los socios comanditarios en la medida en que estos, a diferencia de los gestores, no ejercen la administración de la sociedad. Y en las sucursales de sociedades extranjeras su designación corresponde al órgano competente de acuerdo con los estatutos (Artículo 204 del Código de Comercio).

El cargo de revisor fiscal debe ser ejercido por un contador público, y en caso de que se nombre como tal a una persona jurídica, esta a su vez deberá designar a un contador público que desempeñe directamente las funciones. Junto con el revisor fiscal principal se debe de nombrar a un suplente (Artículo 215 del Código de Comercio).

Ahora bien, en cuanto al periodo del revisor fiscal, en las sociedades con junta directiva su periodo será igual al de esta y en las demás compañías será aquel fijado en los estatutos sociales, pero en todo caso, el revisor fiscal puede ser removido en cualquier tiempo con el voto de la mitad más una de las acciones presentes en la reunión (Artículo 206 del Código de Comercio).

Los artículos 205 y 215 del Código de Comercio, consagran el régimen de prohibiciones e incompatibilidades del revisor fiscal, de tal suerte que, entre otras prohibiciones se consagra que ninguna persona podrá ejercer el cargo de revisor fiscal en más de cinco sociedades por acciones.

Dentro de los derechos del revisor fiscal, se encuentran el que estos poseen voz, pero no voto, en las reuniones de la asamblea general o de la junta directiva, cuando sea efectivamente citado a estas, posee igualmente derecho de inspección sobre los libros y papeles de la sociedad de carácter permanente y se encuentra facultado para convocar a la asamblea general de accionistas o junta de socios (Inciso final del artículo 181 y artículo 213 del Código de Comercio).

Cabe igualmente mencionar que, el revisor fiscal, en el ejercicio de sus funciones, puede estar sometido a diversos tipos de responsabilidad; es así, como estos pueden incurrir en responsabilidad civil por los perjuicios que por dolo o culpa ocasionen a la sociedad, a los socios, o terceros, en el desempeño de sus funciones artículo 211 del Código de Comercio, e igualmente pueden incurrir en responsabilidades de orden penal cuando cometan delitos como la falsedad en documento privado o violación de reserva (artículos 212 y 213 del Código de Comercio).

De otro lado, el revisor fiscal también puede estar sometido a responsabilidades de tipo administrativo, cuando por el no cumplimiento de sus funciones o su cumplimiento culposo se le impongan multas de carácter administrativo por parte de la Superintendencia de Sociedades (Artículos 216 y 217 del Código de Comercio).

Por último, es de subrayar que la fiscalización de las sociedades no solo compete al revisor fiscal, sino que está también se lleva a cabo a través del ejercicio del derecho de inspección que cada uno de los socios tiene para revisar los libros y papeles de la sociedad; derecho de inspección que como bien planteábamos supra, en algunas sociedades es de carácter permanente, por cuanto se puede ejercer en cualquier tiempo; y por el contrario, en otras como las sociedades anónimas, y sociedades por acciones simplificadas es de carácter restringido.

Con todo, en virtud de los establecido en el numeral 24 del artículo 189 de la Constitución Política, corresponde al presidente de la república ejercer la fiscalización de las sociedades comerciales, supervisión que este efectúa a través de la Superintendencia de Sociedades (Artículo 82 de la Ley 222 de 1995).

En este orden de ideas, la Superintendencia de Sociedades ejerce tres tipos o niveles de supervisión sobre las sociedades mercantiles en Colombia, estos son, la inspección, la vigilancia y el control, los cuales operan del menos severo (inspección) al más exigente (control) (artículos 83, 84 y 85 de la Ley 222 de 1995).

Con todo, la Superintendencia de Sociedades también ostenta funciones de carácter jurisdiccional en el ámbito societario en lo que tiene que ver con el régimen de insolvencia empresarial (Ley 1116 de 2006) y para resolver los conflictos societarios[7] relacionados con controversias sobre acuerdos de accionistas, diferencias entre accionistas o entre estos y los administradores, o entre los socios y la sociedad, la acción de impugnación de decisiones sociales, desestimación de la personalidad jurídica, y el abuso del derecho de voto. Numeral 5 del artículo 24 del Código General del Proceso.

---

[7] Mediante Sentencia C-318 de 2023 la Corte Constitucional declaro inexequible la expresión: "la resolución de conflictos societarios" que traía el literal b) del numeral 5 del artículo 24 del Código General del proceso por considerar entre otras, que dicha expresión le concedía una competencia jurisdiccional ambigua e indeterminada a la Superintendencia de Sociedades lo cual no se compadece con los criterios constitucionales que propugnan porque las facultades jurisdiccionales que se le concedan a las entidades administrativas deben de ser precisas, lo que de contera transgrede el debido proceso y la separación de funciones. Artículos 29, 113 y 116 de la Constitución Política.

18. REFORMAS ESTATUTARIAS

Antes de desarrollar el tema de las reformas estatutarias resulta oportuno mencionar como tratándose de operaciones complejas entre grandes empresas, como puede ser las adquisiciones de control, operaciones de fusión, escisión o enajenaciones globales de activos, es usual la utilización de figuras contractuales propias de la práctica jurídica anglosajona. Así, por ejemplo, tenemos, entre otras:

- *Due Dilligence* o debida diligencia: se trata de una investigación sobre los aspectos jurídico-patrimoniales más relevantes de la sociedad o sociedades objetivos *(targets)* para poder proceder a la celebración de un negocio jurídico complejo que involucra la participación de varias sociedades. Entre los asuntos que abarca un *due dilligence* tenemos:
- Corporativos: análisis de estatutos, situaciones de control, limitaciones, capital, libros de comercio, acuerdos de accionistas, actas, gravámenes y enajenación de acciones, etc.
- Reales: Estudio de bienes en propiedad y en mera tenencia, gravámenes, contratos de arrendamiento
- Contractuales: alianzas estratégicas, contratos con proveedores, distribuidores, clientes, fechas de inicio y de terminación, cláusulas de exclusividad, clausulas compromisorias, cláusulas de confidencialidad, cláusulas de no competencia, procedimiento para cesiones contractuales, preavisos, etc.
- Endeudamiento: garantías otorgadas reales y personales, clausulas penales, clausulas aceleratorias.
- Contingencias: seguros y litigios.
- Propiedad intelectual: vencimiento de patentes y diseños, renovación de marcas, contratos de licencia, software, tramites de registros.
- Consumo y protección de datos: política de protección de datos, bases de datos y tratamiento de datos, información, publicidad.
- Otros: análisis tributarios, contables (pasivos, activos, patrimonio, utilidades, flujo de caja), laborales, medio ambientales y de comercio exterior.
- *Warranties and Representations* o cláusulas de declaraciones y garantías: se trata de manifestaciones que una parte en la transacción efectúa a la otra sobre hechos relevantes y para tener en cuenta en

el negocio jurídico a celebrar, garantizándose por el manifestante la exactitud y realidad de los aspectos facticos manifestados.

- MAC (Material Adverse Change) o cláusulas de efecto material adverso: cláusula estipulada para distribuir riesgos que se presenten entre las partes contractuales cuya ocurrencia se puede dar entre la etapa de celebración y cumplimiento del contrato y de esa manera determinar quien asume determinados riesgos en eventos tales como: cambios drásticos en el mercado, circunstancias económicas que impacten negativamente la industria donde se desenvuelven las sociedades, aumentos excesivos de costos de producción, escándalos de corrupción con directivos, cambios regulatorios, pasivos ocultos, etc.

  En términos generales, Cambio Material Adverso puede definirse como cualquier cambio significativo en el negocio, en sus activos en la condición financiera de la compañía objetivo susceptible de afectar el proceso decisorio del comprador. En este sentido, la materialidad no se limita al análisis del hecho por el hecho, por el contrario, debe valorarse en el contexto teniendo en cuenta su aptitud o para modificar de forma razonable la decisión de compra. (Carreño, 2024, p. 151).

Las cláusulas MAC son sumamente útiles en procesos de adquisición de acciones dado que nuestra jurisprudencia considera que el saneamiento por vicios ocultos en la compra de acciones no cobija aspectos que afecten el patrimonio de la sociedad a adquirir, sino únicamente el titulo accionario[8].

- *Non-Disclosure Agreements* o cláusulas de confidencialidad: dada la información confidencial que en una negociación societaria se puede eventualmente poner a disposición de las partes, es que se suele pactar cláusulas de confidencial en aras de evitar su uso, divulgación o explotación para fines distintos a los expresamente autorizados. Indica Gustavo Beltrán que:

> Por secreto industrial o empresarial se entiende toda aquella información no divulgada referente a cualquier actividad productiva, industrial o comercial, cuyo titular ha tomado todas las medidas necesarias para mantener en secreto, que tiene un valor económico por ser secreta, y que es susceptible de transferirse a terceros. Artículo 260 de la Decisión 486 de 2000.
>
> Dentro de lo que se puede catalogar como secreto industrial o empresarial tenemos, por ejemplo: el *know how* o saber hacer, las bases de datos, listas de clientes y proveedores, planes o modelos de negocio, campañas publici-

---

8 Al respecto sentencia del 16 de diciembre de 2013 de la Corte Suprema de Justicia. Expediente: 11001-3103-023-1997-04959-01. Magistrado Ponente: Ariel Salazar Ramírez.

> tarias, códigos fuentes, ideas que se quieran mantener bajo confidencialidad, recetas de productos, etc. Así las cosas, tenemos que el término de protección de los secretos industriales o empresariales va a ser mientras la información objeto del secreto permanezca oculta. (2024, p. 203).

Así las cosas, volviendo al tema de las reformas estatutarias tenemos que las sociedades no pueden permanecer pétreas e indiferentes frente a las circunstancias que en un momento dado la rodeen, de ahí que muchas veces se vea en la necesidad de modificar sus estatutos para amoldarse a las nuevas situaciones que se presenten, y de esa forma, lograr un mejor y más eficiente cumplimiento de su objeto social en aras de la realización de sus fines.

En este orden de ideas, corresponde al máximo órgano social de la compañía, esto es, la asamblea general de accionistas o junta de socios, según el caso, el estudio y la realización de las modificaciones estatutarias que consideren pertinentes (Numeral 1 del artículo 187 del Código de Comercio). Ahora bien, los pasos a seguir para realizar una reforma a los estatutos sociales son:

- Convocatoria válida a reunión de asamblea general de accionistas o junta de socios, según el caso.
- Reunión de la asamblea o junta de socios mediante el cuórum deliberatorio establecido en la ley o en los estatutos para la realización de reformas al contrato social.
- Aprobación de la reforma por parte de la asamblea o junta de socios mediante la mayoría decisoria requerida en la ley o en los estatutos para la modificación de los estatutos, a partir de este momento, la reforma estatutaria produce efectos entre los socios (artículo 158 del Código de Comercio).

Es de anotar, que cuando se trata de una sociedad sometida al nivel de supervisión de control por parte de la Superintendencia de Sociedades, la solemnización de cualquier tipo de reforma estatutaria debe de ser autorizada previamente por esta entidad (Numeral 2 del artículo 85 de la Ley 222 de 1995); y cuando se trata de sociedades sujetas al nivel de supervisión de vigilancia por parte de la Superintendencia de Sociedades, esta entidad debe de autorizar las reformas que pretendan efectuar dichas sociedades de fusión o de escisión (Numeral 7 del artículo 84 de la Ley 222 de 1995).

- Expedición de un acta (artículo 189 del Código de Comercio), la cual cumple efectos probatorios de la efectiva realización de la reforma.
- El acta se lleva a escritura pública, salvo que se trate de sociedades tradicionales que se hayan constituido a la luz de la Ley 1014 de

2006, o que se trate de sociedades por acciones simplificadas, pues en estos casos, la reforma se puede realizar por documento privado (Artículo 29 de la Ley 1258 de 2008).

- La inscripción de la escritura pública o del documento privado de la reforma, según el caso, en el registro mercantil de la Cámara de Comercio con jurisdicción en el domicilio de la sociedad, numeral 9 del artículo 28 del Código de Comercio, dicha inscripción tiene como finalidad dotar de oponibilidad frente a terceros a la reforma estatutaria efectuada (Artículo 158 del Código de Comercio, y artículo 29 de la Ley 1258 de 2008).

La escritura pública o el documento privado de reforma, según el caso, también se debe de inscribir en las Cámaras de Comercio de los lugares donde la sociedad tenga sucursales (Artículo 160 del Código de Comercio).

El artículo 162 del Código de Comercio, menciona como reformas estatutarias a la disolución anticipada de la sociedad, la fusión, la transformación y la restitución de aportes a los asociados, dado que esta última implica disminución del capital de la sociedad.

Sin embargo, es de resaltar que, aparte de estas que menciona expresamente como reformas el legislador mercantil, existen otra serie de actos que igualmente se consideran como reformas estatutarias, a saber, y a título meramente enunciativo: la enajenación de partes de interés y cuotas sociales, la ampliación del término de duración de la sociedad, la modificación del objeto social, el cambio de domicilio (artículo 165 del Código de Comercio modificado por el artículo 154 del Decreto 19 de 2012), el aumento del capital social en las sociedades por cuotas o partes de interés, el aumento del capital autorizado en las sociedades por acciones, la disminución del capital tanto interno como externo, el cambio de la denominación o razón social de la sociedad, según el caso, etc. Con todo, dentro de las reformas estatutarias más relevantes en el derecho societario tenemos a la transformación, la fusión y la escisión, por lo que veamos cada una de ellas:

a. La Transformación

En virtud de esta reforma estatutaria, una sociedad, antes de su disolución, cambia su tipo societario a otro de los regulados en el Código de Comercio, sin que se produzca solución de continuidad en la existencia de la sociedad como persona jurídica, ni en sus actividades, ni en su patrimonio (Artículo 167 del Código de Comercio).

Dentro de las razones que pueden llevar a una sociedad a transformarse, se encuentran, por ejemplo: el límite legal de socios en la sociedades de responsabilidad limitada, la búsqueda de la facilidad en la negociación de aportes sin tener que acudir al régimen de las reformas estatutarias, la modificación del régimen de responsabilidad de los socios por las obligaciones sociales, la búsqueda de mecanismos más amplios de financiación, la búsqueda de un régimen societario con más amplio margen de acción de la autonomía de la voluntad, etc. Por otro lado, es necesario tener en cuenta que no es procedente la transformación en los siguientes casos:

- El cambio de un tipo societario civil al mismo tipo societario comercial o viceversa, esto en la medida en que no se trataría de un cambio en la forma del tipo societario adoptado, sino que más bien se trataría de una reforma estatutaria de cambio del objeto social.
- No es posible la transformación de sociedad de hecho a algún tipo societario regulado en el Código de Comercio, por dos razones fundamentales; la primera, por cuanto la transformación debe ocurrir antes de la disolución de la sociedad, y como veíamos supra, las sociedades de hecho se encuentran en permanente estado de disolución; y la segunda razón, es porque en la transformación no hay solución de continuidad en la sociedad como persona jurídica, y en las sociedades de hecho no se forma una persona jurídica distinta a los socios individualmente considerados. Consecuentemente con lo anterior, si una sociedad de hecho quisiera adoptar cualquiera de los tipos societarios regulados en el Código de Comercio, tendría que previamente liquidarse y una vez liquidada proceder a la constitución del tipo societario.
- Cuando la sociedad se encuentre disuelta, tampoco es posible la transformación por expresa disposición legal (inciso 1 del artículo 167 del Código de Comercio).
- No es posible la transformación de sociedad comercial a entidad sin ánimo de lucro (ESALES) o viceversa, por cuanto se trata de entes de naturaleza jurídica distinta; por tanto, en caso de que una ESAL pretendiera volverse sociedad o viceversa, previamente se tendría que disolver y liquidar para poder luego constituirse en sociedad.

Al respecto, manifestó la Superintendencia de Sociedades en Oficio EX 21880 del 17 de diciembre de 1987, que:

> No es posible que una corporación adopte las figuras jurídicas previstas para las sociedades mercantiles y menos aún la transformación, si se tiene en cuenta que esa operación implica una simple reforma estatutaria que modi-

> fica únicamente su estructura jurídica y deja incólume el sujeto de derecho inicialmente creado (sociedad), razón por la cual se afirma que la transformación no produce solución de continuidad en la existencia de la sociedad como persona jurídica, ni en sus actividades, ni en su patrimonio (C.Co. art. 167, inc. 2).

- Tampoco se habla de transformación tratándose del cambio de una empresa unipersonal a sociedad o viceversa, pues en tales eventos el fenómeno jurídico que ocurre es el de la conversión (Artículos 77 y 81 de la Ley 222 de 1995).

Ahora bien, dentro de los pasos que hay que agotar para proceder a una transformación societaria tenemos:

- Convocatoria a reunión de la asamblea general de accionistas o junta de socios, según el caso, de la sociedad que pretende transformarse, teniendo presente que esta convocatoria se debe de hacer con 15 días hábiles de anticipación y que en el aviso de la misma se debe indicar que se tocará el punto referente a la transformación, así como que los socios ausentes o disidentes van a poder ejercer el derecho de retiro o receso (Artículo 13 de la Ley 222 de 1995).
- Reunión de la asamblea o junta de socios, según el caso, en cuyo seno se aprueba la transformación de la sociedad, con el cuórum y las mayorías decisorias propias para hacer reformas estatutarias de conformidad con la ley y los estatutos, y en donde, igualmente, se aprueban los estatutos adoptados para la nueva forma de sociedad y un balance general que sirve de base para el capital de la sociedad transformada, dicho balance debe ser igualmente autorizado por un contador público (artículos 170 y 171 del Código de Comercio).

Con todo, tratándose de la transformación de sociedades por acciones simplificadas a cualquier otro de los tipos societario, regulados en el Código de Comercio, o viceversa, la decisión se debe de tomar por unanimidad de los asociados representantes del 100 % de las acciones en que se divide el capital de la sociedad (Artículo 31 de la Ley 1258 de 2008).

Al respecto, indica la Superintendencia de Sociedades en Oficio 220-019608 del 9 de febrero de 2018, que:

> Toda sociedad, cualquiera sea el tipo, puede transformarse en S.A.S antes de su disolución. Para ese fin es necesario que la asamblea general de accionistas o en su caso la junta de socios así lo decida, con el voto favorable de los socios titulares de la totalidad de las cuotas que integren el capital social, previa aprobación de los nuevos estatutos de la sociedad y de un balance extraordinario con fecha máximo un mes antes de la transformación.

- Se expide un acta la cual se lleva a escritura pública y en la cual se inserta el balance general que sirve de base para el capital de la sociedad transformada (artículo 170 del Código de Comercio). Con todo, cuando se trata de transformación de sociedades por acciones simplificadas, esta reforma se puede efectuar por documento privado, o necesariamente mediante escritura pública cuando esta reforma implique la transferencia de bienes sujetos a esta formalidad (Artículo 29 y 31 de la Ley 1258 de 2008).

Al respecto, afirman Iván René Cortes Albornoz y Ruby Stella Jaramillo Marín, que:

> Por otra parte, conforme a lo preceptuado en el artículo 158 del Código de Comercio, toda reforma del contrato de sociedad debe ser por escritura pública e inscrita en la cámara de comercio, debido a que la transformación de la sociedad es una reforma estatutaria. Pero como las SAS pueden constituirse por documento privado, exceptuando los casos en los cuales se aporten a la sociedad bienes que requieran para su perfeccionamiento en la tradición de escritura pública, lo que significa que la transformación de la sociedad debe realizarse en documento privado, toda vez que la inscripción del mismo ante la cámara de comercio correspondiente se equipara a la escritura pública de transformación que reclama el artículo 158. (2016, p. 83).

Igualmente, es de tener en cuenta que, en las sociedades tradicionales que se hubiesen constituido a la luz de la Ley 1014 de 2006, sus reformas estatutarias, entre ellas la transformación, también se pueden efectuar por documento privado.

- La escritura pública o el documento privado de transformación, según el caso, se debe de inscribir en el registro mercantil, para efectos de oponibilidad frente a terceros (Numeral 9 del artículo 28 del Código de Comercio y artículos 29 y 31 de la Ley 1258 de 2008).

Cuando se trata de sociedades sujetas al nivel de supervisión de control por parte de la Superintendencia de Sociedades, dicha transformación requiere de autorización previa de esta entidad para su correspondiente solemnización e inscripción (Numeral 2 artículo 85 de la Ley 222 de 1995).

Por último, es de subrayar que la transformación no tiene efectos retroactivos, de tal suerte que, sin con esta reforma se modifica la responsabilidad de los socios frente a terceros por las deudas sociales, esta modificación solamente operará a partir de las obligaciones contraídas por la sociedad con posterioridad a la inscripción de la transformación en el registro mercantil (Artículo 169 del Código de Comercio).

b. Fusión

Como su nombre lo indica, se habla de fusión cuando se presenta una concentración, una suma de sociedades, generando como consecuencia un ente más fuerte patrimonialmente hablando. Frente a este tipo de reforma, indicó la Superintendencia de Sociedades en Concepto 220-5685 del 19 de febrero de 2004, que:

> La fusión que es en sí misma una reforma estatutaria sujeta al trámite previsto en los artículos 158 y 162 idem [C.de Co.], está regulada en su concepción legal como una intrincada operación que no solamente representa la extinción de una o varias sociedades, sin liquidar, sino que implica también la consolidación patrimonial en una sociedad nueva o en otra ya existente y la consiguiente integración de dos sociedades.

En este orden de ideas, podemos afirmar que existen diferentes tipos de fusión, así tenemos:

Fusión por absorción: ocurre cuando una o más sociedades se disuelven sin liquidarse (extinción societaria) para ser absorbidas por una sociedad que ya existe; es decir, los patrimonios de las sociedades que se disuelven son absorbidos por el patrimonio de una sociedad ya existente (Artículo 172 del Código de Comercio).

Fusión por creación: ocurre cuando dos o más sociedades se disuelven sin liquidarse (extinción societaria) para crear una nueva sociedad; en otras palabras, el patrimonio de las sociedades que se disuelven, no se liquida, sino que estos se concentran para la creación de una nueva sociedad (Artículo 172 del Código de Comercio).

Fusión impropia: ocurre cuando se constituye una nueva sociedad para continuar con los negocios de una sociedad que se encuentra disuelta y en estado de liquidación; ahora bien, para poder proceder a este tipo de reforma se requiere que no haya variaciones en el giro de sus negocios y que se lleve a cabo dentro de los seis meses siguientes a la fecha de su disolución (Artículo 180 del Código de Comercio).

Ahora bien, es necesario distinguir esta reforma de fusión impropia de la denominada reconstitución del artículo 250 del Código de Comercio, en virtud de la cual una sociedad que se encuentra disuelta y en estado de liquidación puede, por acuerdo unánime de todos los socios, prescindir de su liquidación y constituir en su lugar una nueva sociedad que continúe con la empresa social de la sociedad disuelta.

Al respecto ha expresado la Superintendencia de Sociedades en Oficio 2020-034934 del 25 de mayo de 2012, refiriéndose a su Oficio 220-084968 que:

En otro aparte del referido Oficio, en relación con las dos figuras que hemos comentado se dijo:

a. Mientras que la fusión impropia se encuentra incorporada en la sesión del Estatuto Mercantil relativa a la fusión en general, la reconstitución hace parte del capítulo atinente a la liquidación del patrimonio social.

b. Mientras que la fusión impropia hace parte del género de la fusión, la reconstitución no se encuentra comprendida dentro de dicho género, aunque por disposición legal le resulten aplicables en lo pertinente las reglas relativas a la fusión.

c. Mientras que en la fusión impropia el nacimiento de la nueva sociedad es una consecuencia de dicha fusión, en la reconstitución el surgimiento del nuevo ente societario obedece a la voluntad de todos y cada uno de los asociados de no seguir con la liquidación de la compañía para en su lugar continuar desarrollando los negocios de esta a través de la naciente persona jurídica, configurándose de esta suerte un verdadero contrato de sociedad.

d. Mientras que para optar por la fusión impropia se necesita de la mayoría prevista en los estatutos para la fusión o en su defecto para la disolución anticipada, para la reconstitución se requiere de la unanimidad de todos los socios o accionistas.

e. En tanto que para la fusión impropia hay lugar al derecho de retiro de los asociados, para la reconstitución no procede el ejercicio del mencionado derecho por no existir socios ausentes o disidentes.

f. Mientras que para la fusión impropia se impone la prohibición de que se varíe el giro ordinario de las actividades o negocios de la sociedad disuelta, para la reconstitución si bien la misma está diseñada primordialmente para continuar con la empresa social de la compañía disuelta, tal hecho no impide que además de dicha empresa se puedan adelantar otras operaciones en la nueva sociedad.

g. En tanto que para llevar a cabo la fusión impropia la ley impone un límite temporal de seis meses contados a partir de la disolución, para la reconstitución se puede llevar a cabo la operación en cualquier momento del trámite liquidatorio, claro está, siempre y cuando no haya sido inscrita en el registro mercantil el acta contentiva de la cuenta final de liquidación de la sociedad.

Fusión Abreviada: consagrada en el artículo 33 de la Ley 1258 de 2008, ocurre cuando una sociedad detenta más del 90 % de las acciones de una sociedad por acciones simplificada, aquella puede absorber a esta; ahora bien, lo interesante de esta reforma estatutaria es que la determinación de llevarla a cabo puede provenir de los órganos de administración (representantes legales o juntas directivas) de las sociedades participantes en el proceso de fusión.

Este tipo de fusión se puede realizar por documento privado inscrito en el registro mercantil, salvo que dentro de los bienes a transferirse existan bienes cuya enajenación requiera de escritura pública, pues en tal caso, la reforma deberá llevarse a cabo por escritura pública inscrita en el registro mercantil.

Señala el legislador que esta reforma puede dar lugar a la acción de oposición judicial prevista en el artículo 175 del Código de Comercio, para que los terceros puedan exigir garantía satisfactorias y suficientes para el pago de sus créditos, y da lugar igualmente a que los socios ausentes o disidentes puedan ejercer el derecho de retiro en los términos de la Ley 222 de 1995, lo que consecuentemente implica que cuando la decisión la tomaron los órganos de administración de las sociedades involucradas en la operación, este derecho de retiro o receso se encuentra radicado en cabeza de todos los asociados.

El texto del acuerdo de fusión debe ser publicado en un diario de amplia circulación nacional de conformidad con los términos de la Ley 222 de 1995. Con todo, es de anotar que conforme al artículo 31 de la Ley 1429 de 2010, cualquier sociedad en estado de liquidación privada podrá ser parte de un proceso de fusión o escisión. Por otro lado, el trámite del proceso de fusión debe de agotar las siguientes etapas:

a. Etapa de conversaciones: en esta etapa se analiza por parte de los administradores y los socios mayoritarios de las sociedades involucradas en una futura fusión, sobre las ventajas y la viabilidad de llevarla a cabo. De esta etapa puede surgir un compromiso de fusión el cual debe contener lo consignado en el artículo 173 del Código de Comercio, esto es: los motivos de la proyectada fusión y las condiciones en que se efectuará; los datos y cifras, tomados de los libros de contabilidad de las sociedades interesadas, que sirvieron de base para establecer las condiciones en que se realizará la fusión; la discriminación y valoración de los activos y pasivos de las sociedades que serán absorbidas y de la absorbente; un anexo explicativo de los métodos de evaluación utilizados y del intercambio de participaciones que implicará la operación; y copias certificadas de los balances generales de las sociedades participantes.

b. Reunión de la asamblea o junta de socios: por separado, el máximo órgano social de cada sociedad participante en el proceso de fusión se reúne en asamblea o junta con el fin de aprobar el compromiso de fusión elaborado, aprobación que requiere el cuórum y las mayorías propias, para adoptar una reforma estatutaria (Artículo 173 del Código de Comercio).

   Con todo, señala el parágrafo del artículo 31 de la Ley 1258 de 2008, que se requerirá unanimidad de las acciones suscritas en aquellos casos en los que, por virtud de un proceso de fusión, de escisión o mediante cualquier otro negocio jurídico opere el tránsito de una sociedad por acciones simplificada a otro tipo societario o viceversa.

   La convocatoria a esta reunión se debe de efectuar con por lo menos 15 días hábiles de anticipación a la reunión, y en esta se debe incluir el punto relativo a la fusión y que los socios ausentes o disidentes podrán ejercer el derecho de retiro (artículo 13 de la Ley 222 de 1995).

c. Etapa de Publicidad: una vez ha sido aprobado el compromiso de fusión por parte del máximo órgano social, este se debe de publicar en un diario de amplia circulación nacional, aviso que debe contener lo consagrado en el artículo 174 del Código de Comercio.

   Adicionalmente, el representante legal de cada sociedad participante debe de comunicar el acuerdo de fusión a cada uno de los acreedores sociales, mediante telegrama o cualquier otro medio que produzca efectos similares (Artículo 11 de la Ley 222 de 1995 el cual remite al inciso 2 del artículo 5 de la misma ley).

d. Etapa de garantías: dentro de los 30 días siguientes a la fecha de publicación del acuerdo de fusión, los acreedores de la sociedad o sociedades absorbidas pueden exigir garantías satisfactorias y suficientes para la cancelación de sus acreencias, para lo cual instauraran ante el juez la denominada acción de oposición judicial.

   Si la solicitud es procedente, el juez suspenderá el proceso de fusión respecto de la sociedad deudora hasta tanto se presenten las garantías suficientes, o en subsidio, se cancele el crédito.

Si vencido el término de los 30 días, no se ejerce la acción de oposición judicial, u otorgadas las garantías correspondientes, según el caso, las obligaciones de las sociedades absorbidas con sus garantías continuaran solamente respecto de la sociedad absorbente (artículo 175 del Código de Comercio).

e. Etapa de permisos: cuando alguna de las sociedades participantes en la fusión se encuentra en grado de supervisión de vigilancia o de control, se requiere autorización para poderla efectuar por parte de la Superintendencia de Sociedades (Numeral 7 del artículo 84 y numeral 2 del artículo 85 de la Ley 222 de 1995).

   Igualmente se requerirá autorización de la Superintendencia Financiera si alguna de las sociedades involucradas en la fusión es una institución financiera (Artículo 228 de la Ley 222 de 1995).

   Con todo, también se requerirá autorización por parte de la Superintendencia de Industria y Comercio, cuando alguna de las sociedades participantes se encuentre inmersa en alguno de los requisitos establecidos por el artículo 9 de la Ley 1340 de 2009, esto es, cuando en conjunto o individualmente consideradas, las empresas que se dediquen a la misma actividad económica o participen en la misma cadena de valor, hayan tenido durante el año fiscal anterior a la operación ingresos operacionales o activos totales superiores a los 60.000 salarios mínimos legales mensuales vigentes, y cuenten con el 20 % o más del mercado relevante.

Lo anterior, con el fin de evitar que, con esta fusión, se configure una práctica restrictiva a la libre competencia en la modalidad de *trust.* Al respecto señala Gustavo Beltrán Valencia:

> El trust consiste en la concentración de empresas bajo cualquiera de sus modalidades, y que, como consecuencia de esta, conlleva a una limitación o eliminación indebida de la competencia dentro de un mercado especifico. (...) Ahora bien, la concentración de empresas no es una conducta prohibida per se, solamente tendrá una connotación reprochable y antijuridica, cuando con la operación se restrinja indebidamente la competencia dentro del mercado. Artículo 1 de la Ley 155 de 1959 y artículo 46 del Decreto 2153 de 1992. Para evitar la configuración de un trust como una práctica restrictiva, nuestra legislación consagra un control previo, en virtud del cual, las empresas que reúnan ciertos requisitos y se propongan llevar a efecto una operación de concentración empresarial, deberán informarle, en algunos casos, o informarle y obtener autorización en otros, a la Superintendencia de Industria y Comercio para poder llevarla a cabo. Artículo 9 de la Ley 1340 de 2009. (2020, p. 119).

Adicionalmente, si una de las sociedades involucradas en la operación de fusión tiene emisión de bonos vigente, esta no podrá fusionarse sin que previamente obtenga la autorización de la asamblea de tenedores de bonos (aprobación que debe de corresponder en asamblea de tenedores con el voto de un numero plural de tenedores que representen por lo menos el 80 % del préstamo insoluto), autorización que no se requiere si la sociedad ofrece alguna de las siguientes alternativas: reembolso del préstamo; reemplazo de los bonos emitidos por otros con características idénticas o mejores emitidos por la nueva sociedad resultante de la fusión, esto a consideración de la Superintendencia Financiera; o una garantía satisfactoria a juicio de la Superintendencia Financiera que cubra el monto del capital e intereses proyectados para la vigencia del préstamo (artículo 6.4.1.1.42. Decreto 2555 de 2010).

f. Formalización de la Fusión: se efectúa mediante escritura pública, a la cual se le debe de insertar lo contenido en el artículo 177 del Código de Comercio. Con todo, si la sociedad se había constituido conforme a los presupuestos de la Ley 1014 de 2006, esta reforma estatutaria se puede realizar por documento privado, salvo, que la operación implique transferencia de bienes cuya enajenación requiera de escritura pública, pues, en tal caso, necesariamente la reforma de fusión se tendrá que efectuar observando esta solemnidad.

g. Inscripción: La escritura pública de fusión se debe de inscribir en el registro mercantil de la Cámara de Comercio del domicilio social de cada una de las sociedades involucradas en la fusión y en el de sus sucursales si las tuvieren (Numeral 9 artículo 28 y artículos 158 y 160 del Código de Comercio).

   Ahora bien, para la tradición de los bienes inmuebles la escritura pública de fusión se debe de inscribir en la Oficina de Registro de Instrumentos Públicos, lo mismo ocurrirá respecto de bienes cuya tradición requiera de inscripción en registros como el de propiedad industrial, vehículos automotores, naves, aeronaves, etc.; por su parte, la tradición de bienes muebles se efectúa mediante inventario (Inciso 2 artículo 178 del Código de Comercio).

Con respecto a los efectos que produce una fusión societaria tenemos a los siguientes:

- Una vez formalizado el acuerdo de fusión, la sociedad absorbente o la nueva sociedad resultante del proceso de fusión, según el caso, adquirirán todos los derechos, las obligaciones, los bienes, activos, y pasivos, de las sociedades disueltas, en otras palabras, se produce una transferencia en bloque de activos y pasivos de las sociedad o sociedades disueltas y no liquidadas al patrimonio de la nueva sociedad o de la sociedad absorbente (transferencia universal de patrimonios). Inciso 1 del artículo 178 del Código de Comercio.

- Ocurre la extinción de las sociedades participantes en la operación, salvo la nueva que se crea si es una fusión por creación, o la sociedad absorbente si se trata de una fusión por absorción.
- Los socios de las sociedades disueltas y no liquidadas entran a tener participación, y, por lo tanto, a ser socios de la nueva sociedad que se crea o de la sociedad absorbente según el caso (intercambio de partes de interés, cuotas o acciones).

No obstante, esto, tratándose de fusión de sociedades por acciones simplificadas, el parágrafo del artículo 30 de la Ley 1258 de 2008, manifiesta que los accionistas de las sociedades absorbidas podrán recibir dinero en efectivo, acciones, cuotas sociales o títulos de participación en cualquier sociedad, o cualquier otro activo, como única contraprestación en los procesos de fusión que adelanten estos tipos de sociedad, con lo cual, no necesariamente tratándose de fusión de S.A.S. opera el intercambio de participaciones de los socios de las sociedades disueltas en la nueva sociedad o en la sociedad absorbente.

Al respecto es de sumo cuidado analizar que la fusión en la SAS no se haya aprobado con el fin de excluir de forma ilegitima a los socios de las sociedades absorbidas al no tener participación en la sociedad absorbente, pudiéndose entonces configurar un abuso del derecho de voto.

- Los nombres sociales de las sociedades disueltas pueden cancelarse, o, por el contrario, conservarse como marcas o enseñas de la nueva sociedad o de la sociedad absorbente.
- Dado que las obligaciones laborales de las sociedades disueltas continúan en cabeza de la nueva sociedad o de la sociedad absorbente, ocurre el fenómeno de la sustitución patronal en los términos del artículo 67 del Código Sustantivo del Trabajo.
- Cuando en un proceso concursal de reorganización empresarial, el acuerdo al que se llegue implique una fusión del deudor, no operará respecto de este la acción de oposición judicial del artículo 175 del Código de Comercio, ni las disposiciones del Decreto 2555 de 2010, frente a los tenedores de bonos, ni se podrá ejercer el derecho de retiro consagrado en la Ley 222 de 1995, por parte de los socios de la compañía deudora (Artículo 44 de la Ley 1116 de 2006).

- Con respecto a las deudas tributarias de las sociedades disueltas, señala el artículo 319-9 del Estatuto Tributario modificado por el artículo 98 de la Ley 1607 de 2012, que: En todos los casos de fusión, las entidades participantes en la misma, incluyendo las resultantes de dichos procesos sino existieren previamente a la respectiva operación, serán responsables solidaria e ilimitadamente entre sí por la totalidad de los tributos a cargo de las entidades participantes en la fusión en el momento en que la misma se perfeccione, incluyendo los intereses, sanciones, anticipos, retenciones, contingencias y demás obligaciones tributarias.

c. Escisión

A diferencia de la fusión, la escisión implica la división de una sociedad, bien porque destina parte de su patrimonio a la creación de otra u otras sociedades, o a ser absorbido por otra u otras sociedades ya existentes, o bien, porque la sociedad se disuelve, pero en vez de liquidarse divide su patrimonio para la creación de dos o más sociedades, o a que sea absorbido por dos o más sociedades ya existentes. Con relación a los motivos que llevan a efectuar una escisión, manifiesta Salomón Vaie Lustgarten:

> Son múltiples las razones que pueden motivar un proceso de escisión: algunas son de índole económica, como la especialización de negocios y la búsqueda del negocio nuclear o core business; otras son de índole personal, como cuando se utiliza para prevenir o resolver conflictos entre socios o accionistas o entre estos y terceros. (2014, p. 136).

Dentro de las modalidades o tipos de escisión tenemos (Artículo 3 de la Ley 222 de 1995):

a. Escisión parcial por absorción: bajo esta modalidad una sociedad sin disolverse (sociedad escindente o escindida) transfiere parte de su patrimonio a una o más sociedades que ya existen (sociedad o sociedades beneficiarias).

b. Escisión parcial por creación: bajo esta modalidad una sociedad (escindente o escindida) transfiere parte de su patrimonio a la creación de una o más sociedades (sociedad o sociedades beneficiarias).

c. Escisión total por absorción: en este tipo de escisión lo que ocurre es que una sociedad (escindente o escindida) se disuelve sin liquidarse para transferir su patrimonio a dos o más sociedades ya existentes (sociedades beneficiarias).

d. Escisión total por creación: bajo este tipo, una sociedad se disuelve sin liquidarse (sociedad escindente o escindida) y destina su patrimonio a la creación de dos o más sociedades (sociedades beneficiarias).

e. Escisión impropia o segregación: en esta lo que ocurre es que una sociedad (sociedad segregante) transfiere en bloque parte de sus bienes o establecimientos como aporte para la constitución de una nueva sociedad (sociedad segregada), recibiendo, por tanto, la sociedad segregante, acciones de la segregada.

En este orden de ideas, lo que ocurre en la escisión impropia es que se sustituye un activo por otro, sin que se presente disminución o fraccionamiento patrimonial, dado que quien participa en el capital de la sociedad nueva es la sociedad segregante y no sus accionistas. Adicionalmente en este tipo de escisión, en principio, no se produce cambio de deudor de los acreedores de la sociedad segregante o segregada, salvo que se haya aportado uno o varios establecimientos de comercio de la segregante a la segregada.

Ahora bien, el trámite de escisión implica agotar las siguientes etapas:

a) Etapa de Conversaciones: en esta etapa se analiza por parte de los administradores y los socios mayoritarios de las sociedades involucradas en una futura escisión, sobre las ventajas y la viabilidad de llevarla a cabo. De esta etapa puede surgir un compromiso de escisión el cual debe contener lo consignado en el artículo 4 de la Ley 222 de 1995.

b) Reunión de la asamblea o junta de socios: por separado el máximo órgano social de cada sociedad participante en el proceso de escisión, se reúne en asamblea de accionistas o junta de socios, según el caso, con el fin de aprobar el compromiso de escisión elaborado, aprobación que requiere el cuórum y las mayorías propias para adoptar una reforma estatutaria (Artículo 4 de la Ley 222 de 1995).

Con todo, señala el parágrafo del artículo 31 de la Ley 1258 de 2008, que se requerirá unanimidad de las acciones suscritas en aquellos casos en los que, por virtud de un proceso de fusión, de escisión o mediante cualquier otro negocio jurídico opere el tránsito de una sociedad por acciones simplificada a otro tipo societario o viceversa.

La convocatoria a esta reunión se debe de efectuar con por lo menos 15 días hábiles de anticipación a la reunión, y en esta se debe incluir el punto relativo a la escisión y que los socios ausentes o disidentes podrán ejercer el derecho de retiro (Artículo 13 de la Ley 222 de 1995).

c) Etapa de Publicidad: los representantes legales de cada una de las sociedades intervinientes en el proceso de escisión publicarán en un diario de amplia circulación nacional y en un diario de amplia circulación en el domicilio social de cada una de las sociedades involucradas, un aviso que contendrá la información contenida en el artículo 174 del Código de Comercio. Y adicionalmente, el representante legal de cada sociedad participante en la escisión comunicará del compromiso de escisión a los acreedores sociales mediante telegrama o por cualquier otro medio que produzca efectos similares (Artículo 5 de la Ley 222 de 1995).

d) Etapa de Garantías: los acreedores que sean titulares de deudas adquiridas con anterioridad a la publicación podrán dentro de los 30 días siguientes a la fecha del último aviso, ejercer la acción de oposición judicial con el fin de exigir garantías satisfactorias y suficientes para el pago de sus créditos, siempre que no dispongan de dichas garantías.

Ahora bien, cuando se ejerce la acción de oposición judicial, el juez suspende el proceso de escisión hasta tanto se otorguen las garantías correspondientes.

Con todo, no hay lugar a agotar esta etapa de garantías cuando después de la escisión los activos de la sociedad escindente o de las beneficiarias, según el caso, superan el doble del pasivo externo (Artículo 6 de la Ley 222 de 1995).

e) Etapa de Permisos: cuando alguna de las sociedades participantes en la escisión se encuentra en grado de supervisión de vigilancia o de control, se requiere autorización para poderla efectuar por parte de la Superintendencia de Sociedades (Numeral 7 del artículo 84 y numeral 2 del artículo 85 de la Ley 222 de 1995).

Igualmente, se requerirá autorización de la Superintendencia Financiera si alguna de las sociedades involucradas en la escisión es una institución financiera (Artículo 228 de la Ley 222 de 1995).

Con todo, también se requerirá autorización por parte de la Superintendencia de Industria y Comercio, cuando alguna de las sociedades participantes se encuentre inmersa en alguno de los requisitos establecidos por el artículo 9 de la Ley 1340 de 2009, esto es, cuando en conjunto o individualmente consideradas, las empresas que se dediquen a la misma actividad económica o participen en la misma cadena de valor, hayan tenido durante el año fiscal anterior a la operación, ingresos operacionales o activos totales superiores a los 60 000 salarios mínimos legales mensuales vigentes, y cuenten con el 20 % o más del mercado relevante.

Lo anterior, con el fin de evitar que, con esta escisión, se configure una práctica restrictiva a la libre competencia en la modalidad de *trust*.

Frente a la posibilidad que en una operación de escisión se pueda configurar una práctica restrictiva a la libre competencia, manifiesta Gustavo Beltrán Valencia:

> Con todo, tratándose de control previo de concentraciones empresariales, este ocurre cuando se trata de escisiones totales o parciales por absorción, en cuanto que es en estas modalidades de escisión donde se puede llegar a presentar una concentración restrictiva de la libre competencia. (2020, p. 120).

En similares términos, señala el artículo 227 de la Ley 222 de 1995, que: "En los casos de escisión de sociedades y en todos aquellos que impliquen consolidación, o integración de empresas o patrimonios, deberá darse cumplimiento a las normas sobre promoción de la competencia y prácticas comerciales restrictivas".

Adicionalmente, si una de las sociedades involucradas en la operación de escisión tiene emisión de bonos vigente, esta no podrá escindirse sin que previamente obtenga la autorización de la asamblea de tenedores de bonos (aprobación que debe de corresponder en asamblea de tenedores con el voto de un numero plural de tenedores que representen por lo menos el 80 % del préstamo insoluto), autorización que no se requiere si la sociedad ofrece alguna de las siguientes alternativas: reembolso del préstamo; reemplazo de los bonos emitidos por otros con características idénticas, o mejores, emitidos por la nueva sociedad resultante de la escisión, esto a consideración de la Superintendencia

Financiera; o una garantía satisfactoria a juicio de la Superintendencia Financiera que cubra el monto del capital e intereses proyectados para la vigencia del préstamo (Artículo 6.4.1.1.42. Decreto 2555 de 2010).

f) Etapa de Formalización y Perfeccionamiento: el acuerdo de escisión deberá constar en escritura pública que contendrá, además de los estatutos de la nueva o nuevas sociedades creadas, o las reformas estatutarias a las sociedades existentes, según el caso, la protocolización de los documentos que menciona el artículo 8 de la Ley 222 de 1995.

   Copia de la escritura de escisión deberá inscribirse en el registro mercantil de la cámara de comercio correspondiente al domicilio social de cada una de las sociedades involucradas en el proceso de escisión; a partir de esta inscripción en el registro mercantil se perfecciona el proceso de escisión (Artículo 9 de la Ley 222 de 1995).

Con todo, cuando se trata de sociedades constituidas a la luz de la Ley 1014 de 2006, esta reforma estatutaria se puede realizar por documento privado inscrito en el registro mercantil, salvo que dentro de los bienes que se transfieren con ocasión de la escisión se encuentren aquellos cuya enajenación esté sometida a escritura pública, pues en tal evento, la escisión también deberá constar en dicha solemnidad.

Ahora bien, para efectos de dar cumplimiento a la tradición de los bienes inmuebles que se transfieren con ocasión del proceso de escisión, copia de la escritura de escisión se deberá inscribir en la Oficina de Registro de Instrumentos Públicos correspondiente, y así mismo se procederá para la tradición de los demás bienes sujetos a un registro especial, tales como: vehículos automotores, naves, aeronaves, bienes pertenecientes a la propiedad industrial, etc. (Inciso 2 del artículo 9 de la Ley 222 de 1995).

Por otro lado, los efectos de la escisión societaria los podemos sintetizar en los siguientes:

a. Una vez inscrita en el registro mercantil la escritura de escisión ocurrirá entre las sociedades intervinientes y frente a terceros, la transferencia patrimonial en bloque de los activos, pasivos, derechos, obligaciones y bienes de la parte patrimonial que se transfiere de la sociedad escindente a la o las sociedades beneficiarias (Inciso primero del artículo 9 de la Ley 222 de 1995).

b. A partir de la inscripción en el registro mercantil de la escritura de escisión, la sociedad o sociedades beneficiarias asumirán las obligaciones que les correspondan de conformidad con el acuerdo de escisión y adquirirán los derechos y privilegios correspondientes a la parte patrimonial que se les hubiese transferido (Inciso final del artículo 9 de la Ley 222 de 1995).

c. Cuando se trate de una escisión total y alguno de los activos no se le hubiese atribuido en el acuerdo de escisión a ninguna de las sociedades beneficiarias, este se repartirá entre ellas en proporción al activo que les fue adjudicado (Inciso 3 del artículo 9 de la Ley 222 de 1995).

d. Tratándose de una escisión total, ocurrirá la extinción de la sociedad escindente o escindida (Inciso final del artículo 9 de la Ley 222 de 1995).

e. Cuando una sociedad beneficiaria incumpla alguno de los pasivos que asumió en virtud del acuerdo de escisión, o lo haga la escindente frente a obligaciones anteriores a la operación de escisión, las demás sociedades participantes responderán solidariamente por el cumplimiento del respectivo pasivo; sin embargo, se trata de una responsabilidad limitada a los activos netos que les hubieren correspondido en virtud del acuerdo de escisión (Inciso primero del artículo 10 de la Ley 222 de 1995).

f. En caso de escisión total, si alguno de los pasivos de la sociedad escindente no fue atribuido a alguna de las sociedades beneficiarias, estas responderán de manera solidaria por el correspondiente pasivo (Inciso final del artículo 10 de la Ley 222 de 1995).

g. Con respecto a las deudas tributarias de la sociedad escindida, señala el artículo 319-9 del Estatuto Tributario modificado por el artículo 98 de la Ley 1607 de 2012, que en todos los eventos de escisión, las sociedades beneficiarias serán solidariamente responsables con la escindente por la totalidad de los tributos a cargo de la entidad escindente en el momento en que la escisión se perfeccione, incluyendo los intereses, sanciones, anticipos, retenciones, contingencias y demás obligaciones tributarias.

h. Con relación a las obligaciones laborales que se transfieren a las sociedades beneficiarias en virtud del acuerdo de escisión ocurre la sustitución patronal (Artículo 67 del Código Sustantivo del Trabajo).

Al respecto, indica que Salomón Vaie Lustgarten:

> Si en virtud de una operación de escisión empleados de la sociedad escindente pasan a ser empleados de alguna de las sociedades beneficiarias, como por ejemplo cuando en virtud de la escisión se transfiere una unidad de producción o un establecimiento de comercio, operará entre estas la denominada sustitución entre empleadores o sustitución patronal. En consecuencia, los contratos de trabajo de los empleados de la escindente no se verán terminados con ocasión del proceso de escisión y continuarán vigentes ahora en la sociedad beneficiaria, no pudiéndose alegar la operación como justa causa para terminarlos. (2014, p. 205).

i. En virtud de la escisión ocurre un intercambio de participaciones, en virtud de la cual, los socios de la sociedad escindente ingresarán a participar en el capital de las sociedades beneficiarias en la misma proporción que tenían en la sociedad escindida.

No obstante lo anterior, por voto unánime de la totalidad de las partes de interés, cuotas o acciones, representadas en la asamblea o junta de socios de la escindente, se puede aprobar una participación de los socios en el capital de las sociedades beneficiarias en una proporción diferente, o que inclusive se apruebe que algunos socios van a pertenecer al capital de alguna de las sociedades beneficiarias y otros socios de la escindente ingresarán al capital de otras de las sociedades beneficiarias.

Por otro lado, es de tener en cuenta igualmente que, tratándose de escisión de sociedades por acciones simplificadas, el parágrafo del artículo 30 de la Ley 1258 de 2008, manifiesta que los accionistas de la sociedad escindente o escindida podrán recibir dinero en efectivo, acciones, cuotas sociales o títulos de participación en cualquier sociedad, o cualquier otro activo, como única contraprestación en los procesos de escisión que adelanten estos tipos de sociedad, con lo cual, no necesariamente tratándose de escisión de S.A.S. opera el intercambio de participaciones de los socios de la sociedad escindente en el capital de las sociedades beneficiarias.

Al respecto es de sumo cuidado analizar lo que también mencionábamos tratándose de la fusión en la SAS, en cuanto que no se haya aprobado la escisión con el fin de excluir de forma ilegitima a los socios de la sociedad escindente al no tener participación en las sociedades beneficiarias, pudiéndose entonces también configurar un abuso del derecho de voto por exclusión abusiva.

19. DERECHO DE RETIRO O RECESO

El derecho de retiro o receso es la facultad que tienen los socios ausentes o disidentes de retirarse de la sociedad cuando esta tome ciertas determinaciones que impliquen un aumento de su responsabilidad o una desmejora de sus derechos patrimoniales. En Colombia las decisiones que toma la sociedad y que pueden dar lugar a activar el ejercicio del derecho de retiro por parte de los socios ausentes o disidentes, son de carácter taxativo, así tenemos que este derecho se puede ejercer cuando:

a. En los casos de fusión, escisión, transformación de sociedades, y cuando se trata de una sociedad anónima abierta que toma la determinación de cancelar la inscripción de sus acciones en el registro nacional de valores y emisoras o en la bolsa de valores (Artículo 12 de la Ley 222 de 1995).

b. En materia de reactivación de sociedades, esto es, cuando una sociedad que se encuentra en estado de disolución y liquidación toma la determinación a través de su máximo órgano social (con la mayoría decisoria propia para realizar reformas de transformación) de dejar sin efecto su disolución y reactivarse nuevamente, decisión que puede tomar siempre y cuando su pasivo externo no supere el 70% de los activos sociales y que no se hayan comenzado a distribuir remanentes entre sus asociados (Artículo 29 de la Ley 1429 de 2010).

c. En materia de sociedad por acciones simplificada, cuando esta va a efectuar una enajenación global de activos; es decir, cuando se proponga enajenar activos y pasivos que representen por lo menos el 50 % o más de su patrimonio líquido; en este caso, señala la ley que los socios ausentes o disidentes podrán ejercer el derecho de retiro cuando con esta operación sufran un desmedro patrimonial (Artículo 32 de la Ley 1258 de 2008).

Vale la pena acotar acá, que si bien la enajenación global de activos del artículo 32 de la Ley 1258 de 2008 contempla la posibilidad del ejercicio del derecho de retiro como una salvaguarda para los socios ausentes o disidentes que puedan ver comprometidos sus derechos patrimoniales, a diferencia de lo que ocurre tratándose de la enajenación de establecimientos de comercio, esta figura de la enajenación global de activos no consagra la posibilidad de su oposición por parte de los acreedores sociales con el ánimo de solicitar garantías satisfactorias y suficientes en el caso de que sus créditos con esta operación se puedan ver desmejorados.

d. También en materia de sociedad por acciones simplificadas, en los casos de fusión abreviada (Artículo 33 de la Ley 1258 de 2008).

Frente a que en Colombia se limite legalmente la posibilidad del ejercicio del derecho de retiro o receso a ciertas determinaciones, manifiesta Rodrigo Puyo Vasco:

> La limitación de causales para el ejercicio del derecho de receso, que se reducen a muy pocos casos, pues está circunscrito solo a la trasformación, fusión y escisión. Se olvidan causales tan trascendentes como el cambio de objeto social o domicilio, la inclusión de la sociedad en un grupo empresarial y la modificación sustancial del estatus de socio. Además, se condiciona el ejercicio del retiro a los socios ausentes o disidentes y solo si se sufre una desmejora de los derechos patrimoniales o se genera una mayor responsabilidad de los socios; en el caso de las sociedades por acciones registradas en la bolsa de valores, si se cancela su inscripción en ésta. (2017, p. 223).

Ahora bien, la Ley 222 de 1995, señala que los socios ausentes o disidentes pueden ejercer este derecho de receso cuando la determinación que tome la sociedad implique que asuman una mayor responsabilidad, al respecto podría señalarse como ejemplo, el evento en que una sociedad anónima pretendiese transformarse en una sociedad de responsabilidad limitada, dado que la responsabilidad de los socios por las deudas sociales es mucho más gravosa en este último tipo societario.

Igualmente, señala la Ley 222 de 1995, que se puede ejercer este derecho cuando los socios ausentes o disidentes sufran una desmejora de sus derechos patrimoniales, al respecto, el parágrafo del artículo 12 de la ley en mención, indica que, entre otros, se entiende que hay desmejora patrimonial cuando: se disminuya el porcentaje de participación del socio en el capital de la sociedad, como podría ser el caso de que en una fusión por absorción, los socios de la sociedad absorbente pierdan participación en el capital cuando ingresen los socios de la sociedad o de las sociedades absorbidas; cuando se disminuya el valor patrimonial de la acción, cuota o parte de interés, o se reduzca el valor nominal del aporte, siempre que en este caso se produzca una disminución de capital, como podría ser la situación que se presentara cuando en una escisión total o parcial por absorción, de una sociedad en crisis económica, que implique una disminución del valor intrínseco de los aportes de las sociedades beneficiarias; y, por último, plantea el parágrafo de este articulo 12, que también se entiende que se produce desmejora patrimonial cuando se limite o disminuya la negociabilidad de la acción; así por ejemplo, esto podría ocurrir en el evento de una transformación de sociedad anónima a sociedad de responsabilidad limitada, dado que en este último tipo societario la negociación de las cuotas requiere reforma estatutaria.

Como mencionábamos, se ha manifestado la necesidad de ampliar la posibilidad del ejercicio del derecho de retiro o receso a situaciones mucho más amplias de las contempladas actualmente en nuestra legislación mercantil, tales como:

- Modificaciones sustanciales al objeto social.
- Por vinculación a grupos de subordinación o empresariales.
- Por el no reparto de utilidades pasado el vencimiento de varios ejercicios sociales.
- Por la posibilidad de pactar vía estatutarias causales para el ejercicio del derecho de retiro dando aplicación al principio de la autonomía de la voluntad.

En cuanto al trámite para el ejercicio de este derecho, este se encuentra establecido del artículo 14 al 16 de la Ley 222 de 1995, resaltando en todo caso que, cuando se hace uso de este derecho, los demás asociados y, en subsidio la sociedad, gozan de una opción de compra de la participación del socio recedente; si ni los demás socios ni la sociedad adquieren la participación del recedente, este tendrá derecho al reembolso de su aporte.

Con todo, el socio recedente responderá en forma subsidiaria y hasta el monto de lo reembolsado (salvo que se trate de un tipo societario en donde la responsabilidad de los socios por las deudas sociales sea con todo su patrimonio personal) por las obligaciones sociales contraídas hasta la inscripción del retiro en el registro mercantil, responsabilidad que cesará pasado un año desde la inscripción del retiro en el registro mercantil (Parágrafo del artículo 16 de la Ley 222 de 1995).

Ahora bien, vale la pena subrayar lo expresado por la Superintendencia de Sociedades en Circular Externa 004 de 2005 del 14 de enero de 2005, frente al reembolso que se produce con ocasión al ejercicio del derecho de retiro, indicando que:

> Si bien el mencionado reembolso implica una disminución de capital, en este caso no será necesario solicitar autorización previa de esta Superintendencia para realizar dicha disminución, por cuanto debe entenderse que la misma surge como consecuencia de la facultad establecida en la ley para ejercer el derecho de retiro, y no de una operación individualmente considerada sujeta al procedimiento establecido en el artículo 145 del Código de Comercio, máxime cuando el artículo 17 de la mencionada ley sanciona con ineficacia la estipulación que haga nugatorio su ejercicio.

Por último, es de indicar que de conformidad con el artículo 17 de la Ley 222 de 1995, será ineficaz de pleno derecho toda estipulación que impida el ejercicio del derecho de retiro de los socios, no obstante, el socio podrá renunciar a su ejercicio después de su nacimiento (Artículo 15 del Código Civil).

20. DISOLUCIÓN Y LIQUIDACIÓN DE SOCIEDADES

La disolución de una sociedad son aquellos acontecimientos de orden legal o estatutario que marcan el comienzo de la etapa liquidatoria de la sociedad, con lo cual se restringe la capacidad de la sociedad únicamente a todos aquellos actos o negocios jurídicos tendientes a la efectiva liquidación del ente. Dentro de los efectos que conlleva la disolución de la sociedad tenemos:

a) Una vez se declara disuelta, se limita su capacidad únicamente a todos aquellos actos y contratos tendientes a la inmediata liquidación de la sociedad, por lo que no podrá iniciar nuevas operaciones en desarrollo de su objeto social.

Los actos y negocios jurídicos que una vez disuelta la sociedad inicie en desarrollo de la explotación de su objeto social, hará responsables frente a la sociedad, a los socios y a terceros, en forma ilimitada y solidaria al liquidador y al revisor fiscal que no se hubiese opuesto (Artículo 222 del Código de Comercio).

Señala la Superintendencia de Sociedades en Oficio 220-145771 del 23 de octubre de 2013, que:

> Es claro entonces, se recalca, que la disolución de la persona jurídica, determina la perdida de la capacidad de la misma para dar inicio a nuevas operaciones en desarrollo de su finalidad económica, pero bajo ningún punto de vista significa que las relaciones que se tengan con los terceros y los asociados se desaten de manera súbita. (...)
> En este orden de ideas y siendo consecuentes con lo expuesto, queda claro que disuelta una sociedad en un momento determinado, las operaciones que vienen desarrollándose por los administradores de la compañía, independientemente de las modalidades de la misma, nacidas como consecuencia de contratos celebrados con anterioridad, tienen plena vigencia y deben cumplirse como venían haciéndose hasta que se llegue a su culminación, donde llegado a este punto, las mismas ya no podrán renovarse; sin perjuicio, en todo caso, de que el administrador adelante gestiones pertinentes para acordar terminaciones de contratos con el objeto de agilizar la liquidación.

b) El patrimonio de la sociedad cambia su objetivo de permitir la explotación del objeto social en aras de la obtención de utilidades, para destinarse a cubrir el pasivo externo de la sociedad y si queda algún remanente a cubrir el pasivo interno a favor de los asociados; es decir, a partir de la disolución la función primordial del patrimonio es la de constituirse en prenda general de los acreedores sociales.

c) Al nombre de la sociedad disuelta, deberá adicionársele la expresión "en liquidación" so pena que los encargados de hacerla respondan por los daños y perjuicios que la omisión de dicha adición al nombre social pueda generarse (Ultimo inciso del artículo 222 del Código de Comercio).

d) Las decisiones del máximo órgano social se tomarán, salvo disposición estatutaria en contrario, por mayoría absoluta de los votos presentes, y deberán tener estrecho vínculo con la liquidación de la sociedad (Artículo 223 del Código de Comercio).

   Es de tener en cuenta, que durante el periodo liquidatorio, el máximo órgano social se reunirá en las fechas señaladas estatutariamente para sus reuniones ordinarias; y adicionalmente, cuando sean convocado por el liquidador, el revisor fiscal o la Superintendencia de Sociedades (Artículo 225 del Código de Comercio).

e) El liquidador asume la administración y la representación legal de la sociedad; de ahí que quede sometido al régimen de responsabilidad especial de los administradores (Artículos 227 y 228 del Código de Comercio, y artículo 22 de la Ley 222 de 1995).

f) La junta directiva, si la hay, se constituye en un órgano asesor y consultivo del liquidador (Numeral 2 del artículo 238 del Código de Comercio).

g) El revisor fiscal continúa cumpliendo sus funciones durante todo el proceso liquidatorio.

h) Los socios continúan vinculados con la sociedad hasta la liquidación total de la misma, sin que puedan solicitar antes de la cancelación del pasivo externo del ente, la restitución o reembolso de sus aportes (Numeral 2 del artículo 143 y artículo 144 del Código de Comercio).

No obstante, lo anterior, podrá distribuirse entre los socios la parte de los activos sociales que excedan del doble del pasivo inventariado y no cancelado al momento de hacerse la distribución (Artículo 241 del Código de Comercio).

Es de subrayar, que cuando la sociedad se encuentra en estado de cesación de pagos, los administradores deberán abstenerse de iniciar nuevas operaciones y convocarán inmediatamente a los asociados para ponerlos al tanto de dicha situación, deber que, si es incumplido, los hará incurrir en responsabilidad solidaria frente a los socios y a terceros por los perjuicios que se les cause (Artículo 224 del Código de Comercio).

Ahora bien, existen causales de disolución de carácter general, esto es que son aplicables a todas las sociedades independientemente del tipo societario, y adicionalmente a ello, existen causales específicas, propias de cada tipo societario en particular. En este orden de ideas, dentro de las causales de disolución generales tenemos a:

a) Vencimiento del término de duración de la sociedad, salvo que este hubiese sido prorrogado antes de su expiración (Numeral 1 artículo 218 del Código de Comercio).

Es importante destacar que, según el inciso 1 del artículo 219 del Código de Comercio, esta causal opera de pleno derecho, tanto frente a los socios como frente a terceros, a partir de la fecha del vencimiento del término de duración de la compañía, sin necesidad de que sea declarada por la asamblea de accionistas o junta de socios.

Con todo, tanto las sociedades por acciones simplificadas como las sociedades tradicionales constituidas a la luz de la Ley 1014 de 2006, pueden constituirse con término de duración indefinido, por lo que en estos eventos no operaría esta causal de disolución (Numeral 4 del artículo 5 de la Ley 1258 de 2008).

b) Por otro lado, es de anotar, que dado que las reformas estatutarias producen efectos frente a los asociados desde que se acuerdan (artículo 158 del Código de Comercio), es práctica común que los socios aprueben la reforma estatutaria para renovar el término de duración de la sociedad antes de que acaezca su vencimiento, y ya la escritura pública de reforma y su inscripción en el registro mercantil se realice con posterioridad a la fecha que de duración tenía la sociedad, lo anterior con sustento en que la escritura pública y su inscripción, es para efectos de oponibilidad de la reforma frente a terceros.

Por último, es viable indicar frente a esta causal, que cuando esta ocurre se puede, en todo caso, evitar el trámite de la liquidación de la sociedad acudiendo a figuras jurídicas como la fusión impropia (artículo 180 del Código de Comercio), la reconstitución (artículo 250 del Código de Comercio), o la reactivación societaria (artículo 29 de la Ley 1429 de 2010), observando los presupuestos legales para poderlas llevar a cabo.

Por la imposibilidad de desarrollar la empresa social, por la terminación de la misma o por extinción de la cosa o cosas cuya explotación constituye su objeto.

Dentro de las situaciones que pueden llevar a la imposibilidad de desarrollar el objeto social, se podrían plantear como tales: el agotamiento de recursos económicos para seguir explotando el objeto social de la compañía, expedición de leyes imperativas que prohíban seguir explotando el objeto social principal de la sociedad, el bloqueo o paralización de los órganos sociales que impide seguir desarrollando la explotación de la empresa.

Con relación al bloqueo de los órganos sociales como situación que puede acarrear la causal de disolución de imposibilidad de desarrollar el objeto social, manifestó la Superintendencia de Sociedades en Sentencia 810-8 del 3 de febrero de 2015, que:

> Ahora bien, es preciso poner de presente que el sistema societario colombiano no contempla de modo expreso una causal de disolución atada a la parálisis de los órganos sociales. No obstante, esta circunstancia sí puede dar lugar al acaecimiento de la causal de disolución consistente en la imposibilidad de desarrollar el objeto social de una compañía. (...)
>
> En verdad, es frecuente que se presenten desavenencias entre los accionistas de una sociedad, por cuyo efecto se dificulte la toma de decisiones durante las reuniones de la asamblea. Esto no significa que los administradores se vean abocados a la cesación de las actividades de la compañía, por cuanto el desarrollo de la empresa social podría continuar mientras que los accionistas supe-

> ran sus discrepancias. No obstante, es posible que en algunos casos la parálisis del máximo órgano social entorpezca el desarrollo normal de la actividad de la compañía. Ello podría ocurrir, por ejemplo, cuando un conflicto prolongado haga imposible que, durante varios ejercicios, se aprueben los estados financieros de la sociedad, se ajusten los salarios de los administradores o se impartan las autorizaciones al representante legal para celebrar contratos en aquellos casos en los que existan limitaciones estatutarias respecto de sus facultades.

Así las cosas, resultaría practico que se incluyera dentro del catálogo de causales de disolución, aquella que hiciera referencia expresa a la paralización de los órganos sociales que implican el bloqueo de la sociedad para continuar desarrollando su objeto social. Por otro lado, esta causal 2 del artículo 218 del Código de Comercio, no opera de pleno derecho, sino que requiere que sea declarada por parte de los asociados en asamblea o junta de socios, determinación que puede constar en documento privado inscrito en el registro mercantil (Artículo 220 del Código de Comercio y artículo 24 de la Ley 1429 de 2010).

c) Por reducción del número de asociados a menos del requerido en la ley para su formación o funcionamiento, o por aumento que exceda del límite máximo fijado en la misma ley (Numeral 3 del artículo 218 del Código de Comercio).

Causal que podría presentarse en el evento en que una sociedad anónima disminuyera su pluralidad mínima de 5 accionistas, o en el evento en que una sociedad de responsabilidad limitada durante su vigencia excediere el máximo de 25 socios.

Al igual que la causal anterior, esta también requiere ser declarada por la asamblea o junta de socios en documento privado inscrito en el registro mercantil (Artículo 220 del Código de Comercio y artículo 24 de la Ley 1429 de 2010).

Con todo, los asociados podrán enervar la disolución de la sociedad adoptando la determinación correspondiente, siempre y cuando el acta que contenga la decisión se inscriba en el registro mercantil dentro de los 18 meses siguientes a la ocurrencia de la causal (Inciso 2 artículo 24 de la Ley 1429 de 2010).

De tal suerte, que tratándose de disminución del número de socios se podría, dentro de los 18 meses siguientes a la ocurrencia de la causal, tomar la determinación de transformarse, o de emitir acciones para que fuesen suscritas por nuevos accionistas; sin embargo, en el caso de las sociedades de responsabilidad limitada, el tiempo para enervar la causal de disolución de aumento del número de socios superior a 25 se reduce a dos meses por expresa disposición del artículo 356 del Código de Comercio.

d) Por efecto de la apertura de un proceso concursal de liquidación judicial, en virtud de los señalado en el numeral 1 del artículo 50 de la Ley 1116 de 2006. Providencia que deberá inscribirse en el registro mercantil para efectos de oponibilidad frente a terceros (inciso final del artículo 219 del Código de Comercio).

e) Por las causales que expresa y claramente se estipulen en el contrato (Numeral 5 del artículo 218 del Código de Comercio).

En virtud entonces de la autonomía de la voluntad, los socios pueden crear y estipular vía estatutarias causales de disolución, ahora bien, las mismas no pueden ir en contravía ni de las leyes imperativas ni del orden público (Numeral 9 artículo 110 del Código de Comercio).

De conformidad con el artículo 220 del Código de Comercio y el artículo 24 de la Ley 1429 de 2010, cuando la sociedad quede incursa en alguna de estas causales de disolución estatutaria, los socios deberán declarar disuelta la sociedad por ocurrencia de la misma en asamblea o junta de socios, debiéndose inscribir la determinación correspondiente en el registro mercantil y sin que se requiera del otorgamiento de escritura pública.

f) Por decisión de los asociados, adoptada conforme a las leyes y al contrato social (Numeral 6 del artículo 218 del Código de Comercio).

En este evento lo que ocurre es una reforma estatutaria de disolución anticipada de la sociedad, artículo 162 del Código de Comercio, que requiere que los socios la declaren en asamblea o junta de socios, y el acta respectiva se inscriba en el registro mercantil, sin que se necesite agotar la formalidad de la escritura pública (Artículo 220 del Código de Comercio y artículo 24 de la Ley 1429 de 2010).

g) Por decisión de autoridad competente en los casos expresamente previstos en las leyes (Numeral 7 del artículo 218 del Código de Comercio).

Es de tener en cuenta que, cuando la disolución proviene de decisión de autoridad competente, copia de la providencia de debe de inscribir en el registro mercantil, produciéndose la disolución frente a los asociados a partir de la fecha indicada en la providencia, y frente a terceros a partir de su inscripción (Artículo 219 del Código de Comercio).

Dentro de los casos en los cuales se puede presentar la orden de disolución por parte de autoridad competente tenemos:

- En las sociedades sometidas a vigilancia de la Superintendencia de Sociedades, esta podrá de oficio o a petición de parte, ordenar la disolución de la sociedad cuando ocurra cualquiera de las causales previstas en los numerales 2, 3, 5 y 8 del artículo 218 del Código de Comercio, cuando los asociados no las hubiesen declarado oportunamente (Inciso 1 del artículo 221 del Código de Comercio y numeral 5 del artículo 84 de la Ley 222 de 1995).
- Cuando en un proceso de liquidación judicial la Superintendencia de Sociedades encuentra que el comerciante concursado no cumple con su obligación de llevar contabilidad regular de sus negocios, ordenará la disolución y la liquidación privada de la sociedad (Artículo 49 de la Ley 1116 de 2006).
- Cuando en una sociedad de responsabilidad limitada no se ha pagado íntegramente el capital al momento de su constitución o posteriormente al momento de un aumento de su capital, la Superintendencia de Sociedades podrá ordenar la disolución de la sociedad (Artículo 355 del Código de Comercio).
- De conformidad con el artículo 144 de la Ley 1955 de 2019 y el Decreto 1068 de 2020, cuando se trate de sociedades comerciales no sujetas a la supervisión de un ente especializado y que no se encuentren en un proceso de insolvencia en los términos de la Ley 1116 de 2006, podrán ser declaradas disueltas por la Superintendencia de Sociedades, cuando estén en cursas en la presunción de no operativas; bien porque no renovaron su matrícula mercantil por un término de tres años consecutivos, o bien porque no enviaron la información financiera requerida por la Superintendencia de Sociedades durante ese mismo periodo de tiempo; en todo caso, la Superintendencia de Sociedades concederá un término de 30 días a la sociedad que se presume no operativa para que desvirtúe la presunción presentando las pruebas pertinentes, como, por ejemplo, el que efectivamente si ha explotado su objeto social.

Señala el artículo 2.2.2.1.4.9. del Decreto 1068 de 2020, que, para la contabilización de los 3 años consecutivos, la Superintendencia de Sociedades tendrá en cuenta la ausencia de renovación de la matricula mercantil, o de entrega de la información financiera oportuna a partir de los años 2019, 2020 y 2021, este último como el tercer año consecutivo y así sucesivamente.

h) Por las demás causales establecidas en las leyes, en relación con todas o algunas de las formas de sociedad que regula el Código de Comercio (Numeral 8 del Código de Comercio).

Así, por ejemplo, señala el numeral 1 del artículo 31 de la Ley 1727 de 2014, que las sociedades comerciales que hayan incumplido su obligación de renovar la matricula mercantil en los últimos 5 años, quedarán disueltas y en estado de liquidación.

Por otro lado, es de subrayar que las causales de disolución previstas en la ley mercantil son de carácter imperativo, con lo cual vía estatutaria no se podrían modificar o abolir; sin perjuicio de que por esta misma vía se puedan plantear por los socios causales adicionales.

Con todo, de conformidad con el inciso 2 del artículo 24 de la Ley 1429 de 2010, los socios pueden enervar la causal de disolución adoptando las modificaciones pertinentes dentro de los 18 meses siguientes al acaecimiento de la causal, mediante la inscripción en dicho término del acta que contiene el acuerdo respectivo en el registro mercantil. Ahora bien, con relación a las causales específicas de disolución, propias de cada tipo societario, tenemos a:

- Sociedad colectiva: el artículo 319 del Código de Comercio, consagra como causales específicas de disolución en este tipo societario:

a) Por muerte de alguno de los socios si no se hubiere estipulado su continuación con uno o más de los herederos o con los socios supérstites.

b) Por incapacidad sobreviniente a alguno de los socios, a menos que se convenga que la sociedad continúe con los demás, o que acepten que los derechos del incapaz sean ejercidos por su representante.

Hoy en día, en virtud de lo establecido por la Ley 1996 de 2019, las personas mayores a quienes les sobrevenga una discapacidad pueden ejercer su capacidad legal plena a través del mecanismo de apoyos contemplado y regulado en dicha ley.

c) Por declaración de apertura de proceso de liquidación judicial en los términos de la Ley 1116 de 2006, de alguno de los socios, si los demás no adquieren su interés social o no aceptan la cesión a un extraño, una vez requeridos por el liquidador, dentro de los treinta días siguientes.

d) Por enajenación forzada del interés de alguno de los socios en favor de un extraño, sí los demás asociados no se avienen dentro de los treinta días siguientes a continuar la sociedad con el adquirente

e) Por renuncia o retiro justificado de alguno de los socios, si los demás no adquieren su interés en la sociedad o no acepten su cesión a un tercero.

Como se puede apreciar todas estas causales de disolución son propias de ser la sociedad colectiva, la sociedad de personas por excelencia, pues atienden es a circunstancias que afecten a las personas de los asociados más no a la esfera patrimonial de la sociedad.

- Sociedad anónima: como causales específicas de disolución en este tipo societario se tienen:

a) El artículo 4 de la Ley 2069 de 2020, consagra la causal de disolución de no cumplimiento de la hipótesis de negocio en marcha al cierre del ejercicio, entendiendo por tal, cuando de los estados financieros y las proyecciones de la empresa se pueden inferir deterioros patrimoniales y riesgos de insolvencia de la sociedad.

   En este caso, los administradores deberán abstenerse de iniciar nuevas operaciones distintas a las del giro ordinario de los negocios de la sociedad y convocar de forma inmediata al máximo órgano social con el fin que este tome la determinación, bien de subsanar la situación o bien de declarar la causal de disolución respectiva.

   En este orden de ideas, tenemos que el parágrafo 2 del artículo 4 de la Ley 2069 de 2020, derogó expresamente la causal de disolución por pérdidas que consagraba el numeral 2 del artículo 457 del Código de Comercio; y, por lo tanto, hoy en día tenemos es a la causal de disolución de no cumplimiento de la hipótesis de negocio en marcha.

b) Cuando el 95 % o más de las acciones suscritas lleguen a pertenecer a un solo accionista (Numeral 3 del artículo 457 del Código de Comercio).

- Sociedad de responsabilidad limitada: en este tipo societario las causales de disolución especificas son:

a) Cuando el número de socios exceda de 25 (Artículo 356 del Código de Comercio).

b) El artículo 4 de la Ley 2069 de 2020, consagra la causal de disolución de no cumplimiento de la hipótesis de negocio en marcha al cierre del ejercicio, entendiendo por tal, cuando de los estados financieros y las proyecciones de la empresa se pueden inferir deterioros patrimoniales y riesgos de insolvencia de la sociedad.

En este caso, los administradores deberán abstenerse de iniciar nuevas operaciones distintas a las del giro ordinario de los negocios de la sociedad y convocar de forma inmediata al máximo órgano social con el fin de que este tome la determinación, bien de subsanar la situación, o bien de declarar la causal de disolución respectiva.

En este orden de ideas, tenemos que el parágrafo 2 del artículo 4 de la Ley 2069 de 2020, derogó expresamente la causal de disolución por pérdidas que consagraba el artículo 370 del Código de Comercio, y, por lo tanto, hoy en día, tenemos es a la causal de disolución de no cumplimiento de la hipótesis de negocio en marcha.

- Sociedades en comandita: dentro de las causales específicas de disolución, tanto de las sociedades en comandita simple como de las sociedades en comandita por acciones, tenemos:

a) Por las causales especiales de la sociedad colectiva, cuando ocurran respecto de los socios gestores (Numeral 2 artículo 333 del Código de Comercio).

b) Por desaparición de una de las dos categorías de socios (Numeral 3 artículo 333 del Código de Comercio).

c) El artículo 4 de la Ley 2069 de 2020, consagra la causal de disolución de no cumplimiento de la hipótesis de negocio en marcha al cierre del ejercicio, entendiendo por tal, cuando de los estados financieros y las proyecciones de la empresa se pueden inferir deterioros patrimoniales y riesgos de insolvencia de la sociedad.

En este caso, los administradores deberán abstenerse de iniciar nuevas operaciones distintas a las del giro ordinario de los negocios de la sociedad y convocar de forma inmediata al máximo órgano social, con el fin que este tome la determinación, bien de subsanar la situación o bien de declarar la causal de disolución respectiva.

En este orden de ideas, tenemos que el parágrafo 2 del artículo 4 de la Ley 2069 de 2020, derogó expresamente las causales de disolución por pérdidas que consagraban los artículos 342 y 351 del Código de Comercio, para la sociedad en comandita simple y para la sociedad en comandita por acciones, respectivamente, y por lo tanto hoy en día, tenemos es a la causal de disolución de no cumplimiento de la hipótesis de negocio en marcha.

- Sociedad por acciones simplificada: dentro de las causales específicas de disolución en las S.A.S., tenemos:

a) Por vencimiento del término previsto en los estatutos, si lo hubiere, a menos que fuere prorrogado mediante documento inscrito en el registro mercantil antes de su expiración (Numeral 1 artículo 34 de la Ley 1258 de 2008).

   Esta causal opera de pleno derecho, sin necesidad que los socios la declaren en reunión de asamblea general de accionistas (Inciso final artículo 34 de la Ley 1258 de 2008).

b) Por imposibilidad de desarrollar las actividades previstas en su objeto social (Numeral 2 artículo 34 de la Ley 1258 de 2008).

   Esta causal requiere de declaración por parte de los socios en reunión de asamblea general de accionistas, y la correspondiente acta deberá ser inscrita en el registro mercantil (Inciso final artículo 34 de la Ley 1258 de 2008).

c) Por la iniciación del trámite de liquidación judicial (Numeral 3 artículo 34 de la Ley 1258 de 2008).

   El auto de apertura del proceso concursal de liquidación judicial proferido por la Superintendencia de Sociedades deberá inscribirse en el registro mercantil (Numeral 7 del artículo 48 y numeral 1 artículo 50 de la Ley 1116 de 2006).

d) Por las causales previstas en los estatutos (Numeral 4 del artículo 34 de la Ley 1258 de 2008).

   Esta causal requiere de declaración por parte de los accionistas en reunión de asamblea general de accionistas, y la correspondiente acta deberá ser inscrita en el registro mercantil (Inciso final artículo 34 de la Ley 1258 de 2008).

e) Por voluntad de los accionistas adoptada en la asamblea o por decisión del accionista único.

   Causal que exige la inscripción del acta o documento privado que la declara en el registro mercantil (Inciso final artículo 34 de la Ley 1258 de 2008).

f) Por orden de autoridad competente (Numeral 6 del artículo 34 de la Ley 1258 de 2008).

   Esta causal operara a partir de la ejecutoria del acto que contiene la orden de la autoridad competente (Inciso final artículo 34 de la Ley 1258 de 2008).

g) El artículo 4 de la Ley 2069 de 2020, consagra la causal de disolución de no cumplimiento de la hipótesis de negocio en marcha al cierre del ejercicio, entendiendo por tal, cuando de los estados financieros y las proyecciones de la empresa se pueden inferir deterioros patrimoniales y riesgos de insolvencia de la sociedad.

   En este caso, los administradores deberán abstenerse de iniciar nuevas operaciones distintas a las del giro ordinario de los negocios de la sociedad, y convocar de forma inmediata al máximo órgano social con el fin que este tome la determinación, bien de subsanar la situación o bien de declarar la causal de disolución respectiva.

   En este orden de ideas, tenemos que el parágrafo 2 del artículo 4 de la Ley 2069 de 2020, derogó expresamente la causal de disolución por pérdidas que consagraba el numeral 7 del artículo 34 de la Ley 1258 de 2008, y, por lo tanto, hoy en día, tenemos es a la causal de disolución de no cumplimiento de la hipótesis de negocio en marcha.

En todo caso, los accionistas tienen un plazo de 18 meses para enervar la causal de disolución de la sociedad, adoptando la medida correspondiente, según la causal ocurrida, inscribiendo la determinación respectiva en el registro mercantil (Inciso 2 artículo 24 de la Ley 1429 de 2010).

Así mismo, es de destacar que el parágrafo del artículo 35 de la Ley 1258 de 2008, señala expresamente que, la causal de disolución por unipersonalidad sobrevenida o reducción de las pluralidades mínimas que pueden afectar a los demás tipos societarios previstos en el Código de Comercio, se pueden enervar mediante la transformación en sociedad por acciones simplificada, siempre y cuando la reforma de transformación se adopte con unanimidad de los asociados restantes o el socio supérstite.

Con todo, según el artículo 36 de la Ley 1258 de 2008, la liquidación de las sociedades por acciones simplificadas se realiza conforme a la liquidación de las sociedades de responsabilidad limitada, actuando como liquidador el representante legal o la persona que designe la asamblea general de accionistas.

Ahora bien, una vez se encuentra disuelta la sociedad, sigue la etapa de liquidación de la compañía, el cual es un trámite de naturaleza jurídico contable a través del cual se determinan los activos de la sociedad para realizarlos y proceder a la cancelación de su pasivo externo, y si queda algún remanente patrimonial, reembolsárselo a los asociados en proporción a sus aportes, salvo que este reembolso se hubiese pactado de otra manera.

El proceso liquidatorio implica: el nombramiento de un liquidador o liquidadores, la realización de un inventario de los activos y pasivos de la compañía, la terminación de los negocios jurídicos de la sociedad, la graduación y pago del pasivo externo de la compañía, y el reparto del remanente patrimonial a los asociados. No obstante, lo anterior, existen diversos tipos de liquidación, y así tenemos a:

1. Liquidación privada o voluntaria: Este proceso liquidatorio comienza por alguna de las causales generales o específicas de disolución señalados en la ley o en los estatutos, y se encuentra regulado a partir del artículo 225 y siguientes del Código de Comercio.

Para que se encargue de administrar y llevar a cabo el trámite de la liquidación de la sociedad, se designará un liquidador el cual será nombrado conforme a los estatutos o a la ley, pudiéndose inclusive nombrar varios liquidadores los cuales, salvo pacto en contrario, deberán actuar de consuno (Artículos 228 y 231 del Código de Comercio).

El órgano encargado del nombramiento del liquidador es la asamblea general de accionistas o junta de socios, según el caso, empero, es de anotar que, mientras no se proceda a su nombramiento actuará como tal el representante legal (Artículo 227 del Código de Comercio). Adicionalmente, es de tener en cuenta que, cuando no se designe el liquidador, cualquiera de los asociados podrá solicitar a la Superintendencia de Sociedades que designe el liquidador de la sociedad (Inciso 3 artículo 24 de la Ley 1429 de 2010).

Con todo, en las sociedades por cuotas o por partes de interés, el trámite liquidatorio se puede llevar a cabo por los mismos socios, si así se acuerda unánimemente (Artículo 229 del Código de Comercio).

Así mismo, se permite que se designe como liquidador a un administrador de la sociedad, pero para poder hacerlo, se le deben de aprobar las cuentas de su gestión como administrador (Artículo 230 del Código de Comercio).

Por otro lado, una vez hecha la designación del liquidador, el acta correspondiente se debe de inscribir en el registro mercantil de la Cámara de Comercio del domicilio social y de las sucursales de la sociedad, si las tuviere, y solo a partir de esta inscripción adquirirá el liquidador las facultades y las obligaciones propias de su cargo. En este orden de ideas, tenemos que el liquidador estará obligado a:

a) Presentar en las reuniones ordinarias del máximo órgano social, un informe del estado de la liquidación (Artículo 226 del Código de Comercio).

b) Avisar a los acreedores del estado de la liquidación en la que se encuentra la sociedad mediante un aviso que se publicará en un periódico que circule regularmente en el domicilio social y que también será fijado en un lugar visible de las oficinas y establecimientos de comercio de la sociedad (Artículo 232 del Código de Comercio).

c) Comunicar a la Dian dentro de los diez días siguientes a la fecha en que haya ocurrido la causal de disolución, el estado de liquidación de la sociedad; e igualmente comunicarle al ministerio del trabajo dicha situación, si la sociedad tiene trabajadores a su cargo (Artículo 847 del Estatuto Tributario y artículo 61 del Código Sustantivo del Trabajo).

d) Hacer un inventario de los activos y pasivos de la sociedad, incluyendo dentro del mismo a las obligaciones eventuales, tales como, aquellas sometidas a condición, fianzas, avales o de carácter litigioso. Este inventario debe contener la prelación de créditos correspondiente (Artículos 233 y 234 del Código de Comercio) y tener en cuenta el artículo 25 de la Ley 1429 de 2010 para el evento en que la sociedad carezca de pasivo externo.

e) Continuar y concluir las operaciones sociales pendientes al tiempo de la disolución (Numeral 1 artículo 238 del Código de Comercio).

f) Exigir cuentas de su gestión a los administradores anteriores de la sociedad (Numeral 2 artículo 238 del Código de Comercio).

g) Cobrar los créditos a favor de la sociedad, incluyendo los que correspondan a capital suscrito y no cancelado en su integridad; en todo caso el liquidador podrá prescindir del cobro de este capital suscrito no pagado, en el evento en que los activos sociales sean suficientes para cancelar todo el pasivo externo e interno de la sociedad, caso en el cual, la suma debida por el accionista moroso se compensará con lo que le corresponda en los remanentes de la sociedad (Numeral 3 artículo 238 y artículo 239 del Código de Comercio).

h) A obtener la restitución de los bienes sociales que estén en poder de los asociados o de terceros, a medida que se haga exigible su entrega, lo mismo que a restituir los bienes que la sociedad no sea propietaria y tenga en su poder a título de mera tenencia como, por ejemplo: arrendamiento, usufructo, deposito, comodato, anticresis, etc. (Numeral 4 artículo 238 del Código de Comercio).

i) A vender los bienes sociales, con excepción de aquellos que por razón del contrato social deban ser restituidos en especie o frente a los cuales se acuerde una dación en pago. No olvidar que la restitución del aporte cabe únicamente cuando los demás activos sociales sean suficientes para proceder al pago del pasivo externo (Numeral 5 artículo 238 y Artículos 240 y 241 del Código de Comercio).

j) Llevar y custodiar los libros y correspondencia de la sociedad y velar por la integridad de su patrimonio (Numeral 6 artículo 238 del Código de Comercio).

k) Liquidar y cancelar las cuentas de los terceros y de los socios; es decir, pagar el pasivo externo de la sociedad, para lo cual se debe de tener en cuenta el régimen de prelación legal de créditos; y en todo caso, si un acreedor no se hace presente, su pago se efectuará mediante depósito judicial (Numeral 7 artículo 238 y artículo 242 del Código de Comercio).

l) Cuando se trata de sociedades por cuotas o partes de interés y los activos de la sociedad son insuficientes para cubrir el pasivo externo, el liquidador debe recaudar de los socios, el faltante de acuerdo con el régimen de responsabilidad que les corresponda, para lo cual dispone de una acción ejecutiva cuyo título es su declaración jurada (Artículo 243 del Código de Comercio).

m) El liquidador puede cancelar las obligaciones a plazo que tenga la sociedad, incluso aquellas cuyo plazo se haya pactado a favor de los acreedores (Artículo 244 del Código de Comercio).

n) Cuando existan obligaciones condicionales o sujetas a litigio, tendrá que hacer reservas adecuadas para atender a su pago, cuando dichas obligaciones se hicieren exigibles, con todo, si la condición falla o no surge la obligación litigiosa, la reserva correspondiente se repartirá como remanente entre los asociados (Artículo 245 del Código de Comercio).

o) Cuando la sociedad disuelta tuviese a su cargo pensiones de jubilación, el liquidador debe de cancelarlas por su valor actual o contratar con una compañía de seguros su pago periódico (Artículo 246 del Código de Comercio).

p) Una vez pagado el pasivo externo, constituidas las reservas para el pago de las obligaciones condicionales y litigiosas, y garantizadas las mesadas pensionales, el liquidador debe proceder a distribuir el remanente patrimonial entre los asociados de conformidad con lo establecido en los estatutos o en la ley, así, por ejemplo, deberá el liquidador tener en cuenta si existen acciones privilegiadas, si existen socios industriales sin estimación anticipada de su valor, si existen accionistas con acciones con dividendo preferencial y sin derecho a voto, o disposiciones estatutarias sobre restitución de aporte en especie, etc. (Artículo 247 del Código de Comercio).

q) Es de subrayar que el inciso 2 del artículo 247 del Código de Comercio indica que la distribución se hará constar en un acta donde se exprese el nombre de los asociados, el valor correspondiente de su participación en el capital, y la suma de dinero o los bienes que reciba cada uno a título de liquidación (esta acta de conformidad con el artículo 31 de la Ley 1429 de 2010, no requiere de protocolización).

   Una vez elaborada el acta de distribución de remanentes, el liquidador deberá convocar al máximo órgano social, para someter a su consideración el proyecto de distribución, decisión de asamblea o junta de socios, que se puede aprobar con el voto de la mayoría de los asociados que concurran cualquiera sea el valor de su participación en el capital de la sociedad.

   Si a esta primera reunión del máximo órgano social no concurre ningún asociado, los liquidadores convocarán de nuevo a una reunión final de segunda convocatoria, la cual se deberá llevar a cabo dentro de los diez días siguientes a la reunión fallida, y si en esta segunda reunión no asiste ningún asociado, se tendrán por aprobadas las cuentas del liquidador (Artículo 248 del Código de Comercio).

   De la reunión precitada se levanta un acta con la aprobación de la gestión de liquidación realizada por el liquidador, acta que se inscribirá en el registro mercantil y que en virtud del artículo 31 de la Ley 1429 de 2010, no requiere de protocolización (Numeral 9 artículo 28 del Código de Comercio).

r) El liquidador deberá entregar a cada socio lo que le corresponde, y si los asociados son muchos o se encuentran ausentes, los deberá citar por avisos que se publicarán al menos tres veces en un periódico de circulación en el domicilio social, si después de citados no comparecen, el liquidador entregará dichos bienes a la junta departamental de beneficencia del lugar del domicilio social o a la que funcione en el lugar más próximo. Esta entidad los tendrá en calidad de depositaria, y si al cabo de un año no se han reclamado aún estos bienes, la junta se convertirá en propietaria de los mismos (Artículo 249 del Código de Comercio).

Ahora bien, con referencia a la responsabilidad de los liquidadores, estos poseen una responsabilidad de tipo subjetivo, por cuanto serán responsables ante los socios y ante terceros de los perjuicios que causen por negligencia en el cumplimiento de sus funciones (Artículo 255 del Código de Comercio).

De conformidad con el artículo 28 de la Ley 1429 de 2010, la Superintendencia de Sociedades es competente para conocer de las acciones de responsabilidad que se instauren en contra de los liquidadores, en ejercicio de funciones jurisdiccionales.

De otro lado, si el liquidador antes de cancelar todo el pasivo externo en una sociedad por acciones ha entregado algo por concepto de remanentes a los accionistas, los terceros a quienes no se les haya cancelado la totalidad de sus créditos, le reclamarán directamente al liquidador y hasta concurrencia de lo que los accionistas recibieron, y si el liquidador paga, queda autorizado para repetir de los asociados la sumas o bienes entregados antes de haber cancelado todo el pasivo externo.

Cuando se trata de sociedades por cuotas o partes de interés, las acciones que proceden contra los asociados debido a su responsabilidad por las operaciones sociales se ejercitarán contra los liquidadores como representantes de los asociados, tanto durante la liquidación como después de terminada la misma; con todo, dichos asociados deberán también ser citados al juicio correspondiente (Artículos 252 a 254 del Código de Comercio).

Para terminar, es de indicar que las acciones que los socios y terceros pueden ejercer en contra del liquidador prescriben en el término de cinco años contados a partir de la fecha en que sea aprobada la cuenta final de liquidación; y si es el liquidador el que pretende ejercer alguna acción contra los asociados, esta debe ejercerla dentro de los cinco años contados a partir de la disolución de la sociedad (Artículo 256 del Código de Comercio).

2) Liquidación Judicial Regulada en la Ley 1116 de 2006: antes de comentar este tipo de liquidación es necesario indicar algunos aspectos frente a la Ley 1116 de 2006.

Así tenemos que la Ley 1116 de 2006, hace parte de lo que se denomina derecho concursal, es decir, una serie de normas que lo que pretenden es ayudar al deudor que se encuentra en dificultades económicas, persiguiendo una triple finalidad, esto es, la salvaguarda del crédito, de la empresa y del empleo.

Esta ley consagra tres tipos de concursos:

1. Concurso recuperatorio: denominado proceso de reorganización empresarial, a través del cual lo que se persigue es preservar la empresa, siempre y cuando tenga viabilidad económica y financiera,

permitiendo llegar a un acuerdo de reorganización con sus acreedores para normalizar sus relaciones comerciales y crediticias (Inciso 2 artículo 1 de la Ley 1116 de 2006).

2. Concurso liquidatorio: denominado de liquidación judicial mediante el cual se pretende la liquidación ordenada y célere del patrimonio del deudor observando en todo caso el régimen de prelación de créditos (Inciso 3 artículo 1 de la Ley 116 de 2006).

3. Concurso transnacional: llamado de insolvencia transfronteriza el cual pretende facilitar el que los acreedores extranjeros se puedan hacer parte en un proceso de insolvencia celebrado en Colombia y viceversa; es decir, se trata de un tema de cooperación internacional. Vale la pena anotar que el régimen de la Ley 1116 sobre insolvencia transfronteriza fue tomado de la ley modelo de la CNUDMI o UNCITRAL que este organismo expidió sobre este asunto.

Ahora bien, de conformidad con el artículo 2 de la Ley 1116 de 2006, los sujetos que se pueden acoger a este régimen concursal son:

a) Personas naturales comerciantes.

b) Las personas jurídicas comerciantes que no se encuentren expresamente excluidas por estar sometidas a un régimen especial de salvamento o de liquidación forzosa administrativa como sería el caso de las entidades del sector financiero, entidades del mercado de valores, las empresas de servicios públicos domiciliarios, las ips, las eps, las entidades públicas, etc. (Artículo 3 de la Ley 116 de 2006).

c) Las sucursales de sociedades extranjeras

d) Los patrimonios autónomos destinados a la realización de actividades empresariales, como sería el caso de fideicomisos mercantiles fruto de la celebración de contratos de fiducia mercantil; inclusive la Superintendencia de Sociedades se ha pronunciado en el sentido de que una sucesión puede hacer parte de un proceso de reorganización empresarial.

Al respecto en Oficio 220-146766 del 12 de septiembre de 2014, esta entidad manifestó que:

> La actividad empresarial del comerciante, mantiene su dinámica aún después de su fallecimiento, de manera que el patrimonio autónomo sucesión ilíquida del comerciante adquiere la condición de un patrimonio autónomo afecto a la realización de actividad empresarial y, como tal, es sujeto del proceso de reorganización de pleno derecho.

Corresponde a la Superintendencia de sociedades en ejercicio de funciones jurisdiccionales conocer de manera privativa, de cualquiera de los tipos de concurso consagrados en la Ley 1116 de 2006, cuando el sujeto del mismo sea una sociedad, una empresa unipersonal o una sucursal de sociedad extranjera; mientras que esta entidad tendrá competencia a prevención con el juez civil del circuito del domicilio del deudor cuando el sujeto del concurso sea una persona natural comerciante (Artículo 6 de la Ley 1116 de 2006).

Con todo, dentro de los procesos de reorganización empresarial se puede dar la figura de un promotor como órgano encargado de administrar este concurso recuperatorio (Artículo 35 de la Ley 1429 de 2010); y en cambio en el concurso liquidatorio de liquidación judicial, siempre se requiere de la existencia de un liquidador como órgano de administración de este tipo de concurso.

Dentro de los presupuestos para acceder al proceso de reorganización empresarial (concurso recuperatorio) se encuentran:

a) Cesación de pagos: esto es cuando el deudor incumpla el pago por más de 90 días de dos o más obligaciones, fruto de su actividad empresarial a favor de 2 o más acreedores, o tenga por lo menos 2 demandas de ejecución presentadas por 2 o más acreedores; lo anterior siempre y cuando las obligaciones incumplidas representen por lo menos el 10 % del pasivo total a cargo del deudor (Numeral 1 artículo 9 de la Ley 1116 de 2006).

b) Incapacidad de pago inminente: esta causal no opera tratándose de deudor persona natural y hace alusión a que el deudor acredite la existencia de circunstancias en el mercado o al interior de su empresa que afecten, o razonablemente puedan afectar en forma grave, el cumplimiento normal de sus obligaciones con un vencimiento igual o inferior a 1 año (numeral 2 artículo 9 de la Ley 1116 de 2006).

Vale la pena señalar aquí, que el presupuesto de incapacidad de pago inminente se encuentra actualmente suspendido por un periodo de 24 meses debido al artículo 15 del Decreto 560 de 2020, norma que adoptó medidas transitorias especiales en materia de insolvencia con ocasión de la pandemia del Covid-19.

Dentro de los efectos que genera la admisión a un proceso concursal de reorganización empresarial, tenemos:

a) No podrán admitirse ni continuarse demandas de ejecución contra el deudor, por lo que los procesos que se hubiesen iniciado antes de la admisión del deudor al proceso de reorganización tendrán que ser remitidos al trámite concursal, lo anterior por el principio de universalidad (Numeral 1 artículo 4 y artículo 20 de la Ley 1116 de 2006).

b) No podrá dársele por terminado al deudor ningún contrato ni declararse la caducidad administrativa (Artículo 21 de la Ley 1116 de 2006).

c) No podrán iniciarse ni continuarse procesos de restitución de tenencia sobre bienes muebles o inmuebles con los que el deudor desarrolle su objeto social (Artículo 22 de la Ley 1116 de 2006).

A través de este proceso de reorganización, a los acreedores del deudor concursado se les asignan derechos de voto y se incluyen en alguna de las categorías que consagra la ley, para que, con fundamento en esto, puedan votar válidamente un acuerdo de reorganización que permita la normalización crediticia y el salvamento del deudor; acuerdo que se debe de efectuar en un término de cuatro meses (Artículos 24 y siguientes de la Ley 1116 de 2006).

Con todo, si no se logra llegar a un acuerdo de reorganización, se procede a buscar un acuerdo de adjudicación de los bienes del deudor, el cual, sino se logra hacer la adjudicación, la procederá a realizar el juez del concurso (Artículo 37 de la Ley 1116 de 2006).

Ahora bien, con ocasión de la pandemia del covid-19, el Gobierno nacional expidió en su momento el Decreto 560 de 2020[9], con el fin de hacerle frente a las empresas que por esta situación se encontraban en dificultades económicas, norma que, en términos generales, consagraban por un periodo de dos años desde su entrada en vigor, aspectos como:

a) La morigeración de los requisitos para acceder al concurso recuperatorio de la Ley 1116 de 2006: en estos términos, señala el artículo 2 del Decreto 560, que el juez del concurso no realizará auditoria sobre la exactitud de los documentos aportados ni sobre la información financiera o cumplimiento de las políticas contables.

b) La flexibilización en el pago de pequeños acreedores: en estos términos el deudor concursado podrá pagar anticipadamente, sin autorización del juez del concurso, a los acreedores laborales no vinculados y a los proveedores no vinculados, que sean titulares de acreencias

9 Mediante la Sentencia C-390 de 2023 de la Corte Constitucional, se declaro inexequible el articulo 96 de la Ley 2277 de 2022 que prorrogaba la vigencia del Decreto 560 y 772 de 2020 hasta el 31 de diciembre de 2023.

que en su totalidad no superen el 5% del total del pasivo externo del deudor, para lo cual se le permite al deudor, sin necesidad de autorización del juez del concurso, enajenar activos no afectos al giro ordinario del negocio (Artículo 3 del Decreto 560 de 2020).

c) Para facilitar la celebración de los acuerdos de reorganización se admiten mecanismos tales como: capitalización de créditos, descarga de pasivos, y pactos de deuda sostenible (Artículo 4 del Decreto 560 de 2020).

d) El establecimiento de preferencias para su pago y garantías para los créditos que obtenga el deudor concursado entre el inicio del proceso de reorganización y la confirmación del acuerdo (Artículo 5 del Decreto 560 de 2020).

e) La creación de mecanismos para evitar la liquidación judicial inminente del deudor, mediante el aporte de nuevo capital por parte de sus acreedores que cubra como mínimo, el valor de la totalidad de los créditos de la primera clase, las indemnizaciones laborales por terminación anticipada sin justa causa, la normalización de los pasivos pensionales, los gastos de administración de la reorganización, los créditos a favor de los acreedores garantizados y los demás créditos con vocación de pago. Una vez realizado este aporte, el juez del concurso ordenará, por consiguiente, la capitalización a valor nominal de las acreencias pagadas y la correspondiente emisión de nuevas acciones a favor de él o de los adquirentes (Artículo 6 Decreto 560 de 2020).

f) La creación de mecanismo extra-judiciales de negociación tales como:

- La negociación de emergencia de acuerdos de reorganización (artículo 8 del Decreto 560 de 2020): mediante este mecanismo, el deudor y sus acreedores pueden negociar y llegar a un acuerdo de reorganización de manera extrajudicial, para lo cual el deudor deberá informar al juez del concurso, el inicio de la negociación cumpliendo con alguno de los supuestos del artículo 9 de la Ley 1116 de 2006; así mismo, el acuerdo celebrado deberá presentarse al juez del concurso para su correspondiente confirmación. La negociación tendrá una duración máxima de tres meses.

Cabe igualmente destacar que, en este mecanismo de negociación de emergencia, el deudor puede negociar acuerdos de reorganización con una o varias de las categorías de acreedores contempladas en el artículo 31 de la Ley 1116 de 2006, con lo cual los efectos del acuerdo confirmado solamente obligan a la categoría de acreedores respectiva.

Durante el trámite de la negociación se suspenderán los procesos de ejecución, cobro coactivo, restitución de tenencia y ejecución de garantías en contra del deudor; así como se brinda la posibilidad al deudor de aplazar los pagos de las obligaciones por concepto de gastos de administración que, a su juicio, considere necesario aplazar, salvo el pago de salarios, aportes parafiscales, u obligaciones con el sistema de seguridad social.

- Procedimiento de Recuperación Empresarial en las Cámaras de Comercio (Artículo 9 del Decreto 560 de 2020): el deudor –tanto aquel que llene los requisitos para acogerse a la Ley 1116 de 2006, como aquellos excluidos de dicha ley cuando no estén sujetos a un régimen especial de forma obligatoria o carezcan de un régimen de salvamento– puede acudir a la Cámara de Comercio de su domicilio para que, con la ayuda de un mediador, se logre llegar a un acuerdo de reorganización con sus acreedores, acuerdo que deberá, en todo caso, ser validado por el juez del concurso, o ante los jueces civiles del circuito en el caso de los sujetos del artículo 3 de la Ley 1116 de 2006.

Este mecanismo extrajudicial tiene una duración máxima de tres meses contados desde la comunicación de su inicio.

A partir del comienzo de este procedimiento de recuperación, se suspenden los procesos de ejecución, cobro coactivo, restitución de tenencia y ejecución de garantías, respecto de todos los acreedores.

Cuando fracase la celebración de un acuerdo de reorganización mediante el trámite de cualquiera de estos mecanismos extrajudiciales, el deudor no podrá, dentro del año siguiente a su terminación, volverlos a intentar, no obstante, podrá solicitar su admisión al régimen concursal de la Ley 1116 de 2006 (Artículo 10 del Decreto 560 de 2020). Es de anotar que ambos mecanismos extrajudiciales fueron reglamentados por el Decreto 842 de 2020.

g) Suspensión por un término de 24 meses del supuesto de admisibilidad al régimen de reorganización empresarial de incapacidad de pago inminente consagrado en el numeral 2 del artículo 9 de la Ley 1116 de 2006. No obstante, dicha suspensión no opera para los mecanismos extrajudiciales de negociación de emergencia o de recuperación empresarial (Numeral 1 del artículo 15 del Decreto 560 de 2020).

Igualmente se suspende por un término de 2 años, contados desde la vigencia del Decreto 560 de 2020, el trámite de procesos de liquidación por adjudicación consagrado en los artículos 37 y 38 de la Ley 116 de 2006; suspensión que no aplica a los que se encuentren en curso (Numeral 2 del artículo 14 del Decreto 560 de 2020).

Por otro lado, la Ley 1116 de 2006, consagra un concurso de carácter liquidatorio denominado liquidación judicial, el cual, como mencionábamos supra, tiene por finalidad la liquidación rápida y ordenada del patrimonio del deudor mediante la observancia de la prelación de créditos de sus acreedores.

Este trámite concursal puede iniciarse, o bien directamente por las causales de liquidación inmediata consignadas en el artículo 49 de la Ley 1116 de 2006, o bien por incumplimiento del acuerdo de reorganización, fracaso o incumplimiento de un concordato en los términos de la Ley 222 de 1995, o por fracaso o incumplimiento de un acuerdo de reestructuración de la Ley 550 de 1999 (Artículo 47 de la Ley 1116 de 2006).

La providencia de apertura de un proceso de liquidación judicial contiene lo consignado en el artículo 48 de la Ley 1116 de 2006, y está sujeta a inscripción en el registro mercantil (Numeral 9 del artículo 28 del Código de Comercio).

En este trámite concursal de liquidación judicial, se da la presencia de un liquidador como órgano de administración del concurso (Numeral 1 del artículo 48 de la Ley 1116 de 2006).

Dentro de los efectos de la apertura de un proceso de liquidación judicial, tenemos (Artículo 50 de la Ley 1116 de 2006):

a) Disolución de la persona jurídica, por lo que para todos los efectos legales se deberá anunciar con la expresión "en liquidación".

b) La cesación de funciones de los órganos sociales y de fiscalización de la persona jurídica.

c) La separación de todos los administradores de la sociedad.

d) La terminación de los contratos de tracto sucesivo, de cumplimiento diferido, o de ejecución instantánea; no necesarios para la preservación de los activos, así como los de fiducia mercantil y encargos fiduciarios constituidos por el deudor para respaldar obligaciones propias o ajenas.

e) La terminación de los contratos de trabajo con el pago de la correspondiente indemnización a que tengan derecho los trabajadores.

f) La exigibilidad de todas las obligaciones a plazo del deudor; teniendo en todo caso en cuenta que, la apertura de un concurso de liquidación judicial de un deudor solidario no conlleva la exigibilidad de las obligaciones solidarias respecto de los demás codeudores.

g) La remisión al juez del concurso de todos los procesos de ejecución que estén siguiéndose en contra del deudor concursado.

h) La interrupción del término de prescripción, y la inoperancia de la caducidad de las acciones contra el deudor o contra sus codeudores, avalistas, fiadores, aseguradores, etc.

i) La prevención a los deudores del concursado de que solo pueden pagar al liquidador, so pena de ineficacia.

j) La prohibición para administradores, asociados y controlantes de disponer de cualquier bien que forme parte del patrimonio liquidable del deudor o de realizar pagos o arreglos sobre obligaciones anteriores al inicio del proceso de liquidación judicial a partir de la providencia que lo decrete, so pena de ineficacia.

Por último, es de anotar que este trámite concursal de liquidación judicial finaliza cuando quede ejecutoriada la providencia de adjudicación, o por la celebración de un acuerdo de reorganización (Artículo 63 de la Ley 1116 de 2006).

Cabe subrayar que el Decreto 1749 de 2011, regula el tema de la insolvencia en grupos empresariales.

En definitiva, señala la Superintendencia de Sociedades en Oficio 220-020094 del 2 de marzo de 2021, como características del proceso de liquidación voluntaria por oposición al proceso de liquidación judicial, que:

- En el proceso de liquidación voluntaria no es un trámite jurisdiccional
- En el proceso de liquidación voluntaria no existe un fuero de atracción de los procesos ejecutivos, mientras que en el proceso de liquidación judicial sí existe.
- En el proceso de liquidación voluntaria no se suspenden los procesos ejecutivos, mientras que en el proceso de liquidación judicial sí.
- El liquidador en el proceso de liquidación voluntaria no tiene la connotación de auxiliar de la justicia, mientras en el de liquidación judicial sí.

- En el proceso de liquidación voluntaria no existe un régimen de insolvencia transfronterizo, mientras en el de liquidación judicial sí existe.
- En el proceso de liquidación voluntaria no existe un término para hacerse parte dentro del mismo, mientras en el de liquidación judicial sí existe.
- Tanto en el proceso de liquidación voluntaria y de liquidación judicial, existe la posibilidad de reactivación como de celebración de un acuerdo de reorganización de la sociedad.

Adicional a todo lo anterior el Gobierno Nacional, para hacerle frente a la incidencia del covid-19 en el sector empresarial, mediante el Decreto 772 de 2020[10] creo en su momento dos tipos de regímenes concursales para las pequeñas empresas esto es aquellas cuyos activos eran iguales o inferiores a los 5000 Salarios Mínimos Legales Mensuales Vigentes, denominados el proceso de reorganización abreviado y el proceso de liquidación judicial simplificado.

3) Liquidación Judicial Regulada en el Código General del Proceso: cuando la sociedad se encuentra en cursa en alguna causal de disolución legal o estatutaria, y a pesar de ello, los socios no la han declarado y procedido a su liquidación, cualquiera de los socios puede acudir ante el juez para que este declare la disolución y decrete la liquidación de la sociedad (Artículo 524 a 530 del Código General del Proceso).

21. EL GOBIERNO CORPORATIVO

De conformidad con la Guía de buenas prácticas de gobierno corporativo para empresas competitivas, productivas y perdurables (Superintendencia de Sociedades, Cámara de Comercio de Bogotá y Confecámaras, 2020) se entiende por gobierno corporativo "...un conjunto de estructuras, principios, políticas y procesos (buenas prácticas empresariales) para la dirección, administración y supervisión de cualquier empresa, cuyo propósito es mejorar su desempeño, generar valor y garantizar su competitividad, productividad y perdurabilidad". (2020, p. 12).

---

10 Mediante la Sentencia C-390 de 2023 de la Corte Constitucional, se declaró inexequible el artículo 96 de la Ley 2277 de 2022 que prorrogaba la vigencia del Decreto 560 y 772 de 2020 hasta el 31 de diciembre de 2023.

En este orden de ideas, el gobierno corporativo como sistema que conjuga una serie de pautas e instrucciones en la búsqueda de un óptimo ejercicio de los órganos de dirección, administración y supervisión de la compañía, en aras de una explotación eficiente del objeto social y un manejo adecuado de los eventuales conflictos de interés al interior de la misma, debe de tener en cuenta en su implementación, aspectos tales como:

a) El manejo y gestión de la información, su clasificación y los canales para su comunicación, así como las consecuencias que acarrea el mal manejo de la información que se considera privilegiada o sometida a confidencialidad, reserva o secreto. Al respecto manifiesta Diana C. Domínguez A.

> El gobierno corporativo es un conjunto de herramientas que facilitan la interacción de los diferentes actores que participan en el día a día de las empresas. Para esa interacción es fundamental que la comunicación sea clara y contundente, es necesario dejar establecidos los conductos regulares, con quienes se debe hablar y abordar los temas de manera oportuna y eficiente para tomar correctivos rápidos que ayuden a retomar y ajustar lo que sea requerido en virtud de los resultados. (2020, p. 13).

b) El establecimiento de reglas y condiciones para poder aspira a ser parte de la junta directiva o de la gerencia, tales como, nivel de formación profesional, carácter independiente de los accionistas, remuneración, etc.

c) La creación de comités de soporte a las funciones de la junta directiva, tales como, comités de análisis financiero, de supervisión, de riesgos, de aspectos laborales, etc.

d) Cuando se trata de sociedades de familia, el nombramiento de asambleas de familia, de consejos de familia y de protocolos de familia.

Al respecto señala Alexander Guzmán, Mónica llanos y María Andrea Trujillo que:

> Las asambleas de familia pretenden reunir miembros familiares, participen o no de manera directa en la propiedad de la empresa, para fortalecer los vínculos entre ellos, mejorar la comunicación y crear un sentido de pertenencia. Los consejos de familia funcionan de manera similar a las juntas directivas. Se constituyen con un número limitado de miembros de la familia que pueden ser elegidos por la asamblea familiar y que trabajan en la comunicación y regulación de la relación familia-empresa. Y las constituciones o protocolos familiares representan un compromiso explícito de la manera como la familia se relaciona con la empresa. Por ejemplo, establecen las condiciones para recibir apoyo económico para estudio o calamidades y, especialmente, aquellas que deben cumplir los integrantes de la familia para trabajar en la empresa. (2020, p. 49-50).

En palabras de Andrés Gaitán Rozo:

> Los protocolos de familia, entendidos como esos grandes acuerdos que permiten mantener el equilibrio dinámico entre empresa, familia y propiedad, suelen incluir diferentes temas relevantes relacionados con los administradores: juntas directivas, formación de líderes, proceso para elección de altos ejecutivos, vinculación de la familia en cargos directivos, derechos y deberes, diferenciación de roles, evaluación y remoción, relaciones entre administradores y asamblea de accionistas, mecanismos de información, conflictos de intereses, rendición de cuentas, entre otros.

e) La elaboración de matrices de riesgos empresariales y la capacitación sobre los mismos a los administradores y empleados de la compañía, así como la elaboración de propuestas de mitigación y superación de los mismos.

f) El diseño de protocolos de ética empresarial y la capacitación sobre los mismos en todas las áreas de la empresa, con lo cual, dentro de estos protocolos, se deben abordar asuntos como el manejo y tramite de los conflictos de interés, la gestión de los negocios jurídicos con partes vinculadas a la compañía, y el manejo apropiado de los activos de la sociedad.

g) El establecimiento de reglamentos tanto para la asamblea o junta de socios, como para la junta directiva y el representante legal, en donde, se determine de forma clara y específica, cuáles son sus funciones, sus facultades, el rol que desempeña cada órgano, y sus responsabilidades e inhabilidades para el ejercicio de sus actividades.

h) Suscripción de acuerdos de accionistas donde se establezcan directrices claras y oponibles a la sociedad sobre el manejo que se le va a dar a la compañía.

22. COSTUMBRES SOCIETARIAS

La costumbre comercial entendida esta en palabras de Gustavo Beltrán Valencia como:

> [...] por costumbre entendemos todas aquellas practicas uniformes, públicas y reiteradas frente a las cuales existe una conciencia de obligatoriedad, las cuales se han venido decantando por la comunidad de comerciantes en sus actividades comerciales (2024, p. 39).

La costumbre entonces ocupa un lugar relevante dentro de nuestro régimen jurídico comercial pues como manifiesta este mismo autor:

> En nuestro sistema de fuentes mercantil, la costumbre ocupa un sitial importante por cuanto, aunque no puede ir en contra ni de ley comercial imperativa, ni dispositiva, ni supletiva, y se encuentra subordinada a las estipulaciones contractuales, sí prefiere a todo el ordenamiento civil no invocado expresamente por nuestro legislador comercial. Artículos 2, 3 y 4 del Código de Comercio. (2024, p. 39).

Ahora bien, no obstante el reconocimiento que como fuerza normativa posee la costumbre comercial, su estudio ha sido muy incipiente en el ámbito del derecho societario, por lo que en las siguientes líneas se presenta el estudio de algunas prácticas societarias, las cuales valdría la pena que entidades como las Cámaras de Comercio analizaran en profundidad para de este modo entrar a determinar si cumplen con los requisitos objetivos (uniforme, pública, reiterada y vigente) y subjetivo (con conciencia de obligatoriedad) para llegar a ser certificadas como verdaderas costumbres comerciales. En este orden de ideas tenemos a las siguientes:

1) Cuando en las sociedades por acciones simplificadas SAS, se pacta la prohibición de enajenación de acciones, su plazo usualmente es de 10 años:

- Normativa:

El artículo 13 de la ley 1258 de 2008 plantea la posibilidad de que en las sociedades por acciones simplificadas se pueda restringir la negociabilidad de las acciones pactando en los estatutos una cláusula que prohíba la enajenación de estas o de alguna de sus clases hasta por el termino de 10 años, tiempo que puede ser prorrogado por periodos adicionales de 10 años por voluntad unánime de todos sus accionistas.

Por su parte, el artículo 15 de esta misma ley sanciona con ineficacia de pleno derecho la negociación de las acciones frente a las cuales se haya pactado esta restricción.

- Doctrina:

Señala Gustavo Beltrán, refiriéndose a las sociedades por acciones simplificadas que:

> Las acciones como títulos valores nominativos que son, se transfieren mediante endoso, entrega e inscripción en el libro de registro de accionistas que lleva la sociedad [...] Si bien las acciones en este tipo societario son en principio libremente negociables, la ley 1258 de 2008, consagra dos posibilidades de restricción a su negociación vía estatutaria; así, tenemos que en los estatutos se puede pactar la prohibición de negociación de las acciones hasta por un término máximo de 10 años, termino que podrá ser prorrogado por periodos

> adicionales de hasta diez años, por voluntad unánime de los socios (artículo 13 de la ley 1258 de 2008) (Beltrán, 2023, p. 171 y 172).

Así las cosas, dado el amplio margen de acción del cual gozan los accionistas en las sociedades por acciones simplificadas es que estos pueden pactar válidamente este tipo de cláusulas de limitación a la negociabilidad de las acciones, máxime si unánimemente consideran que el establecimiento de estas será un mecanismo eficiente e indispensable para la permanencia, seguridad y adecuado desarrollo de la compañía.

> Al respecto, si bien podría pensarse que la prohibición de negociar acciones constituye un atentado contra principios de rango constitucional asociados a la libertad de empresa y al derecho de propiedad mismo, lo cierto es que en el evento de darse tal prohibición no se trataría de una limitación de índole legal, sino contractual, que al contar con la voluntad de los socios, sería una restricción autoimpuesta por libre decisión de los afectados, cosa que a nuestro juicio no vulnera, sino que, por el contrario, reafirma la libertad de disposición sobre la propiedad, que precisamente entraña la posibilidad de disponer o no disponer de lo que se tiene. A lo anterior se suma que el plazo de la limitación no puede extenderse sino por voluntad unánime, es decir, contando una vez más con la aprobación de los afectados, y que, si los estatutos sociales en su forma inicial no contemplan esta cláusula, la misma solo podrá introducirse por decisión unánime, como acertadamente lo contempla el artículo 41 de la ley 1258. La única glosa que a nuestro juicio merece la norma en referencia es la arbitraria y caprichosa limitación de los 10 años, ya que, si estamos hablando de un tipo social cuya regulación propende por la libertad contractual, no parece tener mucho sentido ponerles límites a esa libertad en algo que solo habrá de afectar los derechos de quienes así lo deciden, lo cual resulta perfectamente posible a la luz del artículo 15 del Código Civil donde se indica que son renunciables los derechos (en este caso, el derecho a transferir acciones) en la medida en que la renuncia solo mire el interés del renunciante (que en este caso serian los accionistas a través del consentimiento impartido al pacto estatutario). (Cuberos, 2020, p. 143).

- Pronunciamientos:

Señala la Superintendencia de Sociedades en Oficio 220-060051 que:

> Así, como es sabido, hay que tener presente que la citada ley se caracteriza por su flexibilidad en cuanto permite que los particulares definan con un gran margen de amplitud las reglas a las que habrán de someterse los asuntos relacionados con la organización y funcionamiento de la sociedad. [...].
>
> En esa medida es dable observar que si bien el articulo 3 determina que la SAS es una sociedad de capitales, el contexto de la ley recoge la orientación del régimen francés que sirvió de inspiración a la misma, en el reconocimiento del elemento *intuito personae* que podría asumir esta nueva forma asociativa, al consagrar facultades expresas que permiten limitar estatutariamente la libre negociación de las acciones con estipulaciones que van incluso más allá del simple derecho de preferencia, como las que permiten restringir la venta de

acciones hasta por un término de 10 años prorrogable por un lapso igual (art., 13), someter a la autorización previa de la asamblea cualquier negociación (art., 14) o, establecer supuestos de exclusión de socios (art., 39).

- Comentario:

Son diversas las razones por las cuales se puede llegar a pactar la no negociabilidad de las acciones de una SAS, particularmente cuando se trata de una SAS de familia esta cláusula puede estar dirigida especialmente mantener la cohesión del grupo familiar dentro de la sociedad evitando el ingreso de extraños a la misma; ahora bien, dado que la libre negociabilidad de las acciones es parte de los derechos patrimoniales que incorporan las acciones, el convenio que limite su negociabilidad no transgrede ninguna norma de carácter imperativo en la medida en que el ordenamiento jurídico permite la renuncia a los derechos patrimoniales, siempre que dicha renuncia no afecte a terceros (artículo 15 del Código Civil)

En igual sentido, este tipo de clausula restrictiva tampoco va en contravía del derecho de asociación constitucional ni en su faceta positiva ni negativa[11], dado que el pacto en cuestión no se impone y es producto del consentimiento de todos los accionistas de la sociedad.

Corolario de lo anterior es que el pacto de restricción de negociación de acciones dentro de los estatutos de una SAS es plenamente valido y debe estar llamado a producir plenos efectos jurídicos.

- Utilidad Práctica de esta Costumbre y Consonancia con la Ley Comercial:

La presente practica no contraria la ley comercial dado que nuestro legislador societario con mayor o menor intensidad y dependiendo del tipo

---

11 La jurisprudencia constitucional, en Sentencia C-399 del 2 de junio de 1999, M. P. Alejandro Martínez Caballero, ha manifestado frente a estos dos aspectos que:
(...) el primer aspecto del derecho de asociación, –de carácter positivo–, puede ser descrito como la facultad de toda persona para comprometerse con otras en la realización de un proyecto colectivo, libremente concertado, de carácter social, cultural, político, económico, etc. A través de la conformación de una estructura organizativa reconocida por el Estado, capacitada para observar los requisitos y trámites legales instituidos para el efecto y operar en el ámbito jurídico. El segundo, de carácter negativo, conlleva la facultad de todas las personas de abstenerse a formar parte de una determinada asociación y la expresión del derecho correlativo a no ser obligado, –ni directa ni indirectamente a ello–, libertad que se encuentra protegida por los artículos 16 y 38 de la Constitución.

societario permite la inclusión de elementos accidentales que restrinjan la libre negociabilidad de las acciones, como puede ser a título ejemplificativo el pacto de preferencia en la negociación de las acciones en las sociedades anónimas, artículo 407 del Código de Comercio, y para el caso de las SAS el pacto de no negociabilidad de sus acciones hasta por el termino de 10 años. Artículo 13 de la Ley 1258 de 2008.

Por otro lado, la utilidad de la práctica bajo análisis radica en mantener la cohesión de los socios fundadores, evitando el ingreso de extraños a la sociedad, particularmente para el caso de las sociedades catalogadas como de familia.

- Referencias bibliográficas frente a esta práctica:

Beltrán Valencia, G.A. (2023). *Lecciones de sociedades comerciales*. Ediciones Unaula.

Código Civil. (2019) 42 ed. Legis

Código de Comercio. (2019) 41 ed. Legis

Cuberos de las Casas, F. (2020). Control y transferencia de acciones. En Mesa, M.L. y Cárdenas Mejía, J.P. Diez años de las S.A.S. análisis y perspectivas desde una visión académica. (pp. 125-148). Ediciones Ibañez.

Superintendencia de Sociedades. Oficio 220-06051 del 6 de agosto de 2012.

Sentencia C-399 del 2 de junio de 1999. Corte Constitucional, MP Alejandro Martínez Caballero

2) Es práctica común que se inscriba en el registro mercantil un extracto del acta que autoriza al representante legal para celebrar actos por encima de su capacidad estatutaria, lo anterior cuando en los estatutos de la sociedad se han expresamente limitado sus facultades:

- Normativa:

Conforme al artículo 196 del Código de Comercio la representación de la sociedad se ajustará a las estipulaciones contenidas en el contrato social de acuerdo con el régimen de cada tipo societario.

Ahora bien, para que dichas estipulaciones sean oponibles a terceros estas deben encontrarse debidamente inscritas en el registro mercantil.

A falta de estipulación que limite o restringa las facultades del representante legal, se entenderá que este se encuentra facultado para celebrar o ejecutar todos los actos y contratos comprendidos dentro del objeto social o que se relacionen directamente con la existencia y el funcionamiento de la sociedad.

De otro lado, el artículo 901 del Código de Comercio, sanciona con inoponibilidad al negocio jurídico celebrado sin el cumplimiento de los requisitos de publicidad que la ley exige.

Así mismo, los artículos 189 y 431 del mismo estatuto indican que las decisiones tomadas en asamblea de accionistas o junta de socios deberán para efectos probatorios, constar en actas las cuales deben de ser aprobadas y contener los requisitos mencionados en dichos artículos.

Para estos efectos, el inciso segundo del artículo 189 del mismo código, dispone que la copia de las actas, autorizadas por el secretario o por algún representante de la sociedad, será prueba suficiente de los hechos que consten en ellas, mientras no se demuestre falsedad de la copia o de las actas.

Las decisiones de junta directiva al tratarse de un órgano colegiado también deben de constar en actas con esta misma finalidad de carácter probatorio, según voces el mismo artículo.

Finalmente, señala el inciso segundo del artículo 42 de la Ley 1429 de 2010 que: *Se presumen auténticas, mientras no se compruebe lo contrario mediante declaración de autoridad competente, las actas de los órganos sociales y de administración de las sociedades y de entidades sin ánimo de lucro, así como sus extractos, y copias autorizadas por el Secretario o por el Representante de la respectiva persona jurídica, que deben registrarse ante las Cámaras de Comercio.*

- Doctrina:

Señala Gustavo Beltrán, refiriéndose a que las sociedades como personas jurídicas gozan del atributo de la representación legal que:

> Para poder adquirir derechos y contraer obligaciones, las sociedades deben actuar por conducto de un representante legal, el cual está facultado -salvo que se le hayan limitado sus facultades, limitación que debe estar inscrita en el registro mercantil para efectos de oponibilidad- para realizar todos aquellos actos y contratos comprendidos dentro del objeto social (Artículo 196 del Código de Comercio).
> Es de tener en cuenta que, en algunos tipos societarios, como se indicará más adelante, la administración y representación legal de la sociedad en principio se radica en cabeza de todos y cada uno de los socios, mientras que en otras sociedades su administración y representación legal recae en mandatarios temporales y libremente revocables. (2023, p. 89).

Por su parte y refiriéndose a la oponibilidad registral menciona Jorge Hernán Gil Echeverry que:

> En términos generales, la publicidad registral tiene dos caras: una positiva y otra negativa. La oponibilidad por su lado positivo, consiste en la expansión de los efectos jurídicos de un acto o contrato o de una providencia judicial o administrativa, frente a todo el mundo, por haberse cumplido con la formalidad de la inscripción del respectivo documento, en un registro público. En su aspecto negativo, el acto o contrato no inscrito no produce efectos frente a

> terceros, institución jurídica que corresponde a lo que el legislador denomina la inoponibilidad. (2020, p. 5).

De estas consideraciones legales y doctrinales, tenemos que las limitaciones que se le vayan a imponer a las facultades del representante legal deben de inscribirse en el registro mercantil para efectos de publicidad frente a terceros.

Ahora bien, señala Luis Gonzalo Baena Cárdenas que los actos que celebre el representante legal por encima de sus facultades estatutarias se encontrarían viciados de nulidad absoluta, al respecto este doctrinante afirma que:

> El hecho de que las actividades constitutivas del objeto social determine no solo la capacidad jurídica de la sociedad, sino que, además, determine el ámbito de actuación de sus órganos de disposición y de gestión y, por ende, su responsabilidad, constituye un desarrollo de la denominada doctrina ultra vires, acogida expresamente por nuestro derecho positivo en los términos que da cuenta el artículo 306 del Código de Comercio, de acuerdo con el cual la sociedad solo se obliga por las operaciones que corresponden al objeto social y han sido autorizadas con la razón social.
> Así, entonces, los actos y negocios jurídicos celebrados por los administradores excediendo los límites de la capacidad jurídica de la sociedad se encuentran sancionados por el derecho con la nulidad absoluta, la cual no es susceptible de saneamiento por ratificación o por prescripción, como lo previene el artículo 1492 del Código Civil, a pesar de que su cumplimiento haya sido decidido por los socios. (2021, p. 200).

Finalmente, frente al valor probatorio de las actas manifiesta José Ignacio Narváez García que:

> La voluntad social que se manifiesta por el voto de la mayoría queda plasmada en el acta que firman ciertas personas investidas de autoridad por la ley o por los estatutos. Además, el número de participantes en su génesis y aprobación, así como la forma de redactarlas, le imprimen un margen de certidumbre y seriedad que se compagina con la rapidez y seguridad que requiere el tráfico mercantil. Ciertamente, el acta no es un papel domestico que refleje la voluntad de quienes la suscriben, sino un instrumento que revela la voluntad colectiva. Por eso la ley confiere al libro de actas y a las copias autorizadas por el secretario de la sociedad o por su representante legal, merito probatorio pleno de los hechos que consten en ellas, mientras no se comprueba la falsedad del acta o de su copia. (2005, p. 335).

- Pronunciamientos:

Señala la Superintendencia de Sociedades en Oficio 220-068333 del 28 de marzo de 2023 que:

> De la misma manera encontramos, que la legislación mercantil provee la figura de la representación legal como mecanismo de proyección de la capacidad de la sociedad, tal y como se pone de presente en el texto de los artículos 100, 196 y 198, y respecto de las sociedades anónimas 440 del Código de Comercio. Así, exige que en el acto de constitución de la sociedad se indique la forma de administrar los negocios sociales conforme al régimen de cada tipo de sociedad, nombre y domicilio de la persona o personas que han de representarla legalmente, precisando sus facultades y obligaciones, llegando incluso a prever que a falta de estipulaciones se entenderá que las personas que representan a la sociedad podrán celebrar o ejecutar todos los actos y contratos comprendidos dentro del objeto social o que se relacionen directamente con su existencia y funcionamiento.
>
> Es decir, la representación legal de las personas jurídicas comerciales es inherente a ellas por expresa disposición de la ley mercantil, la cual puede ser objeto de limitaciones o restricciones que deben ser precisadas en el contrato social.
>
> En este orden de ideas, tenemos en cuanto a la representación legal de una sociedad:
>
> Es fundamental, inseparable, indelegable y de la esencia de la persona jurídica.
>
> La función misma de la representación legal, puede ser reglamentada en su ejercicio siempre que conste en el contrato social.

De otro lado, la jurisprudencia de la Corte Suprema de Justicia en Sentencia 4025 del 30 de noviembre de 1994. M. P. Héctor Marín Naranjo aduce frente a la extralimitación por parte del representante legal de sus facultades estatutarias que:

> Resulta pues, atendible sostener que los actos de los representantes que desborden los limites antedichos son sancionados por el ordenamiento de una particular forma de ineficacia que se conoce como la inoponibilidad del negocio frente al representado, figura distinta a cualquier otro medio de sanción de los actos irregulares, especialmente las dimanantes de la incapacidad de la persona.

- Comentarios:

Dada la importancia que tiene para los terceros interesados a la hora de celebrar negocios jurídicos con una sociedad conocer cuáles son las facultades que en un momento determinado ostentan sus representantes legales, es que la legislación comercial ordena la inscripción de sus atribuciones en el registro mercantil y, de esa manera, brindarles oponibilidad y de contera evitar sanciones como que el acto jurídico le sea inoponible a la sociedad o inclusive nulo de nulidad absoluta por falta de capacidad.

Ahora bien, al interior de una asamblea o junta de socios, o al interior de una junta directiva, (de ser el caso) se toman variadas decisiones no todas sujetas a inscripción en el registro mercantil[12] y que, consecuentemente, no ameritan dotarlas de publicidad frente a los terceros, con lo cual es dable que cuando siguiendo el procedimiento estatutario de autorización, dentro de una reunión de asamblea o junta de socios o de junta directiva, dentro de las decisiones que se toman se encuentra la de aumentar la capacidad estatutaria del representante legal, no es necesario inscribir toda el acta en el registro mercantil, sino solo el extracto de la misma relativo a dicha autorización.

- Utilidad Práctica de esta Costumbre y Consonancia con la Ley Comercial:

Esta práctica se encuentra en consonancia con la ley comercial por cuanto la misma normativa mercantil exige que ciertos actos jurídicos, y documentos se inscriban en el registro mercantil para dotarlos de publicidad frente a terceros; ahora bien, resulta útil su aplicación en la medida en que al ser los actos sujetos a inscripción de carácter taxativo, es adecuado llevar a inscribir únicamente el extracto del acta que faculta al representante legal por encima de su capacidad estatutaria y no la totalidad de un acta que adicional a esta autorización puede contener decisiones no sujetas a inscripción en el registro mercantil.

- Referencias bibliográficas frente a esta práctica:

Baena Cárdenas, L.G. (2021). Algunos aspectos teóricos y prácticos del derecho mercantil. Tomo I. régimen jurídico de las sociedades comerciales en Colombia. Editorial Universidad Externado de Colombia.

Beltran Valencia, G.A. (2023). Lecciones de sociedades comerciales. Ediciones Unaula.

Código de Comercio. (2019) 41 ed. Legis

Congreso de Colombia (29 de diciembre de 2010). Por la cual se expide la ley de formalización y generación de empleo. [Ley1429 de 2010] DO: 47.937.

Corte suprema de justicia, sala de casación civil, sentencia 4025 del 30 de noviembre de 1994. M.P. Héctor Marín Naranjo.

Gil Echeverry, J.H. (2020). El negocio jurídico mercantil. Inoponibilidad, inexistencia y anulabilidad. Editorial Legis.

Narvaez Garcia, J.I. (2005). Derecho mercantil colombiano. Teoría general de las sociedades. Novena edición. Editorial Legis.

---

12 Los actos sujetos a inscripción en el registro mercantil son de carácter taxativo dado que solo deben de cumplir esta formalidad aquellos que la ley mercantil (no solo los descritos en el Código de Comercio) así expresamente lo exija. Numeral 2 del articulo 19 del Código de Comercio.

Martínez, Neira, N.H. (2020). Cátedra de sociedades. Régimen comercial y bursátil. Primera edición. Editorial Legis.

Superintendencia de Sociedades. Oficio 220-068333 del 28 de marzo de 2023.

3) Es costumbre comercial que, en los protocolos de familia de las sociedades de esta naturaleza, se establezcan condiciones de los miembros de la familia para que puedan trabajar en estas sociedades.

- Normativa

No existe en nuestra legislación comercial una norma que defina lo que se entiende por sociedades de familia más allá del artículo 102 del Código de Comercio que manifiesta que:

> Será válida la sociedad entre padres e hijos o entre cónyuges, aunque unos y otros sean los únicos asociados. Los cónyuges, conjunta o separadamente, podrán aportar toda clase de bienes a la sociedad que formen entre sí o con otras personas.

Por su parte, el artículo 6 del Decreto Reglamentario 187 de 1975 (actualmente derogado) indicaba que se consideraba como sociedad de familia a: *La sociedad que este controlada económica, financiera o administrativamente por personas ligadas entre sí por matrimonio o por parentesco hasta el segundo grado de consanguinidad o único civil.*

Ahora bien, a nivel legal no existe una regulación atinente a lo que son los protocolos de familia, no obstante, existen normas de carácter no vinculante como la Guía Colombiana de Gobierno Corporativo para Sociedades Cerradas y de Familia la cual expresa que el protocolo de familia es un:

> Conjunto de disposiciones adoptadas en virtud de un contrato entre miembros de una misma familia empresaria, que se plasman en un documento y que tienen como finalidad regular las relaciones de la familia y la empresa para garantizar su perdurabilidad en el largo plazo (2009, p. 103).

En este orden de ideas, un protocolo de familia es uno de los mecanismos de gobierno corporativo que se implementa al interior de las sociedades catalogadas como de familia para garantizar el manejo adecuado, eficiente, y transparente de la empresa familiar.

De conformidad con la Guía de buenas prácticas de gobierno corporativo para empresas competitivas, productivas y perdurables (Superintendencia de Sociedades, Cámara de Comercio de Bogotá y Confecámaras, 2020) se entiende por gobierno corporativo:

> ...un conjunto de estructuras, principios, políticas y procesos (buenas prácticas empresariales) para la dirección, administración y supervisión de cual-

> quier empresa, cuyo propósito es mejorar su desempeño, generar valor y garantizar su competitividad, productividad y perdurabilidad. (2020, p. 12).

- Doctrina:

Andrés Gaitán Rozo manifiesta lo siguiente frente a lo que se debe de entender por sociedades de familia de acuerdo con lo consagrado por el Oficio 220-16368 del 21 de marzo de 1997, de la Superintendencia de Sociedades:

> Conviene precisar que en el Código de Comercio no aparece la sociedad de *familia* como un tipo societario independiente, ni se encuentra consagrada una definición al respecto. No obstante, el artículo 435 de dicho ordenamiento establece la prohibición de formar mayorías en las juntas directivas con personas ligadas entre si por matrimonio o por parentesco dentro del tercer grado de consanguinidad, segundo de afinidad o primero civil, "excepto en las sociedades reconocidas como de familia", con fundamento en esta norma, en varias oportunidades se ha consultado a la Superintendencia de Sociedades sobre la noción de sociedad de familia, ante lo cual reiteradamente se ha conceptuado en los siguientes términos:
> ...derogada expresamente la regulación de sociedades anónimas de familia y no habiendo tenido esta consagración legal dentro de la actual legislación mercantil, se hace necesario acudir respaldados en el principio de la analogía, a lo consagrado en la legislación tributaria, en donde el Decreto reglamentario 187 de 1975 en su artículo 6 determina el carácter familiar de una sociedad en los siguientes términos:
> - La existencia de un control económico, financiero o administrativo.
> - Que dicho control sea ejercido por personas ligadas entre sí por matrimonio o por parentesco hasta el segundo grado de consanguinidad o único civil. (2010, p. 30).

Por su parte, Gustavo Beltrán Valencia afirma frente a lo que es una sociedad de familia que:

> [...] hoy se puede considerar como sociedad de familia aquella en la que el control económico, financiero o administrativo, es ejercido por personas ligadas entre sí por parentesco, matrimonio, unión, etc., y sin importar la generación que actualmente la conforme, es decir, el concepto de sociedad de familia es mucho más amplio que el que contenía el Decreto 187 de 1975. (2023, p. 157).

Ahora bien, refiriéndose a la importancia de los protocolos de familia al interior de las sociedades de este tipo para efectos de delimitar claramente las condiciones en que los miembros se relacionan con la empresa, Alexander Guzmán, Mónica llanos y María Andrea Trujillo aducen que:

> Las asambleas de familia pretenden reunir miembros familiares, participen o no de manera directa en la propiedad de la empresa, para fortalecer los vínculos entre ellos, mejorar la comunicación y crear un sentido de pertenencia.
> Los consejos de familia funcionan de manera similar a las juntas directivas. Se constituyen con un número limitado de miembros de la familia que pueden ser elegidos por la asamblea familiar y que trabajan en la comunicación y regulación de la relación familia-empresa. Y las constituciones o protocolos familiares representan un compromiso explícito de la manera como la familia se relaciona con la empresa. Por ejemplo, establecen las condiciones para recibir apoyo económico para estudio o calamidades y, especialmente, aquellas que deben cumplir los integrantes de la familia para trabajar en la empresa. (2020, p. 49-50).

Así las cosas, Andrés Gaitán Rozo plantea los temas que usualmente contienen los protocolos de familia cuando afirma que:

> Los protocolos de familia, entendidos como esos grandes acuerdos que permiten mantener el equilibrio dinámico entre empresa, familia y propiedad, suelen incluir diferentes temas relevantes relacionados con los administradores: juntas directivas, formación de líderes, proceso para elección de altos ejecutivos, vinculación de la familia en cargos directivos, derechos y deberes, diferenciación de roles, evaluación y remoción, relaciones entre administradores y asamblea de accionistas, mecanismos de información, conflictos de intereses, rendición de cuentas, entre otros. (2020, p. 164).

Como ventajas que traen consigo los protocolos de familia plantea Diego Felipe Márquez Arango que:

> Los beneficios derivados de estructurar estos acuerdos son, por un lado, la promoción del trabajo en equipo, la fijación de reglas previas y objetivas para el cumplimiento de toda la familia; la generación de espacios de comunicación y confianza entre la familia promoviendo el respeto de la opinión de todos; y, lo que puede ser más importante, la transmisión de conocimientos, principios y valores desde la primera generación hasta su descendencia. (2020, p. 128).

- Pronunciamientos:

En Oficio 220-206544 del 10 de diciembre de 2018 la Superintendencia de Sociedades manifiesta en relación tanto con las sociedades de familia que:

> Ahora, aunque no este definida de manera expresa en las normas generales sobre sociedades, por sociedad de familia se entiende aquella conformada por integrantes de una misma familia que poseen el control administrativo, económico y financiero de la misma, y aunque la legislación anterior consideraba como tal a aquella personas "ligadas entre sí por matrimonio o por parentesco hasta el segundo grado de consanguinidad o único civil" esta Superintendencia estima que esta definición resulta inadecuada a la hora de realizar un estudio sobre la realidad de este tipo de organizaciones. En efecto, las sociedades de familia independientemente del tipo societario (colectivas,

en comanditas, limitadas, anónimas) son en la práctica aquellas controladas por miembros de una misma familia, que bien pueden ser hermanos, primos, sobrinos, tíos, abuelos, nietos, etc., en particular en las sociedades de segunda y tercera generación es apenas lógico que aparezcan vinculados miembros de la familia que tienen un parentesco más distante que el señalado en la norma comentada, sin que eso desnaturalice la esencia del control que siguen ejerciendo miembros de una familia [...].

Y más adelante este mismo oficio de la Superintendencia de Sociedades con relación a los protocolos de familia dice que:

> De igual manera es sabido que en las sociedades de familia es frecuente la celebración de contratos o acuerdos de accionistas llamados "protocolos de familia" , en los que se consagran las reglas o condiciones para administrar la sociedad, con el fin de evitar que una y otra resulten afectadas por circunstancias propias del devenir familiar; es decir, que se trata de un documento en el que se regulan las relaciones entre los diferentes miembros de la familia y la sociedad, para garantizar la sostenibilidad de la empresa, y puede contener derechos y deberes incluso de naturaleza personalísima. Como la obligación de suscribir capitulaciones matrimoniales, la prohibición de vincularse laboralmente con empresas competidoras o de ejercer ciertas actividades profesionales, la no admisión de cónyuges como socios, etc.

Por otra parte, en Oficio 220-226724 del 24 de noviembre de 2020 la Superintendencia de Sociedades ha expresado frente a los protocolos de familia como instrumento recomendable de gobierno corporativo para implementar en este tipo de empresas que:

4. Esta Superintendencia ha determinado:

> (...) Se recomienda que la empresa de familia cuente con un documento, tipo protocolo de familia, que regule las relaciones entre la familia, los accionistas y la empresa, y así, asegurar la perdurabilidad de la empresa. De este modo, se establece un marco que aclare las fronteras de actuación, los canales de comunicación y las líneas de reporte que se deben seguir al interior de la empresa, con independencia de la discrecionalidad de los diferentes actores. La estructuración del protocolo requiere de la participación de toda la familia, de tal forma que este sea efectivamente implementado, para que todos sus miembros estén alineados con su contenido y se respeten sus disposiciones. Por demás, este protocolo contribuye a responder a las necesidades y realidades de la familia y la empresa. El documento debe contemplar como mínimo los siguientes elementos: [...]
> *v. Políticas aplicables a los miembros de la familia que se vinculen contractual o laboralmente con la empresa.*

- Comentarios:

El gobierno corporativo como sistema que conjuga una serie de pautas e instrucciones en la búsqueda de un óptimo ejercicio de los órganos de dirección, administración y supervisión de las sociedades, en aras de una explotación eficiente y perdurable del objeto social, así como de un manejo adecuado de los eventuales conflictos de interés al interior de las mismas, se convierte en un elemento indispensable para tener en cuenta en las sociedades de familia a la hora de establecer un régimen que gestione de forma satisfactoria las relaciones familia-empresa que se presentan en este tipo de compañías.

En este orden de ideas, los protocolos de familia se convierten en verdaderos negocios jurídicos vinculantes para sus miembros mediante los cuales se persigue realizar efectivamente el gobierno corporativo dentro de la empresa familiar.

Así las cosas, el establecimiento de requisitos para ingresar como miembro de la familia a órganos de dirección y manejo de la sociedad familiar dentro de dichos protocolos, son plenamente válidos y necesarios a la hora de implementar un verdadero gobierno corporativo dentro de la sociedad.

- Utilidad Práctica de esta Costumbre y Consonancia con la Ley Comercial:

El establecimiento de protocolos de familia como instrumento de autorregulación que propende por un adecuado gobierno corporativo al interior de las sociedades de familia es plenamente valido dado que no es más que una aplicación legitima del principio de la autonomía de la voluntad en el ámbito societario, como mecanismo que no transgrede normas de carácter imperativo ni de orden público.

En cuanto a la utilidad práctica de esta costumbre radica en que al hacer claridad sobre las condiciones y requisitos que deben de llenar los miembros de la familia para poder ser trabajadores de la sociedad de familia, se está evitando la generación de conflictos a la hora del ingreso de un miembro de la familia a uno de los cargos de la sociedad, dado que se traza una debida separación y gestión entre la relación familia-empresa, evitando el abuso de poder o el ingreso de miembros de la familia que no llenen los perfiles requeridos para un adecuada labor al interior de la sociedad.

- Referencias bibliográficas frente a esta práctica:

Beltran Valencia, G.A. (2023). Lecciones de sociedades comerciales. Ediciones Unaula.

Código de Comercio. (2019) 41 ed. Legis.

Gaitán Rozo, A. (2020). Revista Foro del Jurista. Administradores en empresas familiares, volumen 37 (pp. 140-172) recuperado de https://www.camaramedellin.com.co/biblioteca/foro-del-jurista-edicion-37.

Gaitán Rozo, A. (2010). Consideraciones jurídicas alrededor de las sociedades de familia. En Colección textos de jurisprudencia. Empresas de familia estrategias de éxito y permanencia. Como acrecentar y cuidar el patrimonio. (pp. 29-43). Editorial Universidad del Rosario.

Guzmán A, Llanos, M y Trujillo, M.A. (2020). Revista Foro del Jurista. Gobierno Corporativo y Familiar: Análisis sobre su relevancia para las empresas multifamiliares en expansión a partir de un estudio de caso, volumen 37 (p. 35-76) recuperado de https://www.camaramedellin.com.co/biblioteca/foro-del-jurista-edicion-37.

Márquez Arango, D.F. (2020). Revista Foro del Jurista. Familia empresaria: Diversas herramientas desde la gestión del patrimonio familiar, y los protocolos de familia como respuesta, volumen 37 (pp. 108-139) recuperado de https://www.camaramedellin.com.co/biblioteca/foro-del-jurista-edicion-37.

Presidencia de la Republica. (18 de febrero de 1975). Decreto por el cual se dictan disposiciones reglamentarias en materia de impuestos sobre la renta y complementarios. [Decreto 187 de 1975] DO: 34.259.

Superintendencia de Sociedades, Cámara de Comercio de Bogotá y Confecámaras. (2020). Guía de buenas prácticas de gobierno corporativo para empresas competitivas, productivas y perdurables. Recuperado de https://bibliotecadigital.ccb.org.co/bitstream/handle/11520/25983/GUIA%20GOBIERNO%20CORPORATIVO2020%20V7%20%281%29%20%281%29.pdf?sequence=4&isAllowed=y.

Superintendencia de Sociedades, Cámara de Comercio de Bogotá y Confecámaras. (2009). Guía Colombiana de Gobierno Corporativo para Sociedades Cerradas y de Familia. Recuperado de tudocu.com/co/document/universidad-central-colombia/derecho-empresarial-y-gobierno-corporativo/guia-colombiana-de-gobierno-corporativo-para-sociedades-cerradas-y-de-familia/67276096.

Superintendencia de Sociedades. Oficio 220-206544 del 10 de diciembre de 2018.

Superintendencia de Sociedades. Oficio 220-226724 del 24 de noviembre de 2020.

4) Es costumbre comercial que en las sociedades por acciones simplificadas la convocatoria a asamblea general de accionistas se surta a través de medios electrónicos.

- Normativa:

Conforme el inciso primero del artículo 20 de la Ley 1258 de 2008 mediante la cual se crea el tipo societario Sociedad por Acciones Simplificadas en Colombia:

> Salvo estipulación estatutaria en contrario, la asamblea será convocada por el representante legal de la sociedad, mediante comunicación escrita dirigida a cada accionista con una antelación mínima de (5) días hábiles. En el aviso de convocatoria se insertará el orden del día correspondiente a la reunión.

Por otra parte, el literal a) del artículo 2 de la Ley 527 de 1999, ley atinente al comercio electrónico en Colombia, define al mensaje de datos como:

> La información generada, enviada, recibida, almacenada o comunicada por medios electrónicos, ópticos o similares, como pudieran ser, entre otros, el intercambio electrónico de datos (EDI), internet, el correo electrónico, el telegrama, el telex o telefax.

Y el artículo 6 de este mismo cuerpo normativo plasma el principio de equivalencia funcional cuando afirma que:

> Cuando cualquier norma requiera que la información conste por escrito, ese requisito quedará satisfecho con un mensaje de datos, si la información que éste contiene es accesible para su posterior consulta.
> Lo dispuesto en este artículo se aplicará tanto si el requisito establecido en cualquier norma constituye una obligación, como si las normas prevén consecuencias en el caso de que la información no conste por escrito.

- Doctrina:

Con relación a lo que se entiende por convocatoria en el ámbito societario indica Gustavo Beltrán Valencia:

> La convocatoria es la citación anticipada que se efectúa a los socios para que asistan a la reunión de la asamblea o junta de socios; esta citación para que sea plenamente valida debe realizarse por el órgano competente, por el medio adecuado y con la antelación señalada en los estatutos o en la ley. (2023, p. 227).

De otro lado, manifiesta Mary Luz Hincapié Gómez sobre la convocatoria que:

> En nuestra legislación es un acto configurativo de elemento esencial para que el órgano que ha de deliberar y decidir, se reúna con plenos efectos sobre los aspectos a tratar y que tienen que ver con la vida social y el interés que asiste a cada socio de permanecer en sociedad. (2020, p. 318).

Ahora bien, el artículo 20 de la Ley 1258 afirma que, salvo estipulación en contrario, el medio para realizar la convocatoria es por escrito, con lo cual, en virtud del principio de equivalencia funcional, este escrito puede ser sustituido con plenos efectos jurídicos por un mensaje de datos.

En este orden de ideas, tenemos que, frente a este principio de equivalencia funcional contenido en nuestra ley de comercio electrónico, Camilo Alfonso Escobar Mora y José David Sepúlveda Henao aducen que:

> Por sustracción de materia se infiere de manera clara que el principio de equivalencia funcional permite el reconocimiento y validez jurídica de cualquier mensaje de datos, poniéndolo a la par de cualquier soporte documental logrado a través de cualquier relación contractual tradicional.

> No se trata de una analogía entre el medio analógico (átomos) y el digital (bits), pues el modus operandi es diferente, consiste en equiparar las funciones y efectos que se causan en ambos contextos para brindarles las mismas consecuencias jurídicas. (2018, p. 27).

En similares términos, se pronuncia Erick Rincón Cárdenas y otros:

> El principio de equivalencia funcional puede considerarse como aquel que reviste mayor importancia en materia de comercio electrónico, toda vez que es aquel que permite que los mensajes de datos, documentos electrónicos, firmas electrónicas y demás elementos propios en materia electrónica, cuenten con la misma validez jurídica y probatoria que los documentos en físico. [...] Por tanto, en virtud del principio de equivalencia funcional, los efectos jurídicos que desea el emisor de un determinado mensaje deben igualmente producirse en la realidad jurídica, independientemente del soporte en que conste tal declaración. (2023, p. 37 y 38).

- Pronunciamientos: no se encontraron pronunciamientos al respecto.
- Comentarios:

Conforme a lo precitado, en las sociedades por acciones simplificadas es plenamente valida y eficaz la práctica de convocar a reuniones de la asamblea general de accionistas por medios electrónicos, lo anterior por cuanto, como lo presentábamos anteriormente, en nuestro sistema jurídico se encuentra expresamente consagrado el principio de la equivalencia funcional en virtud del cual, entre otras, cuando una norma establezca que se requiere de un escrito (como es el caso del artículo 20 de la Ley 1258 de 2008 tratándose del medio para realizar la convocatoria), este requisito quedara suplido válidamente con el uso de un mensaje de datos.

Ahora bien, es importante resaltar que esto cobra especial relevancia, no solamente por la incidencia y las facilidades que el uso de las tecnologías de la información y las comunicaciones tienen hoy en día para una óptimo funcionamiento de las sociedades comerciales, sino porque uno de los criterios que se han venido perfilando por parte de la jurisprudencia de la Superintendencia de Sociedades para determinar la presencia de un abuso del derecho de voto, se centra en la realización de convocatorias por medios diversos a los que habitualmente utiliza la sociedad.

Al respecto, manifiesta Fernando Castillo Mayorga:

> Ahora, para probar esta intención lesiva, la delegatura ha encontrado indicios relevantes las más variadas circunstancias. De estos criterios, ninguno parece ser indispensable, aunque hay uno que es constante en las sentencias de la Delegatura de Procedimientos Mercantiles de la Superintendencia de Sociedades: la existencia de un conflicto entre los socios, circunstancia que casi siempre está acompañada de otras que acreditan el abuso, pero, en

> ocasiones, ha sido suficiente para que el juez adopte, al menos, una medida cautelar. Los demás criterios son, algunos más sustantivos y, otros, más formales. En los sustantivos están, por ejemplo, la ausencia de un propósito de negocios discernible que justifique la decisión aprobada por el mayoritario, que la decisión tengo un efecto económico desproporcionado o, en el caso de capitalizaciones, que las mismas se lleven a cabo sin sujeción al derecho de preferencia. En los más formales están, por ejemplo, las circunstancias de tiempo, modo y lugar en que se toma la decisión. Así, por ejemplo, la Superintendencia les ha dado relevancia a circunstancias tales como el carácter intempestivo o sigiloso de la decisión, su aprobación en una reunión por derecho propio o de segunda convocatoria, o que fue convocada en forma distinta a la que la sociedad usaba habitualmente. Igualmente, la falta de documentación del debate puede ser indicio del carácter abusivo. (2020, p. 245-246). (subrayado fuera de texto).

- Utilidad Práctica de esta Costumbre y Consonancia con la Ley Comercial:

Como se planteaba *supra*, la presente practica no contraria norma comercial alguna dado que es el mismo legislador en la Ley 527 de 1999 quien ha instaurado el principio de la equivalencia funcional para dotar de plena validez jurídica a los mensajes de datos como equiparables jurídicamente a los escritos de carácter físico.

La utilidad de la práctica radica en la facilidad que las nuevas tecnologías y particularmente los medios electrónicos brindan a la hora de efectuar convocatorias a asamblea general de accionistas en las sociedades por acciones simplificadas.

- Referencias bibliográficas frente a esta práctica:

Beltrán Valencia, G.A. (2023). Lecciones de sociedades comerciales. Ediciones Unaula.

Castillo Mayorga, F. (2020). ¿El poder para qué? El abuso del derecho de voto como mecanismo de control del accionista mayoritario. En Mesa, M.L. y Cárdenas Mejía, J.P. Diez años de las S.A.S. análisis y perspectivas desde una visión académica. (pp. 217-249). Ediciones Ibañez.

Congreso de Colombia (5 de diciembre de 2008). Ley por medio de la cual se crea la sociedad por acciones simplificada. [Ley 1258 de 2008] DO: 47.194.

Congreso de Colombia (18 de agosto de 1999). Por medio de la cual se define y reglamenta el acceso y uso de los mensajes de datos, del comercio electrónico y de las firmas digitales, y se establecen las entidades de certificación y se dictan otras disposiciones. [Ley 527 de 1999] DO: 43.673.

Escobar Mora, C.A. y Sepúlveda Henao, J.D. (2018). La protección al consumidor electrónico en el transporte de mercancías. Editorial Legis.

Hincapié Gómez, M.L. (2020). Formas Asociativas: el derecho de las asociaciones. Sello editorial Universidad de Medellín.

Rincón Cárdenas, E., Fragoso Oñate, M.L, Gómez Villamil, V. y, Martínez Molano, V. (2023). La era legaltech. Editorial Tirant Lo Blanch.

BIBLIOGRAFÍA

Acero Salazar, M. (2020). Acuerdos de accionistas en la S.A.S. En Mesa, M.L. y Cárdenas Mejía, J.P. *Diez años de las S.A.S. análisis y perspectivas desde una visión académica.* (pp. 345-369). Ediciones Ibañez.

Arcila Salazar, C.A. (2010). *Algunas consideraciones generales sobre la sociedad por acciones simplificada.* Reyes Villamizar, F. Estudios sobre la sociedad por acciones simplificada (pp. 177-245). Editorial Universidad Externado de Colombia.

Ávila Moreno G. (2020). Sociedades por acciones simplificadas: 10 años aportando a la generación de valor. En Mesa, M.L. y Cárdenas Mejía, J.P. *Diez años de las S.A.S. análisis y perspectivas desde una visión académica.* (pp. 57-76). Ediciones Ibañez.

Baena Cárdenas, L.G. (2021). *Algunos aspectos teóricos y prácticos del derecho mercantil.* Tomo I. Régimen jurídico de las sociedades comerciales en Colombia. Editorial Universidad Externado de Colombia.

Balvin, S. (2023). *Sistema de derecho societario actual. Repensando el derecho societario.* Ediciones Universidad Austral.

Barrera, N. y Gutierrez, J. y Miranda, A. (2014). *El control de las concentraciones empresariales en Colombia.* Ibañez Editorial.

Beltrán Valencia, G.A. (2024). *Lecciones de derecho comercial general.* Editorial Tirant Lo Blanch.

Beltrán Valencia, G.A. (2016). *La constitucionalización de la responsabilidad civil por actividades peligrosas en Colombia.* Editorial Universidad de Medellín.

Beltrán Valencia, G.A. (2020). Responsabilidad civil en materia de prácticas restrictivas a la libre competencia. *Revista CES Derecho,* 11(2), 108-136. http: // dx.doi.org/10.21615/cesder.11.2.7

Beltrán Valencia, G.A. (2020). El comercio justo en el derecho societario colombiano. En Mondragón Duarte, S.L., y Forero Hernández, C.F., *Tendencias actuales del derecho.* (pp. 181-198). Editorial Ibañez.

Beltrán Valencia, G.A. (2020). Responsabilidad civil en materia de prácticas restrictivas a la libre competencia. *Revista CES Derecho,* 11(2), 108-136. http: // dx.doi.org/10.21615/cesder.11.2.7

Beltrán Valencia, G.A. (2020). La fraternidad en el derecho comercial. *Ratio Iuris.* 15 (31), 86-104. https://doi.org/10.24142/raju.v15n31a5.

Beltrán Valencia, G.A. (2020). Responsabilidad civil en materia de prácticas restrictivas a la libre competencia. *Revista CES Derecho,* 11(2), 108-136. http: // dx.doi.org/10.21615/cesder.11.2.7

Beltrán Valencia, G.A. (2023). *Lecciones de sociedades comerciales.* Primera Edición Ediciones Unaula.

Berdugo Garavito, J.M. (2013). *Derecho Mercantil.* Sello editorial Universidad de Medellín.

Berdugo, J.M y Palacio, R. (2011). *Las Asociaciones. Instrumento para la creación de empresas.* Dike Editorial.

Bravo Rey, A. (2020). La administración de hecho como mecanismo alternativo al levantamiento del velo corporativo y el abuso del derecho. En Mesa, M.L. y Cárdenas

Mejía, J.P. *Diez años de las S.A.S. análisis y perspectivas desde una visión académica.* (pp. 152-170). Ediciones Ibañez.

Caycedo Velosa, D. (2022) y Otros. El estándar de revisión en la acción por abuso del derecho de voto: un análisis funcional. *Anuario de Derecho Privado. Universidad de los Andes.* 04. 197-240. https://anuarioderechoprivado.uniandes.edu.co/numeros-anteriores/2022-numero-4.

Cámara de Comercio de Bogotá. Centro de Arbitraje y Conciliación. Tribunal arbitral de Luque Medina & Cia SA Vs Luis Fernando Luque Medina, Luis Fernando Luque Salcedo, María Constancia Luque Salcedo y Angela María Luque Salcedo. Laudo Arbitral del 18 de diciembre de 2023.

Calle Gallego, J.P (2020). La regulación del administrador de hecho en Colombia y su influencia en la constitución de sociedades por acciones simplificadas (S.A.S). *Revista e-mercatoria.* Universidad Externado de Colombia. 19 (2), 1-28. https://www.emercatoria.edu.co/PAGINAS/VOLUMEN19/02.html#a221.

Carreño Mendoza, S. (2024). *Fusiones y Adquisiciones. Asimetría informativa y gestión de la incertidumbre.* Editorial Universidad de los Andes.

Castellanos Hernández, L.V (2024). Hacia la efectiva tutela del interés social: modificación al régimen legal de la acción social de responsabilidad en Colombia. *Revista e-mercatoria.* Universidad Externado de Colombia. 21 (2), 1-27. https://revistas.uexternado.edu.co/index.php/emerca/article/view/8666.

Castillo Mayorga, F. (2020). ¿El poder para qué? El abuso del derecho de voto como mecanismo de control del accionista mayoritario. En Mesa, M.L. y Cárdenas Mejía, J.P. *Diez años de las S.A.S. análisis y perspectivas desde una visión académica.* (pp. 217-249). Ediciones Ibañez.

Caviedes Devia, J.E. (2020). Régimen accionario y mecanismos de decisión en la sociedad por acciones simplificada. En Mesa, M.L. y Cárdenas Mejía, J.P. *Diez años de las S.A.S. análisis y perspectivas desde una visión académica.* (pp. 251-268). Ediciones Ibañez.

Código Civil. (2019) 42 ed. Legis.

Código de Comercio. (2019) 41 ed. Legis.

Código Sustantivo del Trabajo. (2021) (República de Colombia). http://www.secretariasenado.gov.co/senado/basedoc/codigo_sustantivo_trabajo.html

Comisión de la Comunidad Andina. (2000). Régimen Común sobre Propiedad Industrial. [Decisión 486]

Congreso de Colombia (23 de diciembre de 1988). Ley por medio de la cual se actualiza la legislación cooperativa. [Ley 79 de 1988] DO: 38.648.

Congreso de Colombia (20 de agosto de 2013). Ley por la cual se promueve el acceso al crédito y se dictan normas sobre garantías mobiliarias. [Ley 1676 de 2013] DO: 48.888.

Congreso de Colombia (4 de agosto de 1998). Ley por medio de la cual se determina el marco conceptual que regula la economía solidaria, se transforma el Departamento Administrativo Nacional de Cooperativas en el Departamento Administrativo Nacional de la Economía Solidaria, se crea la Superintendencia de la Economía Solidaria, se crea el Fondo de Garantías para las Cooperativas Financieras y de Ahorro y Crédito, se dictan normas sobre la actividad financiera de las entidades de naturaleza cooperativa y se expiden otras disposiciones. [Ley 454 de 1998] DO: 43.357.

Congreso de Colombia (28 de octubre de 1993). Ley por medio de la cual se expide el Estatuto General de Contratación de la Administración Pública. [Ley 80 de 1993] DO: 41.094.

Congreso de Colombia (10 de enero de 2012). Ley por medio de la cual se establece el régimen jurídico de las Asociaciones Publico Privadas, se dictan normas orgánicas de presupuesto y se dictan otras disposiciones. [Ley 1508 de 2012] DO: 48.308.

Congreso de Colombia (5 de diciembre de 2008). Ley por medio de la cual se crea la sociedad por acciones simplificada. [Ley 1258 de 2008] DO: 47.194.

Congreso de Colombia (29 de diciembre de 1998). Ley por la cual se dictan normas sobre la organización y funcionamiento de las entidades del orden nacional, se expiden las disposiciones, principios y reglas generales para el ejercicio de las atribuciones previstas en los numerales 15 y 16 del artículo 189 de la Constitución Política y se dictan otras disposiciones. [Ley 489 de 1998] DO: 43.464.

Congreso de Colombia (20 de diciembre de 1995). Ley por medio de la cual se modifica el libro ll del Código de Comercio, se expide un nuevo régimen de procesos concursales y se dictan otras disposiciones. [Ley 222 de 1995] DO: 42.156.

Congreso de Colombia (26 de enero de 2006). Ley de fomento a la cultura del emprendimiento. [Ley 1014 de 2006] DO: 46.164.

Congreso de Colombia (13 de diciembre de 2022). Ley por medio de la cual se adopta una reforma tributaria para la igualdad y la justicia social y se dictan otras disposiciones. [Ley 2277 de 2022] DO: 52.247.

Congreso de Colombia (31 de diciembre de 2020). Ley por medio de la cual se impulsa el emprendimiento en Colombia. [Ley 2069 de 2020] DO: 51.544.

Congreso de Colombia (18 de junio de 2018). Ley por medio de la cual se crean y desarrollan las sociedades comerciales de beneficio e interés colectivo (BIC). [Ley 1901 de 2018] DO: 50628.

Congreso de Colombia (18 de agosto de 1999). Por medio de la cual se define y reglamenta el acceso y uso de los mensajes de datos, del comercio electrónico y de las firmas digitales, y se establecen las entidades de certificación y se dictan otras disposiciones. [Ley 527 de 1999] DO: 43.673.

Congreso de Colombia (15 de julio de 2009). Ley por medio de la cual se dictan normas en materia financiera, de seguros, del mercado de valores, y otras disposiciones. [Ley 1328 de 2009] DO: 47.411.

Congreso de Colombia (27 de diciembre de 2006). Ley por medio de la cual se establece el Régimen de Insolvencia Empresarial en la Republica de Colombia y se dictan otras disposiciones. [Ley 1116 de 2006] DO: 46.494.

Congreso de Colombia (12 de julio de 2012). Por medio de la cual se expide el Código General del Proceso y se dictan otras disposiciones. [Ley 1564 de 2012] DO: 48.489

Congreso de Colombia (8 de julio de 2005). Por la cual se dictan normas generales y se señalan en ellas los objetivos y criterios a los cuales debe sujetarse el gobierno nacional para regular las actividades de manejo, aprovechamiento e inversión de recursos captados del público que se efectúen mediante valores y se dictan otras disposiciones. [Ley 964 de 2005] DO: 45.963.

Congreso de Colombia, Proyecto de ley No. 70 de 2015.

Congreso de Colombia (12 de julio de 2012). Por medio de la cual se expide el Estatuto de Arbitraje Nacional e Internacional y se dictan otras disposiciones. [Ley 1563 de 2012] DO: 48.489.

Congreso de Colombia (13 de diciembre 1990). Por la cual se adiciona la Ley 145 de 1960, reglamentaria de la profesión de contador Público y se dictan otras disposiciones. [Ley 43 de 1990] DO: 39.602.

Congreso de Colombia (29 de diciembre de 2010). Por la cual se expide la ley de formalización y generación de empleo. [Ley1429 de 2010] DO: 47.937.

Congreso de Colombia (24 de julio de 2009). Por la cual se dictan normas en materia de protección de la competencia. [Ley 1340 de 2009] DO: 47.420.

Congreso de Colombia (26 de diciembre de 2012). Por la cual se expiden normas en materia tributaria y se dictan otras disposiciones. [Ley 1607 de 2012] DO: 48.655.

Congreso de Colombia (25 de mayo de 2019). Por la cual se expide el Plan Nacional de Desarrollo 2018-2022. [Ley 1955 de 2019] DO: 50.964.

Congreso de Colombia (11 de julio de 2014). Por medio de la cual se reforma el Código de Comercio, se fijan normas para el fortalecimiento de la gobernabilidad y el funcionamiento de las Cámaras de Comercio y se dictan otras disposiciones. [Ley 1727 de 2014] DO: 49.209.

Congreso de Colombia (26 de agosto de 2019) Por medio de la cual se establece el régimen para el ejercicio de la capacidad legal de las personas con discapacidad mayores de edad. [Ley 1996 de 2019] DO: 51.057.

Consejo de Estado, Sala de lo Contencioso Administrativo, Sección Primera, Sentencia 5475 del 25 de febrero de 2000

Cony Etchart, R. (2023). *Cuestiones actuales de derecho societario. Para que sirve y para que no sirve el derecho societario.* Editorial Cathedra Jurídica.

Córdoba Acosta, P.A. (2014). *El derecho de sociedades y el gobierno de la sociedad anónima: el interés social, órganos, accionistas y administradores.* Universidad Externado de Colombia.

Córdoba Acosta, P.A (2023). De la unidad de propósito y dirección en materia del grupo empresarial en Colombia. *Revista e-mercatoria.* Universidad Externado de Colombia, 22 (2), 121-172. https://revistas.uexternado.edu.co/index.php/emerca/article/view/9227

Corte suprema de justicia, sala de casación civil, sentencia 4025 del 30 de noviembre de 1994. M. P. Héctor Marín Naranjo.

Corte Suprema de Justicia, sala de casación civil, Sentencia 5386 del 26 de noviembre de 1992. M. P. Hugo Suescun Pujols.

Corte Suprema de Justicia, sala de casación civil. Expediente: 11001-3103-023-1997-04959-01. Del 16 de diciembre de 2013. M. P. Ariel Salazar Ramírez.

Corte Suprema de Justicia. Sala de lo Contencioso Administrativo, Sección Primera. Sentencia del 25 de agosto de 1975

Cortes Albornoz, I.R. y Jaramillo Marín, R.S. (2016). *Las S.A.S lo que son y lo que no son.* Editorial Ibañez.

Cuberos de las Casas, F. (2020). Control y transferencia de acciones. En Mesa, M.L. y Cárdenas Mejía, J.P. *Diez años de las S.A.S. análisis y perspectivas desde una visión académica.* (pp. 125-148). Ediciones Ibañez.

Cubillos Garzón, C.E. (2016). *La teoría del levantamiento del velo corporativo en los grupos societarios.* Editorial Universidad Externado de Colombia.

Domínguez, D.C (2020). Dos aspectos fundamentales del gobierno corporativo en las empresas familiares. *Revista Foro del Jurista,* 37, 9-34. https://www.camaramedellin.com.co/biblioteca/foro-del-jurista-edicion-37.

Escobar Mora, C.A. y Sepúlveda Henao, J.D. (2018). *La protección al consumidor electrónico en el transporte de mercancías.* Editorial Legis.

Espinosa, A. y Uribe, D. (2020). *Revoluciones. Movimientos que transformaron la historia de la humanidad.* Aguilar Editorial.

Estatuto Tributario. (2021). (República de Colombia). http://www.secretariasenado.gov.co/senado/basedoc/estatuto_tributario.html.

Gaitán Rozo, A. (2010). *Consideraciones jurídicas alrededor de las sociedades de familia. En Colección textos de jurisprudencia. Empresas de familia estrategias de éxito y permanencia. Como acrecentar y cuidar el patrimonio.* (pp. 29-43). Editorial Universidad del Rosario.

Gaitán Rozo A. (2022). Deber de revelación de control y grupos empresariales por parte de matrices extranjeras. En Gaitán Rozo A, y López Castro Y. *Conglomerados en Colombia. Actualidad y perspectivas.* (pp. 29-49). Editorial: Universidad del Rosario.

Gaitán Rozo, A. (2020). Administradores en empresas familiares. *Revista Foro del Jurista,* 37, 140-172. https://www.camaramedellin.com.co/biblioteca/foro-del-jurista-edicion-37

Gaviria Gil, J.A (2021). La responsabilidad de los administradores frente a los accionistas de diferente clase con intereses contrapuestos. *Revista de Derecho Privado.* Universidad Externado de Colombia, 40, 363-392. https://revistas.uexternado.edu.co/index.php/derpri/issue/view/605.

Gaviria Gil, J.A. (2024). *Manual comentado de derecho societario.* Editorial Tirant Lo Blanch.

Gaviria Gutiérrez, E. (2004). *Apuntes sobre el derecho de las sociedades.* Señal Editora Editorial.

Gaviria Gutiérrez, E. (2013). Evolución del derecho de sociedades en Colombia. En Quiceno Alvares, E. *Selección de estudios de derecho comercial.* Dr. Enrique Gaviria Gutiérrez (1938-2004). Homenaje. (pp. 171-188). Editorial Dike.

Gil Echeverry, J.H. (2012). *Derecho societario contemporáneo. Estudios de derecho comparado.* Segunda edición. Editorial Legis.

Gil Echeverry, J.H (2015). *La especial responsabilidad del administrador societario.* Editorial Legis.

Gil Echeverry, J.H. (2020). *El negocio jurídico mercantil. Inoponibilidad, inexistencia y anulabilidad.* Editorial Legis.

González Benjumea, O.H. (2017). *La sociedad por acciones simplificada-SAS. Innovaciones legislativas, doctrinales y su desarrollo jurisprudencial.* Segunda edición. Ediciones Unaula.

González Benjumea, O.H. (2018). *El administrador de hecho en el derecho societario colombiano.* Ediciones Unaula.

Guelperin E. y Lodi N. (1958). *Sociedades Comerciales* 1ª ed. Editorial Bibliográfica Argentina.

Guzmán A, Llanos, M y Trujillo, M.A. (2020). Gobierno Corporativo y Familiar: Análisis sobre su relevancia para las empresas multifamiliares en expansión a partir de un estudio de caso. *Revista Foro del Jurista*, 37, 35-76. https://www.camaramedellin.com.co/biblioteca/foro-del-jurista-edicion-37.

Hernández Martínez, W.D. (2024). *La jurisprudencia de la Superintendencia de Sociedades. Reflexiones en relación con el levantamiento del velo corporativo, abuso del derecho, deberes fiduciarios y administrador de hecho.* Editorial Tirant lo Blanch.

Hincapié Gómez, M.L. (2020). *Formas Asociativas: el derecho de las asociaciones.* Sello editorial Universidad de Medellín.

Ignacio Narváez, J.I. (2002). *Derecho mercantil colombiano. Tipos de sociedad.* Segunda edición. Editorial Legis.

Jiménez Valderrama, F. (2015). *Teoría del contrato y del negocio jurídico.* Legis Editorial.

León Robayo, E.I. y López Castro, Y. (2010). Responsabilidad patrimonial de los accionistas de las sociedades por acciones simplificadas. En *colección textos de jurisprudencia. Levantamiento del velo corporativo. Panorama y perspectivas. El caso colombiano.* (pp. 227-254). Editorial Universidad del Rosario.

Londoño Arango, M. (2020). Aspectos relevantes de la responsabilidad civil de los accionistas de la S.A.S. En Mesa, M.L. y Cárdenas Mejía, J.P. *Diez años de las S.A.S. análisis y perspectivas desde una visión académica.* (pp. 191-216). Ediciones Ibañez.

Martínez Neira, N.H. (2020). *Catedra de sociedades. Régimen comercial y bursátil.* Editorial Legis.

Lopez Gomez L.M (2023). Business Judment Rule en Colombia: mirada desde el análisis económico del derecho. *Revista de derecho.* Universidad del Norte, (59) 171-203. https://rcientificas.uninorte.edu.co/index.php/derecho/article/view/15599.

Lorenzoni Escobar, L. y Martínez Herrera, J. (2023). Los criterios ASG en las sociedades comerciales colombianas: ¿Brújula moral o legal? *Revista Estudios Socio Jurídicos.* Universidad del Rosario. 25 (2). p. 1-31.

Madriñan de la Torre, R.E. (2007). *Principios de Derecho Comercial.* Editorial Temis.

Márquez Arango, D.F. (2020). Familia empresaria: Diversas herramientas desde la gestión del patrimonio familiar, y los protocolos de familia como respuesta, *Revista Foro del Jurista*, 37 108-139. https://www.camaramedellin.com.co/biblioteca/foro-del-jurista-edicion-37.

Marsili, M.C (2003). *Sociedades comerciales. El problema de la tipicidad.* 1ª ed., Rubinzal Culzoni Editores.

Maya Maya, G.R. (2010). *Razones y beneficios para constituirse o transformarse en SAS.* Dike Editores.

Mazzucato, M. (2020). *El valor de las cosas. Quien produce y quien gana en la economía global.* Taurus Editorial.

Medina Vergara, J. (2008). *Derecho comercial. Parte general.* Editorial Temis.

Narváez García, J.I. (1983). *Estudios y Conceptos Mercantiles Evolución de la Sociedad Anónima en Colombia.* Ediciones Librería del Profesional.

Narváez García, J.I. (2005). *Derecho mercantil colombiano. Teoría general de las sociedades.* Legis Editorial.

Narváez García, J.I. (2008). *Derecho mercantil colombiano. Parte general.* Legis Editorial.

Nieto Nieto, N. (2010). Antecedentes Históricos de la idea de las Sociedades Comerciales como Contratos en Colombia. *Revista Facultad de Derecho y Ciencias Políticas Universidad de Antioquia,* 67 (150). 27-37.

Ortiz Rodríguez, L.F. (2022. Las sociedades de beneficio e interés colectivo "BIC" frente a un cambio de paradigma de la primacía de los socios a la primacía de otros grupos de interés (*stakeholders*) en Colombia. Anuario de Derecho Privado. *Universidad de los Andes.* 04. 1-44. https://anuarioderechoprivado.uniandes.edu.co/numeros-anteriores/2022-numero-4.

Ospina, G. (1998) *Teoría General del Contrato y del Negocio Jurídico.* Editorial Temis.

Oviedo Alban, J. (2018). *Estudios sobre fuentes, contratos, sociedades y mercado de valores.* Ibañez Editorial.

Oviedo, J. (2010). Contratos Asociativos de colaboración empresarial en el derecho colombiano. En J. Oviedo (coord.), *Obligaciones y contratos en el derecho contemporáneo* (pp. 261-309). Dike.

Parias Garzón, A. (2018). Aspectos relevantes de la SAS en los grupos empresariales. En Reyes Villamizar, F. *La SAS y su influencia en América Latina* (pp. 225-245). Editorial Legis.

Peña Nossa, L. (2011). *De las sociedades comerciales.* Temis Editorial.

Pinzón, J.G. (1962). *Derecho comercial.* Volumen III. Editorial Temis.

Polania Tello, N. (2018). Aspectos de la responsabilidad en la sociedad por acciones simplificada. En Reyes Villamizar, F. *La SAS y su influencia en América Latina. 10 años de un modelo exitoso.* (pp. 199-224). Editorial Legis.

Presidencia de la Republica. (30 de enero de 2024) Decreto por el cual se sustituye el capítulo 3 del título 2 de la parte 2 del libro 2 del decreto 1074 de 2015 y se reglamenta parcialmente el artículo 23 de la ley 222 de 1995, en lo relativo al conflicto de intereses y competencia de los administradores, y la aplicación del principio de deferencia al criterio empresarial. [Decreto 046 de 2024] DO: 52.654.

Presidencia de la Republica. (6 de diciembre de 1995) Decreto por el cual se suprimen y reforman regulaciones procedimientos o tramites innecesarios existentes en la administración pública [Decreto 2150 de 1995] DO: 42.137

Presidencia de la Republica. (6 de marzo de 1996) Decreto por el cual se reglamenta el Capítulo II del título y el capítulo XV del título ll del Decreto 2150 de 1995. [Decreto 427 de 1996] DO: 42736.

Presidencia de la Republica. (15 de diciembre de 2006). Decreto por el cual se reglamenta el artículo 22 de la Ley 1014 de 2006. [Decreto 4463 de 2006] DO: 46483.

Presidencia de la Republica. (13 de marzo de 2020). Decreto por el cual se adiciona el Decreto número 1074 de 2015, Decreto Único Reglamentario del Sector Comercio, Industria y Turismo, para reglamentar parcialmente el artículo 19 de la Ley 222 de 1995, en lo referente al desarrollo de las reuniones no presenciales de las juntas de socios, asambleas generales de accionistas o juntas directivas, y se dictan otras disposiciones. [Decreto 398 de 2020] DO: 51.255.

Presidencia de la Republica. (2 de abril de 1993). Decreto por el cual se actualiza el Estatuto Orgánico del Sistema Financiero y se modifica su titulación y numeración. [Decreto 663 de 1993] DO: 40.820.

Presidencia de la Republica. (10 de enero de 2012). Decreto por el cual se dictan normas para suprimir o reformar regulaciones, procedimientos y tramites innecesarios existentes en la Administración Pública. [Decreto 19 de 2012] DO: 48.308.

Presidencia de la Republica. (12 de noviembre de 2019). Decreto por el cual se adicionan el Decreto 1074 de 205, Único Reglamentario del Sector Comercio, Industria y Turismo, y el Decreto 1625 de 2016, Único Reglamentario en Materia Tributaria, para reglamentar las Sociedades Comerciales de Beneficio e Interés Colectivo (BIC). [Decreto 2046 de 2019] DO: 51.135.

Presidencia de la Republica. (11 de febrero de 1994). Decreto por el cual se expide el Estatuto de Vigilancia y Seguridad Privada. [Decreto 356 de 1994] DO: 41.220.

Presidencia de la Republica. (18 de febrero de 1975). Decreto por el cual se dictan disposiciones reglamentarias en materia de impuestos sobre la renta y complementarios. [Decreto 187 de 1975] DO: 34.259.

Presidencia de la Republica. (31 de mayo de 1984). Decreto por el cual se reglamenta el artículo 376 del Código de Comercio. [Decreto 1154 de 1984] DO: 36.633.

Presidencia de la Republica. (18 de abril de 2018). Decreto por el cual se agrega una sección al capítulo 41 del título 2 de la parte 2 del libro 2 del Decreto Único Reglamentario del Sector Comercio, Industria y Turismo, número 1074 de 2015. [Decreto 667 de 2018] DO: 50568.

Presidencia de la Republica. (30 de diciembre de 1992). Decreto por el cual se reestructura la Superintendencia de Sociedades. [Decreto 2155 de 1992] DO: 40.704.

Presidencia de la Republica. (15 de julio de 2010). Decreto por el cual se recogen y reexpiden las normas en materia del sector financiero, asegurador y del mercado de valores y se dictan otras disposiciones. [Decreto 2555 de 2010] DO: 47.771.

Presidencia de la Republica. (23 de febrero de 2021). Decreto por el cual se determinan las reglas aplicables a las reuniones de asambleas o juntas de socios del máximo órgano social de personas jurídicas que, en virtud de lo señalado en el parágrafo transitorio del artículo 6 de la ley 2069 de 2020, se reúnan durante el año 2021. [Decreto 176 de 2021] DO: 51.597.

Presidencia de la Republica. (28 de mayo de 2009). Decreto por el cual se reglamenta parcialmente el artículo 23 de la Ley 222 de 1995, y demás normas concordantes, en lo relativo a conflictos de interés y competencia con la sociedad por parte de los administradores de la sociedad. [Decreto 1925 de 2009] DO: 47.364.

Presidencia de la Republica. (23 de julio de 2020). Decreto por el cual se reglamenta el artículo 144 de la Ley 1955 de 2019 y se adiciona una sección al capítulo 1 del título 2 de la parte 2 del libro 2 del Decreto Único Reglamentario del Sector Comercio, Industria y Turismo, Decreto 1074 de 2015. [Decreto 1068 de 2020] DO: 51.384

Presidencia de la Republica. (15 de abril de 2020). Decreto por el cual se adoptan medidas transitorias especiales en materia de procesos de insolvencia, en el marco del Estado de Emergencia, Social y Ecológica. [Decreto 560 de 2020] DO: 51.286.

Presidencia de la Republica. (13 de junio de 2020). Decreto por el cual se reglamenta el Decreto Legislativo 560 del 15 de abril de 2020, a fin de atender los efectos de la Emergencia Económica, Social y Ecológica en el sector empresarial. [Decreto 842 de 2020] DO: 51.344.

Presidencia de la Republica. (25 de mayo de 2011). Decreto por el cual se reglamentan los artículos 11, 12, numeral 3 del artículo 15; 24, 32, 41; numeral 5 del artículo 43; 60, 61, 67; numeral 1 y parágrafo 2 del artículo 69; 74; numeral 1 del artículo 78; 82,83, ,95, 110, 111 y 112 de la Ley 1116 de 2006. [Decreto 1749 de 2011] DO: 48.081.

Presidencia de la Republica. (3 de junio de 2020). Decreto por el cual se dictan medidas especiales en materia de procesos de insolvencia, con el fin de mitigar los efectos de la emergencia social, económica, y ecológica en el sector empresarial. [Decreto 772 de 2020] DO: 51.334.

Puyo, R. (2018). Los derechos de receso y de exclusión en las sociedades por acciones simplificadas. Normativa y análisis crítico. En Reyes Villamizar, F. *La SAS y su influencia en América Latina. 10 años de un modelo exitoso.* (pp. 247-268). Editorial Legis.

Puyo Vasco, R. (2017). *El derecho de receso o de retiro en Colombia.* Editorial Legis.

Rengifo, R. (2012). *Personas jurídicas de derecho privado. Sociedades.* Editorial Señal Editora.

Rengifo, R. (2012). *Títulos valores.* Editorial Señal Editora.

Rey Vallejo, P. (2013). Sociedades Comerciales. En Castro de Cifuentes, M. *Fundamentos de derecho de los negocios para no abogados.* (pp. 463-496). Editorial Temis.

Reyes Villamizar, F. (2005) *Derecho societario en los Estados Unidos. Introducción comparada.* Editorial Legis.

Reyes Villamizar, F. (2004). *Derecho societario.* Tomo I. Temis Editorial.

Reyes Villamizar, F. (2010) *La Sociedad por Acciones Simplificada.* Editorial Legis.

Reyes Villamizar, F. (2016). *Derecho societario.* Tomo I. Tercera edición. Temis Editorial.

Rincón Cárdenas, E., Fragoso Oñate, M.L, Gómez Villamil, V. y, Martínez Molano, V. (2023). *La era legaltech.* Editorial Tirant Lo Blanch.

Rodríguez Fernández M. (2009). *Introducción al Derecho Comercial Internacional.* Universidad Externado de Colombia.

Sanín Bernal, I. (2001) *Un nuevo derecho societario: el propuesto desde el estatuto tributario.* Editorial Temis.

Sanín Bernal, I. (2012). *Injerencia reciproca societaria y tributaria.* Ceta Editorial.

Sanín Gómez, J.E. (2020). La redomiciliación societaria transfronteriza. En Sanín Gómez, J.E. *Ensayos de derecho económico. Una obra colectiva.* (pp. 205-206). Dike Editorial.

Sarmiento Rodriguez, M. (2024). Nueva gobernanza empresarial: criterios ESG y Blockchain. *Revista e-mercatoria.* Universidad Externado de Colombia, 23 (1), 187-204. https://revistas.uexternado.edu.co/index.php/emerca/article/view/9312

Sentencia C-318 del 15 de agosto de 2023. Corte Constitucional, M. P. Natalia Ángel Cabo.

Sentencia C-390 del 4 de octubre de 2023. Corte Constitucional. M. P. Cristina Pardo Schlesinger.

Sentencia C-399 del 2 de junio de 1999. Corte Constitucional, M. P. Alejandro Martínez Caballero

Sentencia 435 de 1996. Corte Constitucional, M. P. José Gregorio Hernández Galindo

Sentencia SU 636 del 31 de julio de 2003. Corte Constitucional, M. P. Jaime Araujo Rentería.

Sentencia C-188 del 27 de febrero de 2008. Corte Constitucional, M. P. Manuel José Cepeda Espinosa.

Sentencia C-865 del 7 de septiembre de 2004. Corte Constitucional, M. P. Rodrigo Escobar Gil.

Sentencia C-090 del 19 de febrero de 2014. Corte Constitucional, M. P. Mauricio González Cuervo.

Sentencia C-716 de agosto 23 de 2006. Corte Constitucional. M. P. Marco Gerardo Monroy Cabra.

Sentencia C-621 del 29 de julio de 2003. Corte Constitucional, M. P. Marco Gerardo Monroy Cabra.

Suarez Franco, R. (2010). *Teoría general de las personas jurídicas.* Temis Editorial.

Superintendencia de Sociedades, Cámara de Comercio de Bogotá y Confecámaras. (2009). *Guía Colombiana de Gobierno Corporativo para Sociedades Cerradas y de Familia.* tudocu.com/co/document/universidad-central-colombia/derecho-empresarial-y-gobierno-corporativo/guia-colombiana-de-gobierno-corporativo-para-sociedades-cerradas-y-de-familia/67276096.

Superintendencia de Sociedades. Oficio 220-206544 del 10 de diciembre de 2018.

Superintendencia de Sociedades. Oficio 220-226724 del 24 de noviembre de 2020.

Superintendencia de Sociedades. Circular Externa 100-000010 del 21 de noviembre de 2023.

Superintendencia de Sociedades. Oficio 220-068333 del 28 de marzo de 2023.

Superintendencia de Sociedades. Circular Básica Jurídica 100-000008 de 12 de julio de 2022.

Superintendencia de Sociedades. Circular Externa 004 de 2005 del 14 de enero de 2005.

Superintendencia de Sociedades. Concepto 220-5685 del 19 de febrero de 2004.

Superintendencia Bancaria. Oficio del 9 de agosto de 1957.

Superintendencia de Sociedades. Oficio OA-1921 del 27 de noviembre de 1979.

Superintendencia de Sociedades. Oficio EX 21880 del 17 de diciembre de 1987.

Superintendencia de Sociedades. Oficio 125-2831 del 22 de enero de 1999.

Superintendencia de Sociedades. Oficio 220-14428 del 30 de abril de 2001.

Superintendencia de Sociedades. Oficio 220-21508 del 27 de abril de 2007.

Superintendencia de Sociedades. Oficio 220-126987 del 26 de octubre de 2009.

Superintendencia de Sociedades. Oficio 220-121211 del 1 de noviembre de 2009.

Superintendencia de Sociedades. Oficio 220-129070 del 7 de noviembre de 2011.

Superintendencia de Sociedades. Oficio 2020-034934 del 25 de mayo de 2012.

Superintendencia de Sociedades. Oficio 220-06051 del 6 de agosto de 2012.

Superintendencia de Sociedades. Oficio 220-145771 del 23 de octubre de 2013.

Superintendencia de Sociedades. Oficio 220-146766 del 12 de septiembre de 2014.

Superintendencia de Sociedades. Oficio 220-096593 del 31 de mayo de 2016.

Superintendencia de Sociedades. Oficio 100-141640 del 14 de julio de 2016.

Superintendencia de Sociedades. Oficio 220-090862 del 28 de abril de 2017.

Superintendencia de Sociedades. Oficio 220-019608 del 9 de febrero de 2018.

Superintendencia de Sociedades. Oficio 100-237890 del 14 de diciembre de 2020.

Superintendencia de Sociedades. Oficio 220-000871 del 10 de enero de 2019.

Superintendencia de Sociedades. Oficio 220-027602 del 5 de abril de 2019.

Superintendencia de Sociedades. Oficio 220-050613 del 24 de mayo de 2019.

Superintendencia de Sociedades. Oficio 220-153297 del 6 de agosto de 2020.

Superintendencia de Sociedades. Oficio 220-153297 del 6 de agosto de 2020.

Superintendencia de Sociedades. Oficio 220-196196 del 30 de septiembre de 2020.

Superintendencia de Sociedades. Oficio 220-020094 del 2 de marzo de 2021.

Superintendencia de Sociedades. Sentencia 801-47 del 19 de octubre del 2012.

Superintendencia de Sociedades. Sentencia 800-1 del 29 de enero de 2013.

Superintendencia de Sociedades. Sentencia 801-15 del 15 de marzo del 2013.

Superintendencia de Sociedades. Sentencia 801-16 del 23 de abril de 2013.

Superintendencia de Sociedades. Sentencia 810-8 del 3 de febrero de 2015.

Superintendencia de Sociedades. Sentencia del 15 de octubre de 2015 radicado 2014-801-55.

Superintendencia de Sociedades. Sentencia del 26 de marzo de 2019.

Superintendencia de Sociedades. Sentencia 2019-01-248123 de 18 de junio de 2019.

Superintendencia de Sociedades. Sentencia 2019-01-298217 del 8 de agosto de 2019.

Superintendencia de Sociedades, Cámara de Comercio de Bogotá y Confecámaras. (2020). *Guía de buenas prácticas de gobierno corporativo para empresas competitivas, productivas y perdurables.* https://bibliotecadigital.ccb.org.co/bitstream/handle/11520/25983/GUIA%20GOBIERNO%20CORPORATIVO2020%20V7%20%281%29%20%281%29.pdf?sequence=4&isAllowed=y.

Uribe Lozada, N. (2013). *El régimen general de responsabilidad civil de los administradores de sociedades y su aseguramiento.* Editorial Ibañez.

Vaie Lustgarten, S. (2014). *Fusión y escisión de sociedades.* Editorial Temis.

Velásquez, C. (2008). *Instituciones de derecho comercial.* Señal Editora.

Velásquez Jaramillo, L.G. (2019). *Bienes,* Decimocuarta Edición. Ibáñez Editorial.

Velásquez Restrepo, C.A. (2004). *Orden societario.* Señal editora Editorial.

Vergara, L. (2014). *Nuevo orden Contractual en el Código Civil y Comercial.* Editorial La Ley.

Vivante, C. (1932). *Tratado de Derecho Mercantil.* Volumen II, Las Sociedades Mercantiles. Editorial REUS S.A.